科普理论与实践研究

RESEARCH ON SCIENCE POPULARIZATION THEORY AND PRACTICE

武志勇 主编

科技传播学

COMMUNICATION
STUDIES ON
SCIENCE AND
TECHNOLOGY

中国科学技术出版社
·北 京·

图书在版编目（CIP）数据

科技传播学 / 武志勇主编. —北京：中国科学技
术出版社，2020.5
（科普理论与实践研究）
ISBN 978-7-5046-8484-4

Ⅰ. ①科… Ⅱ. ①武… Ⅲ. ①科学技术 – 传播学 –
研究 Ⅳ. ① G206.2

中国版本图书馆 CIP 数据核字（2019）第 260386 号

策划编辑	王晓义	
责任编辑	罗德春	
装帧设计	中文天地	
责任校对	邓雪梅	
责任印制	徐　飞	
出　　版	中国科学技术出版社	
发　　行	中国科学技术出版社有限公司发行部	
地　　址	北京市海淀区中关村南大街16号	
邮　　编	100081	
发行电话	010-62173865	
传　　真	010-62173081	
网　　址	http://www.cspbooks.com.cn	
开　　本	710mm×1000mm　1/16	
字　　数	300千字	
印　　张	17.5	
版　　次	2020年5月第1版	
印　　次	2020年5月第1次印刷	
印　　刷	北京华联印刷有限公司	
书　　号	ISBN 978-7-5046-8484-4 / G·842	
定　　价	89.00元	

编　委　会

丛书说明

　　《科普理论与实践研究》丛书项目是为深入贯彻实施《全民科学素质行动计划纲要实施方案（2016—2020年）》，推进科普人才队伍建设工程，在全国高层次科普专门人才培养教学指导委员会指导下，中国科学技术协会科学技术普及部和中国科学技术出版社共同组织实施，清华大学、北京师范大学、北京航空航天大学、浙江大学、华东师范大学、华中科技大学等全国高层次科普专门人才培养试点高校积极参与，在培养科普研究生教学研究成果的基础上，精心设计、认真遴选、着力编写出版的第一套权威、专业、系统的科普理论与实践研究丛书。

　　该丛书获得了国家出版基金的出版资助，彰显了其学术价值、出版价值，以及服务公民科学素质建设国家战略的重要作用。

　　该丛书包括20种图书，是科普理论与实践研究的最新成果，主要涵盖科普理论、科普创作、新媒体与科普、互联网＋科普、科普与科技教育的融合，以及科普场馆中的科普活动设计、评估与科普展览的实践等，对全国高层次科普专门人才培养以及全社会科普专兼职人员、志愿者的继续教育和自我学习提高等都具有较高的参考价值。

序　言

纵观中外，科技传播学无疑是一门新兴交叉学科。欧美国家高校的科技传播专业教育，基本不指定教材，而是根据人才培养目标开列若干参考论著和期刊。其中，英国的帝国理工学院、谢菲尔德大学等高校偏重理论研究能力培养，美国的东北大学、伦斯勒理工学院等则偏重科技传播写作与编辑能力培养。中国大陆科技传播专业一般挂靠在新闻传播学、科技哲学、科技史、科学学和科技管理、教育学等学科下。

面向专业硕士研究生的教材应该以养成和提升学生科技传播实践能力为导向，强化对科技传播理论的整合和更新，打造适合媒介技术和科技传播方式快速变革的理论体系，同时完善学生科技传播的实践能力，例如，把科技新闻写作能力的培养有机融入科技传播实践能力培养的大系统中。

本书立足于科技发展新形势和媒介融合新背景，力图进行创新。首先，吸取媒介融合语境下的科技传播新理论。媒介融合背景下，传播去中心化，传播者与受众之间的界线、地位和功能均被打破，传统的传播理论不足以适用新的传播环境，学术界对此已有深刻反思。本书努力吸收媒介融合新理论，丰富、充实和创新科技传播理论体系。其次，研究媒介融合语境下的科技传播新实践。随着媒介技术的发展，科技传播的媒介载体已经发生翻天覆地的变化，移动互联技术等不断运用于科技传播实践，微信公众号、微博、移动客户端、APP 等逐渐成为科技传播的主要阵地。本书深入分析这些科技传播新实践，以及未来发展的新趋向。最后，探索媒介融合语境下的科技传播新问题。在媒介融合时代，科技传播实践日新月异，受众的互动参与不断增强，传统的灌输式科技传播模式难以适应新的需求。本书探讨了新技术、新媒介在科技传播实践应用中的新问题、新路径和新模式。

本书致力于养成新媒体环境下学生的科技传播实践能力。首先，促成学生掌握科技传播的基本理论，奠定科技传播扎实全面的理论基础。其次，系统地学习中外科技传播历史、现状与发展趋势。最后，使学生具备良好的运用科技传播先进理论进行科技传播实践和探索科技传播创新的能力，以及发现、分析和解决现实问题的能力。

本书是集体智慧的结晶。副主编李科、郭欣协助主编，在提纲编写、写作分工、稿件统筹等方面做了大量工作。

撰写的分工情况如下：第一章科技传播与科技传播学由王小月撰稿；第二章科技传播的机制由李科撰稿；第三章科技传播的基本模式由刘玲玲撰稿；第四章世界科技传播的历史脉络由楼欣欣撰稿；第五章中国科技传播的历史脉络由林燕莉撰稿；第六章科技传播宏观政策与资源配置开发由刘平原撰稿；第七章科技传播活动的策划与施行由荣昊撰稿；第八章科技传播活动的监测和评估由麦热拜提·坎吉撰稿；第九章科技新闻的采访与写作由王敏琴撰稿；第十章国外科技传播实践由戚晓艺撰稿；第十一章国家创新战略与科技传播使命由冯羽撰稿；第十二章科技传播新趋势由陈志撰稿。

感谢甘莅豪博士、赵路平博士和陈红梅博士在书稿编写工作中给予的建议和帮助。

敬请读者指出本书的不足，以资改进。

编者

华东师范大学樱桃河畔

2018 年 6 月

目 录

理 论 篇

历　史　篇

实　践　篇

借 鉴 篇

展 望 篇

理论篇

第一章
科技传播与科技传播学

与人类敬畏自然、认识自然、改造自然，最终和自然和谐相处的步伐相伴随，科技传播的行为也从无到有，从自发到自觉，不断发展壮大。今天，科技传播已经成为全社会高度关注、投入大量人力物力，并取得丰硕成果的重要科技和传播活动。

第一节 科技传播的意义

科技传播是伴随着科学技术的发展和进步而诞生的，在科技发展日新月异、科技知识层出不穷的当代社会，人们的生活与科技信息的关系日益密切，科技信息作为一种重要的资源，已经逐渐成为影响一个地区乃至一个国家发展和国际竞争力的关键性因素。高效的科技传播有助于提高公众的科学素养和创新能力，并推动科技转化为现实生产力。

一、提高公众科学素养和创新能力

提高公众的科学素养是提高科技竞争力、建设创新型国家的基础和前提，国务院 2006 年发布并实施的《全民科学素质行动计划纲要（2006—2010—2020 年）》将公众的基本科学素质表述为：公民了解必要的科学技术知识，掌

握基本的科学方法，树立科学思想，崇尚科学精神，认识科学技术与社会的相互作用，坚持科学发展观，并具有一定的运用它们处理实际问题、参与公共事务的能力。

公众的科学素养水平是一个国家社会文明程度、科技文化水平、创新发展能力和社会生产力水平的直接反映，对国民经济的发展起重要作用。公众的科学素养越高，理解和运用科技知识的能力就越强，处理科技相关事务的效果也会越好，在社会生活中遇到科技相关问题也能迅速地进行应对并解决，有利于形成良好的社会科技氛围，加快科技转化为现实生产力，促进科技创新、社会进步和经济发展。

科技传播是"将科技信息通过跨越时空的扩散而使不同个体间实现知识共享"的重要手段，通过科技传播在科学与公众之间建立必要的联系，使科技信息能够及时扩散于社会，提升公众的科学素养。

随着互联网、大数据等信息技术的广泛应用，科技传播的范围不断扩大，速度快速提升，内容更加多样化，与受众的互动渠道更加便捷，中国公众的科学素养水平也随之有了较大幅度的上升，但与发达国家之间仍然存在较大差距，这一差距有望通过科技传播进一步缩小。

（一）我国公众的科学素养现状

据中国科协 2015 年公布的第九次中国公众科学素养调查结果，2015 年我国公众达到基本科学素养水平的比例达到了 6.20%，比 2010 年的 3.27% 提高了近 90%，上海、北京和天津的公民科学素质水平分别为 18.71%、17.56% 和 12.00%，位居全国前三位，分别达到美国和欧洲 20 世纪末的水平。公民利用互联网及移动互联网获取科技信息的比例达到 53.4%，比 2010 年的 26.6% 提高了一倍多，已经超过了报纸（38.5%），仅次于电视（93.4%），位居第二。

在取得重大进展的同时，我国公众的科学素养现状仍然存在不少问题，与发达国家相比存在较大差距。

首先，城乡差距和性别差异大。城镇居民的科学素质水平提升幅度较大，从 2010 年的 4.86% 提升到 9.72%，而农村居民仅从 2010 年的 1.83% 提高到 2.43%；男性公民的科学素质水平达到 9.04%，明显高于女性公民的 3.38%。其次，获取科技信息的渠道还是比较集中于传统媒体，互联网的 53.4% 与电视的 93.4% 相比还存在很大差距。最后，对科学技术普及设施的利用率还有很大的上升空间，公民参观过各类科学技术普及场馆的比例依次为：科技馆等科技类场馆（22.7%），自然博物馆（22.1%）①。

总的来说，我国公众科学素养现状为：总体水平在不断地快速提升，但城乡差异、地域差异和性别差异问题仍然很突出，公众科学素质建设还任重道远。

（二）科技传播提高公众的科学素养

提高公众科学素养并不是要把社会上所有的人都培养成为科学家或者科学技术工作者，而是让社会公众都能对科学技术有一个基本的了解，使他们能够基本掌握并且在此基础上运用科学技术提供的科学知识、科学方法处理个人生活和工作中的问题，提高生活水平和工作的质量及效率，这是科技传播的任务和目标。

1. 科技传播提高公众的科学素养

科技传播可以将科学技术知识在全社会范围内广泛传播，在社会上形成一种良好的科技氛围，让社会公众能够很便捷地接触到这些知识，激发他们对科学的兴趣，并可以根据自己的需求相应地进行学习理解和掌握一定的科技知识。

在掌握一定的科技知识之后再学会在日常的生活和工作中加以应用，能用科学技术知识对遇到的各种问题做出科学的解释，并在实践的过程中逐渐形成科学思维，养成用科学的方法和手段来认识事物、处理问题的习惯，培养辨别伪科学的能力，公众的科学素养就在不知不觉中提高了。

2. 科技传播与公众科学素养的相互促进

科技传播和公众科学素养之间是可以相互促进的。一方面，广泛而活跃的科技传播有助于提升公众的科学素养。另一方面，公众的科学素养越高，对科学技术的兴趣就越高，对科学技术知识的理解和运用能力就越强。同时，公

---

① 中国科协发布第九次中国公民科学素质调查结果［EB/OL］.（2017-04-10）. http://education.news. cn/2015-09/19/c_128247007.htm.

众对参与科技事务和科技决策的热情会增强，对更多科学技术知识的需求会增加，这会对科技传播提出更多新的要求。

科技传播需要不断地增加新的知识内容，开展更多的传播活动，进一步提高传播效率，优化传播效果，从而更好地满足公众的需求，科技传播事业本身也会由此得到发展，形成双赢的双向互动关系。

另外，科技传播还能在提升公众科学素养的基础上，培育创新文化和创新精神，因为公众在参与科技实践的同时可以培养科学的思维方式、价值观念和创新意识，而个体创新意识的提高有助于在整个社会培育创新文化和创新精神，提高国家的创新能力。

当然，针对我国公众科学素养的现状，科技传播的力度还需要进一步加大，可以通过全面深入地发展科学教育、大力建设科学技术普及设施、积极推进科学技术普及创作等方面进行。

二、推动科技转化为现实生产力

科学技术是第一生产力，但是科学技术并不能直接拿来生产，它是一种潜在的生产力，只有与生产力的各个要素有机结合起来，转化为推动社会进步的因素，才能转化为现实生产力，而这个结合转化的过程就需要依靠科技传播。

科技传播是一种创造性的劳动，科技信息是这种劳动的结晶，科技信息可以提高劳动主体的素质，扩大劳动对象的范畴，增加劳动资料的信息属性，从而提高社会生产力，具体表现在以下三个方面。

（一）推动科学技术与劳动者相结合

生产的第一个要素就是劳动者，劳动者是一个含义非常广泛的概念，凡是具有劳动能力，以从事劳动获取合法收入作为生活资料来源的公民都可称为劳动者。科技传播可以将最新的科技成果和科技知识、先进的科学思想和科学方法以及科学精神传播到全社会，营造良好的科技氛围，让社会公众根据自己的需要选择性地接受、理解和运用，从而培养具备一定创新能力的科技劳动者。劳动者通过科技传播掌握相应的科技知识，提高自身的科学文化水平和科学技能，并将其适时地用于劳动之中，在提高他们认识自然和改造自然能力的同时，提高劳动生产的技巧和效率，而在众多劳动者的共同努力下，就能提高全社会的生产力水平。

（二）推动科学技术与生产工具相结合

就像科技传播必须依靠媒介一样，任何劳动生产都必须要有工具，生产工具是生产的第二大要素，生产工具又称劳动工具，是人们在生产过程中用来直接对劳动对象进行加工的物件，它被用于劳动者和劳动对象之间，起传导劳动的作用。科技传播推动科学技术与生产工具相结合，可以促进生产工具的更新换代和改革创新，将现今的科学手段和科学成果用于劳动生产的过程中，从而大幅度地提高劳动生产率和社会生产力水平。

（三）推动科学技术与劳动对象相结合

作为生产三要素之一的劳动对象也是生产中必不可少的，劳动对象是人们把自己的劳动加在其上的一切物质资料。分为两类：一类是没有经过人们加工的自然界物质，如各种矿藏；另一类是经过人们加工的原材料，如棉花、钢铁等。

科技传播推动科学技术与劳动对象相结合，使得劳动对象的范围不断扩大，劳动对象的利用程度不断提高。科学技术帮助人们发现自然界很多新的可以用于劳动生产的物质或者物质的新用途，如石油不仅可以用作燃料，而且还是重要的化工原料。而且科学技术可以降低劳动对象的使用成本，例如，用工程塑料代替某些金属制造，不仅可以提高产品质量，而且可以采用层压、喷射、挤压等新工艺、新方法，节省加工费用，在降低生产成本的同时也提高生产力水平。

另外，通过科技传播的教育功能，还可以培养一批专业的科技人才，为科学研究的队伍注入新鲜血液，从而保证社会科学创造力的维持和发展，在提高社会知识生产力的基础上，提高整个社会的生产力。社会的发展和进步得益于生产力水平的提高，提高生产力水平依赖于社会公众科学素养的提高，而提高公众的科学素养需要依靠科技传播。也正是由于科技传播，中国古代的四大发明才能传入欧洲，从而引起欧洲的技术变革，推动整个人类社会生产力水平的提高。

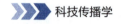

第二节　科技传播的定义

　　科技传播属于科技活动的重要组成部分，是伴随着科学技术的产生而出现的，并随着科学技术的不断发展而逐渐丰富。科技传播作为职业和专业孕育于19 世纪，成熟于 20 世纪上半叶。

一、与科技传播相关的几个概念

　　目前，国内外对科技传播的概念存有争议。到底用什么术语来概括科技知识、科技信息的创新扩散，一直没有定论，"科学普及""科学传播""科技传播"等是比较流行的说法。

（一）科技传播的历史回顾

　　科技传播历经传统科学普及、公众理解科学和科技传播三个阶段，其内涵和外延一直处在变化中。

1.科学普及阶段

　　在一个相当长的历史时期，科技传播的基本形态是科学普及（Popularization of Science），即在制度化学校教育之外所有以普及科学知识为目的的社会活动，包括出版、展览、讲座等，也就是让有知识的科学家通过各种形式带给公众更多知识，是一种单向性的科技传播行为[①]。

　　传统的科学普及通常包含三个方面的意义：首先，它主要强调科学知识的大众化过程，即将科学知识传播到社会大众中去；其次，它被预设成一个科学知识的单向传播过程，即由掌握科学知识的人群向没有掌握科学知识的人群传播的过程，受众是被动接受的；最后，它预设的科学技术都是好的，

---

　　① 张云莎. 库恩范式理论对科技传播发展的启示意义［J］. 科技展望, 2005（3）: 197.

都具有正面价值①。

2. 公众理解科学阶段

第二次世界大战以后，科技的负面影响渐渐暴露出来，如核弹爆炸、生化武器等，科技在为人类带来丰富的物质文明的同时，也为人类带来了战争、环境污染等一系列严重的问题，人们原先持有的科学技术都是正面的预设开始动摇，再加上科学研究的不断分科和分化，传统科学普及的观念被渐渐打破，科技传播事业发展到公众理解科学（Public Understanding of Science）阶段。

1985 年，英国皇家学会发表了一份名为《公众理解科学》的报告，突出强调了公众理解科学的重要性，提出科学家要与公众进行平等的对话与交流，在解释和倾听中获得公众的理解和支持，提高公众的科学判断力和辨别力，让公众能够参与科技发展与应用问题的讨论②，这一报告标志着传统科学技术普及阶段向公众理解科学阶段的到来。

公众理解科学阶段的科技传播呈现出一些新特征：第一，在受众方面，对象不再仅仅是无知者、文盲，也不是知识储备能力弱的人，而是广大的社会公众；第二，在科学家和公众的角色关系上不再是一个单向的、简单接受的过程，而是一个在理解的基础上进行体验的过程；第三，在传播内容上，既包括科学的正面价值，也包括科学的负面价值。

3. 科技传播阶段

21 世纪，随着互联网的不断发展，人类社会迈进了媒介融合的信息时代，大众传播技术和媒体的进步，推动科技的发展进入科技传播（Scientific Communication）阶段。

这一阶段的科技传播，不再仅仅是科学共同体内部以及科学工作者向公众传播科技知识，而是逐渐发展成为科学共同体、政府、媒体以及社会公众之间的多向互动的交流过程，传播者和受众的二元对立格局也被打破，受众在接受科技知识的同时也在参与科学讨论，科技传播活动走向大众化。

---

① 吴国盛. 从科学普及到科学传播［M］// 编委会. 公众理解科学 2000 中国国际科普论坛. 合肥：中国科学技术大学出版社，2001：31.

② 李正伟，刘兵. 对英国有关"公众理解科学"的三份重要报告的简要考察与分析［J］. 自然辩证法研究，2003（5）：70–74.

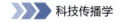

从传统科学普及到公众理解科学，再到科技传播，是一个持续累积和不断发展的过程，也是科技传播事业与时俱进的过程。

（二）国外关于科技传播的论述

国际上对科技传播概念的界定并没有一个统一的标准，常用的概念术语有"Public Understanding of Science"（公众理解科学）、"Science Communication"（科学传播）、"Public Communication of Science & Technology"（科技公共传播）等，比较有代表性的是英国著名物理学家、科学学学科奠基人贝尔纳（John Desmond Bernal）对"Scientific Communication"的理解、《科学与公众》杂志对"Science Communication"的界定以及澳大利亚学者的"AEIOU"定义。

1. 贝尔纳与"Scientific Communication"

贝尔纳是最早注意到科技传播的科学社会学家之一，他在《科学的社会功能》一书中，分析了当时科技传播领域存在的一系列问题，并提出了改进科技传播的许多具体建议。

贝尔纳认为，"科学情报（Scientific Information）数量之多已使其传播成为巨大问题""除非采取某种措施，我们将面临知识一经获得就立即无用的局面"，因此"需要极为认真地考虑解决科技传播的全盘问题，不仅包括科学家之间交流的问题，而且包括向公众传播的问题"。"这个问题可以划分为提供专门资料和提供一般资料两个部分：第一部分涉及科学出版物本身的职能和科学家之间个人联系的其他手段；第二部分涉及科学教育（Scientific Education）和科学普及（Popular Science）工作。[1]"

贝尔纳认为科技传播主要涉及两个方面的问题，分别为科学家之间的交流（研究共同体内的传播 Communication within research communities）和面向公众的传播（面向公众的科技信息传播 Communication of scientific and technical information to the public）即科学教育与科学普及工作，这两个方面的内容构成他所界定的科技传播的概念和整个过程体系。

---

① J.D 贝尔纳. 科学的社会功能［M］. 陈体芳，译. 北京：商务印书馆，1982：398–418.

2.《科学与公众》对 "Science Communication" 的界定

《科学与公众》是由英国科技办公室和维尔康信托基金（Wellcome Trust）于 2000 年发布的一份调查报告，分析了英国开展的科学传播活动，以及英国公众对待科学和科学家的态度的调查结果。英国当时正在兴起"公众理解科学"运动。

《科学与公众》报告将"科学传播"界定为："发生于这样一些群体或组织之间的传播：科学共同体内的群体（包括学术界及工业界中的群体）、科学共同体和媒体、科学共同体和公众、科学共同体和政府或其他权力权威部门、科学共同体和政府及其他影响政策的机构、工业界和公众、媒体（包括博物馆及科学中心）和公众、政府和公众。[①]"

在《科学与公众》报告看来，所谓的"Science Communication"不仅包括国内人们常说的科学普及即科学技术信息向公众的传播，还包括研究共同体内的传播（相当于贝尔纳所讨论的"科学家之间的交流"）。

3. 澳大利亚学者的 "AEIOU" 论述

可以看到，无论是贝尔纳还是《科学与公众》报告对科技传播的论述都侧重于科技传播的传播范围和领域，将科技传播活动分为不同的类别。而澳大利亚的学者则是从科技传播的目的和效果角度来对科技传播进行界定的。

最具代表性的是澳大利亚科学传播学者 T.W. 伯恩斯（Terry Burns）、D.J. 奥康纳（John O'Connor）和 S.M. 斯托克麦耶（Susan Stocklmayer）于 2003 年给出的 "AEIOU 定义"。他们在《科学传播：当代定义》一文中这样解释"科学传播"："使用适当的方法、媒介、活动和对话来引发个人对科学的这样一种或多种反应：意识（Awareness）、愉悦（Enjoyment）、兴趣（Interest）、意见（Opinion）、理解（Understanding）"[②]，取每个单词的首字母正好组成"AEIOU"，与英语的元音字母相对应。

通过以上的介绍和分析，可以看到国外对科技传播的理解和阐释主要可以分为两大类：一类是侧重于科技传播的类别和形态；另一类则是把重点放在科

① 任福君，翟杰全. 科技传播与普及概论［M］. 北京：中国科学技术出版社，2012：45.

② T. W. 伯恩斯，D. J. 奥康纳，S. M. 斯托克麦耶. 科学传播的一种当代定义［J］. 科普研究，2007（6）：19-33.

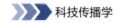

技传播对公众的影响即公众的反应的相关论述。

（三）国内学者关于科技传播的相关论述

1995年10月，国内学者在清华大学召开了首届科技传播研讨会，会后由清华大学孙宝寅教授主编的会议论文集《科技传播导论》，集中体现了当时科技传播研究的成果。其中，关于科技传播的定义是这样的："科技传播是科技信息运动的一种形式，其目的是实现科技信息的交流与共享。①"

目前，学术界比较有代表性的观点有翟杰全的"跨时空知识共享"观点、吴国盛的"多元、平等、开放、互动"观点以及将科技传播区分为广义和狭义的观点。

1."跨时空知识共享"的观点

翟杰全认为科技传播是指："科技知识信息通过跨越时空的扩散而使不同的个体间实现知识共享的过程。②"他明确地按传播渠道将科技传播分为专业交流、科技教育、科学普及和技术扩散4个方面。

专业交流是指在科技专家之间进行的相互交流，主要是一个交换分享最新科技情报的过程，主要途径有：文献传播、学术会议、合作研究、个人交流等。主要方式则包括：发表论文、出版专著、撰写研究报告、参与专业问题讨论等。

科技教育是指利用规范性的教育方式向受教育者传播知识与方法的过程，主要功能是使受教育者掌握科学技术专业知识，学习知识创造方法，获得运用知识的基本能力，培养具备科学技术知识素质和有专业发展潜质的人才。

科学普及则是面向普通民众的一种科技传播过程，主要功能是使公众理解科学技术，掌握必要的科学技术知识，提高科学技术素养，具备参与科学技术发展与应用政策讨论的知识基础。

技术传播是面向企业和社会部门等知识应用组织，通过技术转移、推广、示范以及应用组织的技术学习、技术采用等过程驱动的科学技术知识传播活

---

① 孙宝寅. 科技传播导论［M］. 北京：清华大学出版社，1997：26.

② 翟杰全. 让科技跨越时空：科技传播与科技传播学［M］. 北京：北京理工大学出版社，2002：13.

动，是把科学技术与社会事务、社会经济过程有效连接并把科学技术运用于社会领域的一个重要环节①。

2. "多元、平等、开放、互动"的观点

吴国盛强调"多元、平等、开放、互动"的传播观念。他认为，科学传播就是把传播的理念引入对科学的理解之中，用传播的态度看待科学、对待科学，并将科学传播分为科学界内部的交流、科学与其他文化之间的传播以及科学与公众之间的传播三个层面②。

科学界内部的交流包括学科同行之间的交流与跨学科交流，主要目的在于推进传统学科与新兴学科、中心学科与边缘学科之间的交流与对话。

科学与其他文化之间的传播，是基于一种新的科学观提出的观点。认为科学本质上也是一种文化现象，植根于特定的文化土壤，其理论创造和事业发展深受文化环境的制约。

吴国盛主张，科学与公众之间的传播就是我们通常所讲的科技传播，不仅包括科技工作者向大众传播科技知识、科技思想以及科学精神，而且包括公众的科技思维和科学讨论与反馈。

3. 综合的科技传播观点

狭义上讲，科技传播是指科技知识、科技资料、科技情报等科技信息通过媒体等渠道进行传播、交流与共享。广义上讲科技传播包括科学共同体内部交流、正规的科技教育、非正规的科技教育及科学技术普及工作、技术传播等在内的促进科技知识通过有效的传播媒介在多元的传播者与受众之间进行沟通与交流的实践。

综合而言，科技传播是指"科学共同体和公众通过'平等'与'互动'的沟通，通过各种有效的媒介，将人类在认识自然和社会实践中所产生的科学、技术及相关的文化知识，在包括科学家在内的社会全体成员中传播与扩散，引发人们对科学的兴趣和理解，倡导科学方法，传播科学思想，弘扬科学精神，并促进民主理念的启蒙。③"

---

① 翟杰全. 让科技跨越时空：科技传播与科技传播学［M］. 北京：北京理工大学出版社，2002：14.
② 吴国盛. 科学传播与科学文化再思考［N］. 中华读书报，2003–10–29（2）.
③ 黄时进. 科学传播导论［M］. 南京：华东理工大学出版社，2010：17–18.

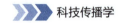

4. 科技传播的概念界定

在了解和分析了国内外学者和相关组织对"科技传播"概念的论述之后，我们需要对科技传播的概念做界定。

在综合分析国内外观点的基础上，作者认为"科技传播"的定义应该包含以下几个要素。

（1）科技传播者：科学家、科技工作者、专业科技记者、政府、工业部门等。

（2）科技传播对象：公众个人、群体及传播媒体、政府部门、公司企业等社会组织。

（3）科技传播内容：科学技术知识、科学方法、科学思想、科学精神等。

（4）科技传播工具：采用适当的传播方法、媒介和活动。

（5）科技传播的目的和效果：实现科技信息和知识的交流和共享；激发公众个人、群体或社会组织对科学技术的意识、体验、兴趣、理解、意见；提高公众的科学素养和社会的创新能力。

（6）科技传播过程：科学技术知识的传播扩散过程和公众对科学技术知识的学习分享过程。

（7）科技传播的实质：普及科学技术知识、传播科学思想、倡导科学方法、弘扬科学精神。

（8）科技传播的核心和灵魂：弘扬科学精神。

基于此，本书对于科技传播定义如下：科技传播是指科技、传播工作者通过各种媒介扩散、交流科学技术资讯，以提升公众科技素养的过程。

二、科技传播的基本特征

在厘清了科技传播概念的基础上，有必要探讨一下科技传播的特征。

（一）科技传播的基本特征

在科技传播发展的进程中，科技传播的一些基本特征也逐渐外显成形。基本特征更多是从科技传播活动本身出发而总结出的一些比较鲜明的规律，主要包括科学性与专业性、社会化与共享化、浓烈的人文精神3个方面。

1. 科学性与专业性

第一，科技传播的主体一般是科学家、科技工作者、专业的科技记者以及政府、科技部门等，这些群体、机构和组织要么是科技工作的直接接触者，握有第一手的科技成果和科技信息，要么是能够获得专业科技信息的组织；再加上他们本身在社会上就有一定的权威性，必须对公众负责、对科技传播的事业负责，科技传播的科学性与专业性也就凸显出来。

第二，科技传播的内容主要是科学技术知识、科学方法、科学思想、科学精神等，这些内容都是在科学实验或科学实践的基础上获得的，是能够指导人们的社会实践和日常生活，并且能够辨别真伪的。科技传播是不容许虚假存在的，能够被广泛采纳并传承下来的信息基本都是科学的。

2. 社会化与共享化

社会化主要体现在科技传播不仅是一种活动，也是一个过程，它并不是只发生在局部地区或者少数人群体中，而是存在于整个社会乃至国际社会中，它的传播过程也是有组织的，有专门的负责团队，如科普委员会等，整个科技传播系统都是社会化的。

科技传播的共享化是与它的社会化密不可分的，在整个社会中流通的科技信息、科学思想、科学精神等都不是每个人单独获取、独自接受的，而是可以共享，并且可以一起探讨的。科技传播中很重要的一个部分就是科学普及工作，即将科学技术相关知识通过通俗易懂的形式传播到社会公众当中，以期他们能够获取、理解并加以利用，这也体现了科技传播的社会化与共享化。

科技传播的社会化和共享化，主要体现在科技传播的两个过程，一个是科技知识的外传过程，另一个是科技知识的学习过程。前者是指知识的发现者、知识的拥有者把自己所发现、所拥有的知识，传递给其他人；后者则是指那些原本并不拥有某种知识的人或社会组织，获取、吸收这种知识，以满足自己的特定需要的过程[1]。

---

① 翟杰全. 让科技跨越时空：科技传播与科技传播学 [M]. 北京：北京理工大学出版社，2002：7-8.

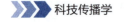

3. 浓烈的人文精神

科学与人文，是两个看上去截然不同的领域，科学属于纯粹理性的范畴，而人文则可归入价值理性的范畴；科学追求的是真理，而人文则追求的是真善美；科学家与人文学者之间的隔阂也由来已久。但科学与人文是社会发展的鸟之双翼和车之双轮，必须相互融合、协同发展，才能推动社会不断向前进步，科技传播就是科学与人文相融的体现，并且推动科学与人文的交融。

科技传播必然具备人文精神，因为科技传播需要采用社会公众和群体组织乐于接受的方式来传播科技知识和科学精神等，以期最大限度地被受众吸纳并运用，获得最佳的传播效果。

因此，科技传播需要结合不同地区的文化习俗和文化特点，并且考虑到特定环境中受众的心理和需求。例如，在科技影视作品中镜头和画面的运用都必须考虑观众的接受度和理解力等。

如果人们在接受科技知识和参与科技传播的过程中，能够感受到人文关怀和人文温情，他们就会潜移默化地培养对科技信息的自觉意识，进而更积极主动地参与和推进科技传播。

（二）媒介融合时代科技传播的新特点

随着互联网技术和新媒体技术的迅猛进步，媒介融合时代来临，在媒介融合的大环境下，科技传播呈现出了网络时代的新特点。

1. 传播主体多元化

媒介融合时代，科技传播的主体彻底走下"神坛"，来到了社会公众中间，而伴随着公众科学素养的不断提升和科技的不断进步，科技传播的主体也越来越呈现出多元化和平民化的趋势。

当代的科技传播已经逐渐发展成为一个或多个主体共同参与传播的实践场域，因为有限的时间、精力和更重要的研究任务等原因，科技传播最初的科学家主体已经渐渐退居幕后，随之而起的传播主体主要有科学技术普及团体、科学共同体、政府机构、大众媒体、教育组织、工业部门等团体、机构和组织，他们以自己的形式进行科技传播活动。

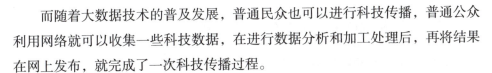

而随着大数据技术的普及发展，普通民众也可以进行科技传播，普通公众利用网络就可以收集一些科技数据，在进行数据分析和加工处理后，再将结果在网上发布，就完成了一次科技传播过程。

2.传播方式多样化

互联网技术对科技传播影响最明显的方面表现在传播方式的更新上，科技传播在运用传统的报纸杂志等平面媒体和广播电视等立体媒体的同时，运用得最多的还是新媒体时代的微博、微信、科学网站、数字图书馆和科技电子书等方式。

在互联网技术、数字技术、多媒体技术和大数据、移动终端等现代化信息技术的支持下，科技信息可以随时随地以文字、图像、音视频、动画等多种形式呈现在公众面前，大幅降低了公众对科技知识的理解和运用难度。

3.传播内容丰富化

科技传播的主题随着互联网时代的到来也变得更加丰富多样。以前很难解释清楚的科学实验和科学现象，比如雾霾、电闪雷鸣等，在多媒体技术和网络技术的支持下，其科学解释可以用视频和动画等形式进行传播，扩大了科技传播内容的领域和范围。

互联网的海量存储功能也进一步丰富了科技传播的内容，复杂的科技成果和科技知识能够完整地呈现给受众，受众通过检索就可以看到详细内容，并且可以通过超链接看到与之相关的其他内容，能够对一个科技现象或成果有一个比较全面、深入的了解。

4.传播效果扩大化

互联网技术和多媒体技术将科技传播的效果放大。首先，传播效率的提高增加了传受双方的互动性和受众的活跃度，受众可以随时随地和传播者交流讨论，提高了传播内容的到达率和被接受率；其次，由于传播手段和方式的多样化和便捷性，传播的领域和范围扩大了，不仅可以传播到全国各地，还能传播到其他国家和地区；最后，储存、处理和传送一体化缩短了科技传播的时间，从而扩大了它的传播时效。

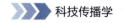

三、科技传播学的研究对象和研究领域

（一）科技传播学的研究对象

科技传播学是由自然科学、社会科学和人文科学交叉而生的一门综合性学科，主要研究科学知识传播的现象和规律，是研究人类传播行为的一个分支。在1995年召开的首届中国科技传播研讨会上，与会学者将科技传播学的研究对象分为两个方面：一是研究利用各种传播媒介传播科技信息的规律，二是研究信息技术在传播中的应用。

本书认为科技传播学是一门研究科技资讯向大众传播与分享规律的科学。

（二）科技传播学的研究领域

目前对科技传播学研究领域的划分主要有两个角度，一个是从学科的角度分为社会学的研究和传播学的研究；另一个是从内容的角度分为基础理论研究、传播实务研究、实践发展研究和宏观问题研究4个方面。

1. 社会学研究和传播学研究

20世纪30年代末，一门关注科学技术社会问题的学科在英国诞生。贝尔纳在《科学的社会功能》一书中不仅强调了科技交流、科技教育的重要性，还专门列一章讨论"科学交流"（即科技传播）。由此，科技传播问题被纳入关于科学技术的社会问题研究中，从社会学的角度来认识科学传播活动的本质。

在20世纪40年代的美国，出现了一门以传播现象为研究对象的学科，即传播学。这一学科的一些研究者从一开始就关注到农业技术传播的问题，提出了重要的传播模式"采用—扩散论"，将技术传播作为对象纳入传播学的研究框架。后来，科技传播也从传播学的角度来考察科学知识在社会中的运用及其对社会发展和人类进步的影响。

从社会学和传播学的角度考察科技传播，其意义在于能够帮助人们考察科学传播的激发机制、放大机制和控制机制，寻求最能发挥其功能的途径、手段和方法，以便为人们开发和利用科技信息资源提供理论和方法上的指导，进而建立一个适应且能促进科学发展的系统的传播方法和技术 ①。

2. 从科技传播内容的角度进行的划分

科技传播的研究大致划分为基础理论研究、传播实务研究、实践发展研究、宏观问题研究 4 个主要组成部分。科技传播学的基础理论研究，主要是对科技传播的结构、内容、方式、渠道、功能以及效果等基础理论问题进行深入系统的研究，对影响科技传播实践的众多复杂因素、传播效果的产生机制问题进行深入研究，探求蕴藏于科技传播过程中的基本规律，建立对科技传播现象有解释力、对科技传播实践有指导力的基础理论。科技传播实务研究的任务是在基础理论研究的指导下，对科技传播实践中可以使用的技术、技巧、技能，传播实践可用的模式、形式、手段以及传播实践操作的步骤、过程、方法等内容进行研究。科技传播实践发展研究包括的范围广阔，重在通过案例、实证的研究方式方法，对各类科技传播实践领域、对各类相关传播现象进行研究，总结其中存在的规律性机制、分析其中存在的问题，为基础理论研究和传播实务研究提供素材。科技传播宏观问题研究需要在当代科学技术创新发展、经济社会发展背景下，在科学技术与社会、科学技术与公众关系的视野中，对当代科学技术创新和经济社会发展提出的科技传播需求及其指向、对科技传播事业发展面临的挑战和存在的问题，进行广泛分析，对科技传播事业发展所需的运行机制和推进策略、对当代科技传播的机制建设、体系建设、能力提升、产业发展等进行系统研究 ②。

第三节　科技传播学的理论演进

本章第二节讨论了科技传播的概念以及科技传播学的研究对象和研究领域，本节将探讨科技传播学的基础理论、与其他学科的关系以及与社会发展的关系。

---

① 翟杰全. 让科技跨越时空：科技传播与科技传播学［M］. 北京：北京理工大学出版社，2002：311-313.

② 翟杰全. 当代科技传播研究的三大基础任务［J］. 科技传播，2016（8）：32-33.

一、科技传播学的理论基础

每一门学科的发展都必须有它的理论支撑，科技传播学也不例外，它主要以"三论"即系统论、信息论和控制论为基本理论基础。

（一）系统论

美籍奥地利人 L. V. 贝塔朗菲在 1932 年发表"抗体系统论"，提出了系统论的思想。1937 年，他提出了一般系统论原理，奠定了这门科学的理论基础。1968 年他发表的专著《一般系统论：基础、发展和应用》确立了系统论的学术地位。在此基础上，后来又发展出了一般系统结构理论，揭示了一系列的一般系统原理与规律，解决了一系列的一般系统问题；一般系统模块理论，是"自主创新""协同创新"的重要理论基础。

系统论是研究系统的一般模式、结构和规律的学问，它研究各种系统的共同特征，用数学方法定量地描述其功能，寻求并确立适用于一切系统的原理、原则和数学模型，是具有逻辑和数学性质的一门科学。

系统论将事物都看作一个整体进行考虑和研究，是信息论和控制论的基础，同时也是科技传播学发展的理论基础，科技传播学就是要研究整个传播体系中传播的行为和规律以及传播体系与社会系统之间的互动关系，探索最佳传播路径、寻求最佳传播效果。

（二）信息论

信息论由美国数学家 C. E. 香农（Claude Elwood Shannon）提出，内容主要包括信息熵、信源编码、信道编码、信道容量、信息失真率理论、信号检测和估计等，它研究的核心问题是信息传输的有效性和可靠性以及两者间的关系，是运用概率论与数理统计的方法研究信息传输和信息处理系统中一般规律的新兴学科。

信息论的概念有广义和狭义之分，狭义信息论是应用统计方法研究通信系统中信息传递和信息处理的共同规律的科学，即研究概率性语法信息的科学；广义信息论则是应用数学和其他有关科学方法研究一切现实系统中信息传递和

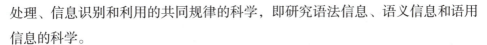

处理、信息识别和利用的共同规律的科学，即研究语法信息、语义信息和语用信息的科学。

1948 年，香农出版了《通信的数学原理》一书，成为信息论诞生的标志。20 世纪 70 年代以后，随着数字计算机的广泛应用和社会信息化的迅速发展，信息论正逐渐突破香农狭义信息论的范围，发展为一门不仅研究语法信息，而且研究语义信息和语用信息的科学，从而产生了信息科学。

信息论是科技传播学发展的基础理论，因为科技传播的基本内容就是科技信息，作为信息的一种，科技信息具备信息的所有特征，科技传播学也要研究科技信息传播过程中的行为和规律，也必须遵循信息论的基本原理。

（三）控制论

1948 年美国 N. W. 维纳（Norbert Wiener）发表了《控制论——关于在动物和机器中控制和通信的科学》一书，奠定了控制论的基础，后来逐渐发展出了以反馈控制为重点的现代控制理论，再到运用至今的研究复杂控制系统如宏观经济系统、资源分配系统、生态和环境系统等的大系统理论，控制论的思想和方法已经渗透到几乎所有的自然科学和社会科学领域。

控制论是指研究关于对机器、生命和社会等不同系统的信息加以规范化，并实现控制的一般规律的科学[1]。控制论以信息论为基础，因为控制的基础是信息，一切信息传递都是为了控制，进而任何控制又都有赖于信息反馈来实现。

科技传播学的发展同样也离不开控制论的支持，传播的过程也是信息控制的过程，传播的效果也依赖于受众的信息反馈来评估，科技信息等的传递和共享都是为了整个社会系统包括经济、生态、环境等的平衡和良性发展。

上述理论各有侧重，是科技传播学产生和发展的理论基础。

二、科技传播学与其他学科的关系

科技传播学并不是孤立发展的，它是一门交叉学科，与传播学、社会学、

---

① 沈禄赓，林淑华. 科学社会学引论：科技发展与社会科学各学科的关系［M］. 北京：北京广播学院出版社，1999：470.

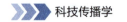

新闻学之间有着千丝万缕的联系。

（一）科技传播学与传播学

科技传播是社会传播活动的一个重要组成部分，科技传播学是研究人类传播行为的一个分支，主要从传播学的角度来考察科技信息在社会中的运用以及对社会发展和人类进步的影响。

（二）科技传播学与社会学

科技传播学与社会学的关系由来已久，在社会学方向的科技传播研究中，学者们首先关注的不是科技传播技术的操作方法与操作过程，而是把科技传播看作一个社会过程，是支撑科技运行的重要社会条件和科技与社会互动的中介过程，重视对科技传播社会功能的认知与理解。研究还把科技传播看成是科技与社会的连接纽带，认为在风险社会中，公众对科学的信任产生危机，科学传播并不能仅仅传播科技知识给社会公众，而应该重新建立公众与科学团体间的信任。

这些研究过程和成果对于提高科技传播的效率和质量具有很高的参考价值。

（三）科技传播学与新闻学

新闻学侧重于新闻的采、写、编、评等业务实践层面，涉及广播、电视、报刊、网络等媒体的新闻采制和发表，与科技传播学是相互影响和促进的关系。

新闻媒介是科技传播的一个重要渠道，新闻学对科技新闻采访和写作的研究对科技传播事业具有重要促进作用。媒介事件的轰动效应也给科技传播带来了新的契机，在它的影响下，现代的科技传播形成了以公众为中心的社会系统模式，清晰地体现了科学、社会、公众、常识之间的内在联系。

另外，从传统媒体时代到新媒体时代，媒介与科技传播的变革都是交互影响和相互促进的。第一，科技信息的增多和人类对科技知识的关注是新媒介不断出现的动力之一。第二，科技进步促进了新媒介的产生，媒介形态的多样化推动了科技传播。第三，每一种媒介都有其局限性，同时又有其他媒介不可替代的特殊性。可以说，科技传播的历史是多种媒介同时起作用的历史，而不是新媒介取代旧媒介的历史 [①]。

科技传播学具有科学与人文的多重特点，它的发展需要从不同学科中吸取养分和经验，除了上述 3 门学科以外，还包括其他很多学科。如利用历史学对科技传播发展的历史过程进行的研究；利用信息科学从技术层面对科技传播进行的研究等。

了解不同学科对科技传播学研究的现状可以帮助人们更加全面和深入地把握科技传播学的整体结构和具体内容，也能为接下来的研究工作提供一些思路和方向。

---

① 徐珂. 科学技术传播学研究现状 [EB/OL]. （2009-12-20）[2018-12-01]. http://cpfd.cnki.com.cn/articlle/CPFDTOTAL-GLCB200904001048.htm.

第二章
科技传播的机制

　　科技传播是一个由相互联系、相互作用的各个部门（或过程）构成并执行特定功能的有机整体，不仅受到它的内部结构的制约，而且受到外部环境的影响。全面分析科技传播各构成要素，及其由这些相对独立的构成要素所形成的传播机制，对深化科技传播研究和提升科技传播实践能力都具有重要意义。

第一节　传统的科技传播机制

　　1948 年，著名传播学者拉斯韦尔（Harold Dwight Lasswell）在《社会传播的结构与功能》中提出的"5W"模式，认为描述一个传播行为就是要回答下列五个问题：谁（Who）？说什么（Say what）？通过什么渠道（Through which Channel）？对谁（To whom）？产生什么效果（With what effect）？换言之，一个完整的传播过程包括传播者、传播内容、传播渠道、受众和传播效果五个基本要素。拉斯韦尔的"5W"模式是基于信息的单向传播的分析，这是传播学史上第一次明确描述传播构成的各个要素，特别有助于用来组织和规范关于传播问题的讨论。后来，传播学研究者提出了双向传播、循环传播模式，对传播的结构及构成要素有更加细致的分析，但是拉斯韦尔提出的五大传播核心构成要素始终是各种传播模式分析的基础。科技传播作为传播学的一个分支，也普遍

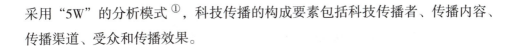

采用"5W"的分析模式 ①，科技传播的构成要素包括科技传播者、传播内容、传播渠道、受众和传播效果。

一、科技传播要素分析

（一）科技传播者

科技传播者，即科技信息源，是指科技传播行为的引发者，既可以是个人，也可以是群体或组织。

1. 科技信息生产者

在科技传播过程中，科技信息的生产者（科技共同体）不仅提供源源不断的科技信息，而且常常扮演传播者的角色。随着科学技术的发展和学科分类越来越精细，科技传播工作依赖专业的科技工作者。科技工作者拥有比大众更丰富、更新鲜和更前沿的科技知识，了解科技信息的来龙去脉和优劣利害，在科技传播中具有独特的天然优势。

科技传播发达的国家非常重视推进科学家的科学技术普及工作。美国国家科学基金会（NSF）为鼓励受其各研究局资助的研究人员进行相关的科学技术普及活动，设立了研究经费追加科学技术普及拨款制度，用以资助有意愿从事科学技术普及的基金项目研究者。科学技术普及成就突出的科学家，还有望获得美国国家科学基金会面向美国全国设立的"公共服务奖"。英国七大研究理事会做得比美国国家科学基金会更加扎实、更富有成效。除了向热心搞科学技术普及的科学家提供资金支持外，它们还免费为科学家提供科学技术普及技能培训，努力帮助科学家与中小学校建立对口联系，派研究人员到中小学与教师和学生一起开展科技活动，进行科技传播。

科学家为了使社会了解自己的科研工作情况，也会主动向公众宣传，为读者写科学技术普及著作。如，达尔文的《物种起源》、爱因斯坦的《物理学的进化》、法拉第的《蜡烛的故事》、别莱利曼的《趣味物理学》、霍金的《时

---

① 除"5W"分析模式之外，也有不少学者采用 1960 年贝罗在《传播的过程》中提出"四要素模型"，认为传播包括信源、信息、通道和接受者四个基本要素，认为传播的效果是由 4 个要素以及他们之间的关系共同决定的，所以不应作为单独要素。例如，任福君、翟杰全的《科技传播与普及概论》，林坚的《科技传播的结构和模式探析》等。

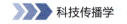

间简史》、华罗庚的《统筹方法》、吴文俊的《力学在几何中的一些应用》、杨振宁的《曙光集》等都是科技传播经典之作。再如，美国天文学会行星科学分会主席卡尔·萨根（Carl Sagan）不仅撰写了《魔鬼出没的世界》《宇宙中的智能生命》等多部著作，而且担任编剧参与制作《宇宙》《接触》等科学电视剧，甚至直接出镜担任解说人，带领观众体验人类探索宇宙的历史。

目前，在中国，科技传播却成了科学家忽视的领域。2015 年 5 月 23 日，中国科协主席在第十七届中国科协年会开幕式致辞时，多次提到科学家在科学技术普及中的缺位问题。科学主题网站"果壳网"2015 年发布的调查数据显示①，九成以上的受访科研工作者认为"科学技术普及在公众理解科学方面发挥着不可替代的作用"并且有意愿参与科学技术普及活动，但实际参加科学技术普及的却仅占一成。在调查中发现，造成这一现象的原因主要有 3 个方面：①担忧媒体曲解科技传播，进而可能对研究工作造成阻碍。②科研考核体制不鼓励科技传播，科技传播业绩没有列入晋级升职评聘体系，"科学家没有做科学技术普及的动力"。③很多受访者认为，科研圈缺少把科学传递到公众的渠道。当然，科学家参与科技传播需要国家优化顶层设计，营造更加宽松的制度环境。同时也需要科学家有投身科技传播的勇气和担当，正确处理科研工作与科技传播之间的关系。

2. 科技信息专业传播工作者

科技信息生产者多数是科学技术研究工作之外附带性地参与科技传播工作。而科技信息专业传播者则是以科技传播为主业，主要包括在大众传媒部门从事科技信息采集、制作和编辑的新闻工作者；在教育行业、科研单位专门从事科技信息传播理论与实践研究的学者、专家等；在自然博物馆、科学技术馆、天文馆等科学技术普及机构从事科技传播与普及的工作人员。

科技新闻工作者在科技信息专业传播者队伍中人数最多，分布最广。科技发展对社会生产生活的影响越来越大，公众对科技信息的需求不断增强，推动科技新闻的发展。同时，随着社会信息化程度的不断提升，大众传播业的发展

---

① 李正穹. 中国科学家缺乏做科普动力：超九成支持科普活动，但仅一成参与［EB/OL］.［2017–02–28］. http://news.youth.cn/wztt/201503/t20150324_6541497.htm.

需要一大批从事科技信息采集、编辑和传播的科技记者、编辑。科技新闻工作具有很强的专业要求。科技新闻工作者不仅要遵循新闻传播的基本规律，客观真实地报道科技事件，向社会传播最新的科技动态，也要具有一定的科技知识储备，能够准确地辨别科学与伪科学、迷信，去伪存真地传播科技信息。科技新闻工作者还要具备人文精神和社会关怀，贴近生活、贴近社会、贴近人民、贴近科技，做出有温度、有高度、有深度的新闻报道。科技新闻工作者同时做到上述 3 点要求，才能做好科学家、社会和公众之间的信息沟通桥梁，真正发挥科技传播的作用。

从事科技信息传播理论与实践研究的学者、专家，是指从事科技史、传播科学、科学社会学和科技政策、科技传播理论与实践、科技传播教育等研究的专业人员。他们与科技新闻工作者不同。科技新闻工作者主要告知公众，社会上有什么新的科技信息。但是，从事科技信息传播理论与实践研究的学者、专家则不仅要告诉公众新的科技信息，更重要的是向公众解释新的科技发展是怎么产生的，以及会对科技发展、人类社会产生怎样的影响。他们往往具有一定的理论研究能力，能够准确地把握科技发展规律，并且科学地预测科技发展趋势，擅长科技传播理论研究，致力于寻找最新科技知识、科技精神、科技方法的传播模式和路径。同时，他们也积极投身科学技术普及写作，亲自参与科技传播实践。他们的科学技术普及作品，能够做到学理与趣味兼具，给读者耳目一新的感觉。正是由于这一群体的推动，科技传播逐渐成为一门独立的学科。

从发达国家科技传播的成功经验来看，自然博物馆、科学技术馆、天文馆等科技类场馆在科技传播中发挥着极为重要的作用。最早的科学类场馆是以陈列、收藏、研究标本实物为主的历史博物馆。19 世纪以后出现以展示人类技术成就和创造发明为主的工业技术类博物馆。20 世纪以后科技类博物馆蓬勃发展，而且日益专门化和多元化。科技场馆所承载的社会功能，从最初的单纯服务于自然科学研究和小众人群，到强化科学教育与传播功能向大众开放，再到以服务于公众科技学习为首要社会责任，将科技教育与传播功能放到首位。科技场馆已经成为公众接触和学习科技知识的重要场所，公众通过参观科技场馆不仅可以了解有价值的科学技术信息，学习大量有用的科学技术知识，而且能够接触、体验科学甚至参与科学研究。科技场馆的工作人员不仅要维护好科技

场馆的基础设施，而且要与时俱进地开发形式多样的公众喜爱的科学技术普及作品、科学技术普及主题活动等，为提高公众科学素质发挥作用。改革开放以来，虽然我国科学场馆的硬件设施建设数量和质量大幅提升，但是科学技术普及人才缺乏，存在专业素质不高、知识结构老化、缺乏创新意识的问题。《科普基础设施发展规划（2008—2010—2015 年）》和《"十三五"科普基础设施发展规划（2016—2020 年）》都把培养专业科技传播人才，积极发展兼职、志愿者科学技术普及人才队伍，持续推进科学技术普及人才队伍建设，作为一项重要工作。

3. 其他科技传播工作者

世界上大部分国家将国民科技素质提升作为国家发展战略目标。政府的科技部门、科学技术协会等也是科技传播中重要的力量，他们以科技政策制定、实施、更迭等为手段，宏观引导和影响科技传播。中国科学技术协会建议在全国实施《全民科学素质行动计划纲要（2006—2010—2020 年）》，要求政府发挥主导作用，发动所有的社会力量，争取达到"人人具备科学素养"这一目标。政府每年都有专项经费，用于科技事业发展和科技传播。

除科技部门之外，教育部门也是科技传播的重要力量。教育本身就是科技知识的传承创新，是科技信息的传播扩散过程。同时，学校教育、社会培训等教育形式中也安排了专门的科技传播课程，以培养公民的科学素养。

此外，伴随着科技发展和传播媒体的变迁，传统意义上的传播者和受众之间的界限被打破。很长一段时期，科技传播中的传播者和受众是界限分明的，传播者主要是科学家以及拥有丰富的科技知识的专业人士，受众则是那些对科学技术有兴趣的普通大众，科技信息流动的方向是从科学家流向大众。随着近代科学发展越来越专业化、职业化，科学家日益担忧科学不为公众所理解，所以逐渐吸引更多公众参与科学新知识和新技术的传播过程。由此一部分原本处于科技信息接收端的公众通过学习熟知科技信息，转身成为科技传播者。更为重要的是，新媒体技术的发展打破了固有传播格局，为多元分散的个体提供了充分的互动平台，传播者与受众之间的界限被彻底打破，任何个体都具有成为科技传播者的可能。

（二）科技传播内容

科技传播的内容就是科技传播活动中流动的信息，是科技传播者和受众之间社会互动的介质。在不同的标准下，科技传播内容可以分为原创的和非原创的，或者科学的、技术的、工程的等。更为常见的分类方法是，根据公众理解科学和提高公众科学素养的需求，将科技传播内容分为科学技术知识、科学方法、科学思想、科学精神、科学技术动态信息。科技传播内容是不断拓展和深化的，例如，20世纪30年代注重以科技发展来造福人类，科技传播内容以科技知识为主，以科学教育来提升公众的科学素养；20世纪40年代，由于科学家反核战争和平运动的兴起，科技传播就将战争与和平、科学与道德结合在一起，科技传播的主要内容是科学精神；20世纪80年代，可持续发展逐渐成为全球共识，科技传播注重将科技发展与生态平衡、环境保护结合起来，呼吁终止破坏环境的科技；21世纪，科技传播就与人类"共同发展"、和谐发展联系起来。

1. 科学技术知识

一般人们对科技的理解存在一定的偏狭，将"科技"简单地等同于自然科学，或者自然科学和工程技术。

科技知识主要指科技领域的基础理论知识、应用技术知识、科技数据等。科技理论知识是科技知识的高级形态，包括科技概念、科学定理、科学观点等，是对科学技术规律的抽象性归纳总结。应用技术知识是人们对科技实践经验的总结，包括技术知识和方法、发明创造、工艺流程、工作原理、技术管理、设计程序，也可以体现在设备、工具等物化形式中。科技数据是科技知识的直观形态，是人类社会在科技活动中产生的各类数据资料，是科技创新的基础，也是经济社会发展决策的重要科学依据。"大数据"时代，科学研究、政府决策、产业发展越来越依赖于科技数据。

不同的受众对科技知识的需求大不相同。专业交流中，科技共同体利用科技期刊、学术著作、科研报告、学术研讨会或个人交流等多种不同形式，偏重于传播科技数据、科学事实以及最新科技成果进展的传播。科技教育系统则偏重于传播系统的科技知识，以培养科技学习者完善的科技观念，为他们今后从事科技工作储备基础知识。面向公众传播科技知识时，要注重提高公众的科技

知识水平和科学素养，帮助公众更好地理解自身和身外的世界，提高生活与劳动的技能，增强运用科学技术知识处理实际问题的能力，从而更好地适应社会环境，提高生产能力，改善生活质量等。

2. 科学方法

科学方法，是通过严密的观察实验、严格的逻辑推理，找到事物内部各要素之间及事物外部环境的相互关系和相互作用，确定其结构、运动变化和因果关系，形成规律性认识。科技方法对科技知识的获得有引导、规范的作用和功能，是比科学技术知识更高级的科学技术要素。

科技方法传播是科技传播中的薄弱环节。20 世纪 80 年代掀起过自然科学方法论研究热潮，但是，到 20 世纪 90 年代之后，这一领域就不再受到学者的关注。有学者根据国家图书馆的书目统计发现①，1980—2000 年方法论研究的相关书籍只有 404 种，分类情况如下。自然科学方法论和工程技术方法论相关书籍有 209 种，其中综合性的有 101 种，分科或专题有 108 种，以数学类居多，占近三分之一；社会和人文科学方法论相关书籍有 146 种，其中综合性的有 40 种，分科或专题的有 106 种，政治思想工作方法、领导方法、党团工作方法类有 17 种；方法论译著有 39 种，其中自然科学有 22 种，社会科学有 17 种。研究科学技术方面的著作数量，与同时段全国自然科学、工程技术、社会科学、人文科学的书籍相比，实在少得可怜。

中国科协多次采用国际测试标准对我国公众的科学素养进行全国性的抽样调查，发现与美国、欧洲、日本相比，我国在科学知识方面的差距正在不断缩小。但是在科学研究过程和研究方法素养方面的差距则依然很大。理解科学方法是提高公众科学素养的重要环节，不了解科学方法，不能运用科学方法，就难以发扬科学精神。要做到实事求是、勇于创新，必须以科学的方法武装头脑，否则就只是一句空话。

3. 科学思想

科学思想是在各种特殊科学认识和研究方法的基础上提炼出来的，能够发现和解释其他同类或更多事物的合理观念和推断法则，对进一步的、更广泛

① 孔小礼. 传播科学方法，研究科学方法论［EB/OL］.（2001-02-01）［2018-12-30］.http://cpfd.cnki.cn/Arti:clle/CPFDTOTAL-CSDN200102001021.htm.

的科学研究和社会实践具有导向作用。科学思想的传播与科学技术知识、科学方法的传播不一样。科学技术知识的传播一般比较具体，可以系统地向受众展示。科学方法具有很强的实践指导性，可以将传播工作与科技实践、案例相结合，能够达到很好的效果。但是，科学思想是基本的思想观念和理念，具有宏观性、抽象性、隐蔽性、开放性和普遍性，在传播过程中容易陷入"空对空"的困境。要解决这个问题，就需要做到科学思想传播具体化。一方面，以典型理论、经典思潮、著名科学家等具体的科技元素为载体传播相关科学思想；另一方面，在科技知识、科学方法传播中融入科学思想，在"就事论事"的基础上，由表及里地提高公众对科学思想的认识和掌握水平。

科学思想传播的本质是使科学思想社会化的过程，是促使整个社会具备科学思维的过程。我国历史上科技发展长期占据世界领先地位，但是我们的科技传播却远远落后于科技发展水平，对公民科学素养的培育远远不够。近代社会，西方侵略者用"坚船利炮"轰开中国国门之后，西方科技纷纷涌入，一批仁人志士投身科技传播以期用先进科技改造国民，达到救亡图存的目的。五四运动时期，我们从西方请进"德先生"（民主）和"赛先生"（科学），促进了科技思想在中国的传播。中华人民共和国成立之后，党和政府推动辩证唯物主义、历史唯物主义大众化，普及科学知识，在扫除"科盲"方面做了大量工作。但是，到目前为止中国还远未实现"科学思想观念社会化"这一目标，光怪陆离的伪科学"大师"层出不穷，各种伪科学流言五花八门。这些伪科学现象不仅经常在自媒体中传播，给公众生活造成困扰，而且还时常登上正规媒体的版面，混淆社会视听。

4. 科学精神

科学精神是科学的灵魂，是科学活动必须遵循的规范。美国科学社会学家 R. 默顿 1942 年在《科学的规范结构》一文中指出："科学的精神特质是指约束科学家的有情感色调的价值和规范综合体。这些规范以规定、偏好、许可和禁止的方式表达。"并且认为"四类制度性必需的规范——普遍主义、公有性、无私利性、有条理的怀疑主义——构成了现代科学的精神特质。[①]"也有人对默

---

① R. 默顿. 科学的规范结构［J］. 林聚任，译. 哲学译丛，2000（3）：56.

顿的说法进行了补充完善，认为"默顿遗漏了'诚实性'这一条对科学家社会行为也有核心指导意义的社会规范"，并且认为"科学规范是通过两种方式对科学家的社会行为产生作用的。一种是禁止和惩罚的方式，另一种是倡导或偏好的方式。所以科学规范是分层次的，应该有第一类规范和第二类规范之别。①"作为科学活动的规范，科学精神实质上是实事求是的理性态度和求真精神。

科学精神是科学家对科技进步和人类文明最为重要和影响最为久远的贡献。爱因斯坦在悼念居里夫人时曾深刻地说道："在像居里夫人这样一位崇高人物结束她的一生的时候，我们不要仅仅满足于回忆她的工作成果对人类已经做出的贡献。第一流人物对于时代和历史进程的意义，在其道德品质方面，也许比单纯的才智成就方面还要大。"科学家创造的科学知识固然重要，其所塑造和坚持的科学精神更值得传播。

科学精神传播是指科学精神作为一种社会价值观念被传递、扩散、吸纳、提倡、弘扬的过程。科学精神传播包括日常的社会心理层面、阐释的社会理论层面、决策的社会规划层面等社会领域内的科学观念的传递、交流和扩散深化。科学思想上的突破、科学观念上的变革、科学方法上的创新和完善以及科学社会功能的增强都会成为科学精神传播的良好契机，都可能在社会心理、社会意识和社会决策活动等领域产生重大影响，更进一步地推动公众理解科学和参与科学。

5. 科技动态信息

科技动态信息包括新发现、新发明、新成果、新政策、新活动、新问题以及有重要意义的科技工作者言行事迹等信息。科技动态信息反映了科技发展的最新进展情况，受到科技界和社会各界的高度关注。科技动态信息传播最主要的形式就是科技新闻报道，是科技传播中最频繁使用，并且与公众最接近的传播方式。2015年中国科协发布的第九次中国公民科学素质调查显示，公民对科技有关的新闻话题感兴趣的比例较高，其中，对科学新发现感兴趣的比例为77.6%、新发明为74.7%、新技术为69.8%、医学新进展为83.3%，同比第八次

---

① 张彦. 论科学规范结构的重构——对默顿规范质疑的思考[J]. 自然辩证法研究，2008（4）：80–86.

中国公民素养调查分别增长了 1.6% ~ 12.2%。

与公众对科技新闻的热情相比，科技新闻报道的数量和质量却因不能满足公众对科技新闻日益增长的需要，而饱受批评。科技新闻报道在许多媒体中处于边缘地位。科技报道栏目被挤压，科技新闻缺乏生存空间。由于缺乏专业的科技报道团队，科技报道中存在知识性的错误，报道形式呆板，报道水平低、技巧差等现象长期普遍存在。由于科学新闻报道的不足，国内伪科学谣言长期困扰公众生产生活。英国的《自然》杂志曾经做过一个调查，发现中国对科技新闻事件的关注程度不仅远低于西方发达国家，而且在发展中国家里排名也不算高①。

（三）科技传播渠道

科技传播渠道，也就是科技传播内容到达受众的途径，是传播过程中传受双方沟通和分享信息的通道。科技传播渠道可以分为具有公共性特征和不具有公共性特征的两大类渠道。前者主要包括大众传媒、科技教育、科技传播设施、科技传播活动等。后者则主要指公众群体内利用人际交流途径实现的科技传播。我们通常所说的科技传播渠道是指前者。

1. 大众传媒

报纸、广播、电视、互联网等大众传媒传播覆盖面广，并且能够迅速接收受众的反馈信息，调整传播方向和形式，在科技传播中具有举足轻重的作用。中国政府向来重视大众传媒科技传播能力建设。2002 年颁布的《中华人民共和国科学技术普及法》明确规定："新闻出版、广播影视、文化等机构和团体应当发挥各自优势做好科学技术普及宣传工作。"2006 年 2 月，国务院发布《全民科学素质行动计划纲要（2006—2010—2020 年）》，将"大众传媒科技传播能力建设工程"列入四个基础工程之中。2006 年 11 月，中国政府又专门制定了《大众传媒科技传播能力建设工程实施方案》，要求加大各类媒体的科技传播力度，打造科技传播媒体品牌，充分发挥互联网、移动通信等新媒体的科技传播能力，培育品牌科学技术普及网站、虚拟科技馆和博物馆等。经过政府和科

---

① 王殿华. 科技新闻边缘化的忧虑与传播策略［J］. 科技传播，2010（3）：1–2.

技传播有关部门的不懈努力，我国大众传媒在科技传播方面的能力得到显著提升，历次发布的《中国科普报告》显示，大众传媒已经是我国公众获得科技发展信息最主要的渠道。但是，我们也不能忽视大众传媒科技传播能力依然还有大的待提升空间。例如，大众传媒科技传播意识还需进一步提高，科学思想和科学精神传播比例还需进一步提升，传播模式需要进一步多元化，传播品牌栏目还需加强建设等。

2. 科技教育

科技与教育是国家赖以发展和民族永葆生机的两大法宝。教育是科技发展的基础，科技知识是教育最重要的内容。世界各国的公众科学素养调查都表明，公众科学素质水平与所受教育的程度密切相关，受教育程度越高的公众群体具备的科学素养越高。科技教育在科技传播方面具有独特优势，通过教育可以系统地讲授科技知识和科技方法，通过教育可以形象生动地传播科学精神和科学思想。完善学校科技教育体系和社会科技教育体系，全面提升公民科学素养，是中西方科技传播领域的共识。2016年2月我国出台的《全民科学素质行动计划纲要实施方案（2016—2020年）》，"十大重点工作"中有6大工作提到了科技教育，尤其是"实施青少年科学素质行动"和"实施科技教育与培训基础工程"中，分别强调了学校科技教育和科技教育培训队伍建设的具体措施。

3. 科学技术普及设施

科学技术普及设施主要指向公众开放（参观、学习）的科学技术普及场所，包括科学技术普及类场馆、活动中心、活动室、大篷车、画廊、远程教育终端设备和教育基地等。科学技术普及设施多数是政府投建的公益性机构，主要以展览、展示、互动体验、科学活动等形式面向公众进行科学技术普及教育、宣传等。公众通过浏览科技文章和图片、动手操作展示装置、观摩科学技术普及讲座和演出、参与科学体验活动等，从中感受科学氛围、激发科学兴趣、引发科学思考，进而了解科学技术知识，学习科学方法，树立科学观念，崇尚科学精神，提高自身的科学素质，提升应用科学技术处理实际问题以及参与公共事务的能力。科学技术普及设施在科技传播中的优点是直观性强、参与程度深，缺点是建设成本高，信息量受设施建设规模的限制和地域分布限制，难以满足更广泛人群参观需求。但是，纵观世界各国，以科技博物馆为代表的科学技术普及设施的科技传播正在成为社会非课堂科技传播的主要阵地。我国从 20 世纪 90 年代开始大力发展科学技术普及基础设施，目前全国范围建有千余座科技类博物馆，形成了包括科技馆、自然科学馆、行业科技博物馆等在内的形式多样、门类齐全的博物馆体系，并且在科学技术普及设施产业化、科技场馆与学校共同推动学生的科技教育等方面取得了一定的成绩。

4. 科技传播活动

科技传播活动主要指面向公众举办的科学技术普及报告、科学技术普及讲座、科普剧（小品）表演、科技宣传、科技咨询等活动。科学家、工程师、科学技术普及作家、科学技术普及宣传教育工作者、科学技术普及志愿者等，通过口授、演讲、表演、技术服务等形式，让公众了解科技知识，领悟科学思想，感受科技精神。科技周活动普遍被世界各国政府和科技界视为科技传播教育最有效的方式之一。我国政府和科学技术普及机构也同样有科学技术普及活动周、科学技术普及活动节等大型的科技传播活动。通过科技传播活动进行科技传播的缺点是辐射面较小、受时间限制较大、公众对内容的选择余地不大、组织成本高、活动效果受传播者的素质影响较大等。但是在特定的环境和条件下，比如大学、社区、农村（偏远地区）等，科技传播活动的科技传播作用仍然相当大。

（四）科技传播受众

科技传播受众是科技信息的接收者和反馈者。随着科学技术不断演化和拓展，在传统科学技术普及阶段，科技传播受众是社会上少数对科技感兴趣的公众，他们被动获得科学家提供的科技信息。在公众理解科学阶段，科技对人类社会的影响越来越大，科技信息需求群体不断扩大，并且公众不再满足于掌握科技事实，而是希望理解科技本质。在公众参与科学阶段，人们对科技信息的需求从"知其然"到"知其所以然"转变，在科技传播过程中开始变被动为主动，积极寻求与科技传播者的平等对话。在现代科技传播体系中，我们认为科技传播受众包括普通的社会公众、科技工作者、科技政策决策者。

1. 普通社会公众

科技传播最重要的任务是帮助社会公众提升科学素养，推动社会文明进

步。科技已经成为人类社会的重要组成部分，对人类生产生活的影响日渐增强，每一个人都需要了解和掌握一定的科技知识、科技方法和科技动态等。《全民科学素质行动计划纲要（2006—2010—2020 年）》中指出在普通社会公众中，未成年人、农民和城镇劳动人口是科技传播受众的重点人群。学生需要学习相对稳定、成熟的科学知识，帮助自己形成科学思维、掌握科学方法、提升科学素养，为自己进一步学习或从事科学研究打下基础。农民重视农技知识和农业信息，以帮助他们提高农业生产效率。城镇劳动人口最希望得到本行业相关的科技信息。普通社会公众对科技信息的需求与日俱增。

2. 科技工作者

现代社会科技发展日新月异，科技信息瞬息万变，科技工作者需要及时获得最前沿的科技动态，以推动科研活动。现代科技发展方向日益多元化，学科分类日益细化，在本领域拥有丰富专业知识的科技专家，并不一定就精通其他领域，因此不同领域之间的交流和融合变得格外重要。

3. 科技政策决策者

科技政策决策者的水平高低直接决定科技传播的成败。目前我国的科技媒体、科技场馆、科技教育的主要管理者和控制者是党和政府的科技管理部门，科技传播的主要推动力是政府的行政力量。因此，国家对提升"领导干部和公务员"科学素养非常重视。但是提升科技政策决策者的科学素养是一个系统工程，需要长期的坚持和努力。不仅要培养科技政策决策者及时掌握科技动态消息和分析科技发展状况的能力，还要使得他们拥有先进的科学思想和崇高的科学精神。

（五）科技传播效果

科技传播效果，也就是科技信息到达受众之后产生的影响。

从传播学的角度来看，传播效果主要包含两层含义：第一，包含有一定动机的传播行为在受众身上引起的心理活动、理念态度和实践行为上的变化；第二，人们的传播活动尤其是大众传播媒介的传播活动对受众和社会产生的一切影响的综合。传播效果是一切传播活动的出发点和落脚点。大众传播功能实现与否，需要通过传播效果来检验。关于传播效果的研究，先后形成了"枪弹论""皮下注射论"等媒介万能论，以及"有限效果论""沉默的螺旋""知沟"等长时间接受效果理论。传播效果理论发展过程虽然曲折，但是始终处在传播学研究的核心位置，也是传播实践的核心议题。传播效果与其他4个要素一起构成完整的传播过程。科技传播作为人类传播活动的一个种类，科技传播效果是科技传播研究中不可或缺的一部分。

当然，影响科技传播效果的因素十分复杂，贯穿于整个科技传播过程。首先，传播符号不同，传播效果各异。声音、文字、图像等科技传播符号，在信息承载能力上、表达效果上均有不同，而且不同的人群因为知识水平、年龄、性别等差异，对符号存在"编码"和"解码"的差异。其次，科技传播符号在受传双方传递信息，科技传播渠道的效率、影响力、覆盖面等也会影响传播效果。最后，传播环境的影响。科技传播环境包括社会环境、自然环境和人际环境3个层面，任何一个层面都会对科技信息传播产生正面或负面的影响。

二、科技传播机制的特点

科技传播机制是指科技传播者、科技传播内容、科技传播渠道、科技传播受众、科技传播效果各要素之间以什么样的形式组织结合起来，怎样实现关联互动，如何完成科技信息资源的交流与共享。

（一）科技传播机制的系统性

科技传播是一个有机的信息传播系统。从科技传播结构内部来看，各要素之间相互关联、一环扣一环，形成一个动态有序的有机体。科技传播系统中任何一个要素的变化，都可能影响整个传播过程。科技传播者、科技传播内容、科技传播渠道、科技传播受众、科技传播效果各要素是按照一定的方式组合起来的，其中任何一个元素的变化都可能引起科技传播整体性能的改变。比如，在传统媒体时代，科技传播者是处于中心地位的，控制着科技信息，受众处于被动位置，对传播内容的选择空间较小。科技传播者根据自己喜好对科技信息进行编辑和传播，直接影响受众所接触到的信息质量。再如，大众媒介作为科技传播的重要渠道，它的政治经济状况，影响科技信息筛滤，进而对受众参与科技传播和提升公众科学素质产生不同的导向。

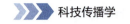

科技传播的系统性还表现在科技传播与其他社会子系统之间的相互联系和相互作用。科技传播系统是一种基于人们相互作用、有关机构发挥作用和服从于一定社会准则的社会体系。科技信息向外扩散渗透过程涉及社会其他子系统的社会系统工程，需要外界多方力量的配合。科技发展让科技传播具有无限丰富的信息来源。科技发展推动传播技术的变革，拓展传播渠道，创新传播方式。20 世纪中后期以来，网络媒体席卷全球，科技传播突破时空限制，实现全员互动、公众真正参与科学。

（二）科技传播机制的层次性

根据科技信息的流动及接受者的情况，科技传播至少包括专业交流、科技教育、科学普及和技术扩散等 4 个层次。所谓专业交流是指在科学家之间进行的相互交流最新专业科技情报的过程，通过科技文献传播、专业学术会议、合作研究、个人交流等途径，以发表论文、出版专著、撰写研究报告、参与专业问题研讨等为主要方式进行。专业交流的功能是给科技工作同行提供最新的研究结果、数据及研究方法，保证专业领域内实现最新知识与方法的及时共享。科技传播的专业交流层面的信息流动过程是：科学家（科学技术）—科技传播渠道—科学家—学习—创新—新的科技成果。科技教育则是指利用规范的教育方式向受教育者传播知识与方法的过程。通过科技教育使受教育者掌握科技专业知识，学习科技知识创新方法，获得运用科技知识的基本能力，成长为具有科学技术知识素质和有专业发展潜质的人才。在科技教育中，信息流动过程是：科学技术—科技传播渠道（教育系统）—受教育者—学习—科技人才。科学普及是指面向普通民众的一种科技传播过程。科学知识、科学方法、科学思想、科学精神通过各种传播渠道向公众传播。科学普及的功能是要让公众理解科学技术，掌握必要的科技知识，提高公众的科学技术素养，具备参与科学技术发展与应用政策讨论的知识基础。技术扩散是指面向企业和社会部门等知识应用组织，通过技术转移、推广、示范以及应用组织的技术学习、采用过程推动的科学技术知识传播活动。技术扩散是把科学技术与社会经济过程有效连接并把科学技术运用于社会经济过程的一个重要环节。

第二节　媒介融合时代科技传播机制的变化

2014 年 8 月 18 日，中共中央全面深化改革领导小组第四次会议审议通过了《关于推动传统媒体和新兴媒体融合发展的指导意见》。习近平强调，推动传统媒体和新兴媒体融合发展，形成立体多样、融合发展的现代传播体系。媒体融合发展是传播业态变革不可逆转的趋势，也是党和国家大力推动的一项紧迫战略任务。在媒介融合背景下，科技传播正发生革命性的变化。

一、媒介融合的特点

"媒介融合"（Media Convergence）这一概念最早由美国麻省理工学院伊契尔·索勒·普尔（Ithiel de Sola Pool）提出。1983 年他在《自由的科技》一书中提出"传播形态融合"。普尔的本意是指，随着数字技术的发展，网络媒体与电视、报刊等传统媒介融合在一起，呈现出多功能一体化的趋势。目前，媒介融合逐渐突破技术融合和形态融合本身，而涉及媒介功能、传播手段、所有权、组织结构等全方位的融合，展现出跨界融合性、信息传播即时性和交互性、信息需求个性化和多样性、信息的开放性和存量巨大、信息全覆盖和阅听碎片化等多方面特点。

（一）媒体的跨界融合性

媒介融合的理想状态是要把广播、电视、报刊、互联网、手机等媒体通过网络技术和数字技术整合在一起，将文字、视频、音频、图片等整合为统一的数字化信息，在一个或多个平台发布。媒介融合基本流程就是集中力量采集科技新闻素材，再根据各自受众的接受特点进行加工，制成不同的新闻产品，最后通过不同的传播渠道传播给受众。一则制作好的科技新闻，既可在报刊上使用，也有可能提供给网络及手机报等媒体。

（二）信息传播的即时性和交互性

媒介融合时代，互联网和通信卫星打破时空的限制，只要有相应的信息接收设备，在地球的任何角落都可以快速地接收到信息。当突发事件发生，掌握信息的人可以第一时间把所掌握的情况，通过文字、图片、视频等多种形式发布出来。受众通过媒体客户端接收到信息之后可以根据自己的兴趣选择性地阅听，也可以通过留言、点赞、评论、转发等多种形式参与信息的传播互动。在媒介融合时代，传受双方可以轻松易位，借由媒体平台参与科技信息的生产、加工、传播、再传播等，强化大众对科技的兴趣，能够使大众了解科学、理解科学。

（三）信息需求个性化和多样性

在传统媒体时代，受众对信息的需求往往受到压抑，在信息产品选择上缺乏选择权。但是，在新媒体时代随着信息传播从业壁垒弱化，普通大众参与信息生产、传播，信息产品日益多样化，受众的需求日益个性化。例如，从事科学博客、科学公众号运营和写作的人员并不一定都是职业的科技传播工作者，他们推出的文章可能活泼，也可能庄重，可能理性，也可能感性。公众可以根据自己的兴趣爱好、文化水平、阅读习惯关注自己喜欢的科学博客、微信公众号，甚至可以主动点评其文章，参与科技信息的再加工和二次传播。

（四）信息的开放性和存量巨大

在传统媒体时代，传播权往往控制在专业的传播机构和从业者手上，普通受众处于被动的信息接收地位。在新媒体时代，传播入口平等地面向大众敞开，"人人可以手握麦克风"，人人可以成为信息源，信息生产成为一个全民活动，日积月累信息存量无限扩大。而且各种媒介信息经过数字化处理之后，可以突破时空壁垒便捷地在网络上传播和共享。

（五）信息全覆盖和阅听碎片化

传统的报刊、电视、广播对于阅读环境、信息存储、信息再现都有相当的客观条件要求，公众的阅听行为受到较多限制。媒介融合时代给大众提供了一个完全没有时空障碍的信息接触模式，人们不需要每天特意安排固定的时间去看报纸、电视，收听广播，以获取信息。排队候车、餐后休息、课间休息、睡觉之前等都可以通过新媒体来获取自己想要的信息。受众接收信息的方式越来越灵活，接收时间越来越零散化、碎片化。

二、媒介融合时代科技传播的机遇与挑战

媒体在科技传播中一直扮演着重要角色，从语言到文字、从手抄到印刷、从电子到网络，每一次媒介技术的变革都推动科技传播方式的变化。由于网络技术和数字技术的推动，传统媒体与新兴媒体之间的界线变得越来越模糊，媒介融合在全球逐渐形成大潮流，给科技传播提供了新的机遇与挑战。

（一）科技传播面临的机遇

1.媒介融合培育了科技传播新主体

在传统媒体时代，科学传播的主体是科学家、媒体从业人员、科学技术普及工作者和政府。为媒体提供科技信息的主要是媒体记者、科研机构、政府部门、社会团体等。科技信息在传播者、传播渠道、受众之间流动，科技传播机构相对稳定。媒介融合背景下，任何人都可以成为传播的主体，自由地参与科技传播，增加了科技信息的来源和维度。公众可以利用手机、摄像机等设备拍摄科技事件，并通过网络向全社会传播。还有不少人在网上开通播客、博客、微信公众号等，专门从事科技文章写作。科技传播者的职业性、专业化逐渐弱化，来自普通民众的科技新闻和言论在科技传播中占据越来越大的比重，社会公众成为潜在的最大的科技传播者群体。

2.媒介融合扩宽了科技传播渠道

根据近3次中国公民科学素养报告的数据显示[①]，可以发现互联网正逐渐取代传统媒体在科技传播中的作用，成为科技传播的主战场。传统的新闻媒介

---

① 其中2005年第七次中国公民科学素养调查报告显示通过互联网获取科技信息的公众比例为6.4%，2010年第八次为26.6%，2015年第九次则跃升至53.4%。

在制作和处理科技新闻方面具有优势，例如，报纸媒体拥有众多经验丰富的科技记者，能够写出通俗易懂、科学性强的科技新闻，具有很高的公信力。但是传统媒体在传播科技新闻的速度方面往往具有滞后性，因为报纸的出版和发行要经过一个较长的周期，在当今快节奏的时代，与现代人的生活节奏不是很合拍。21世纪以来，科技传播主体纷纷转战新媒体，中国数字科技馆、科学网、科学松鼠会、果壳网、中国科普网、新闻网站的科学技术普及栏目、科学博客、科学技术普及微信公众号等如雨后春笋般不断涌现。新媒体突破传统媒体的传播形式，以灵活、互动、多元化为特点，使科技传播从专业化走向大众化，从精英层面辐射到平民层，为科技传播带来勃勃生机。随着互联网的全民化普及，尤其是移动互联技术的发展，手机、PAD等移动智能设备上网变得更加便捷，APP、微信公众号、新闻客户端等强大的信息推送功能，可以更进一步增强科技传播信息推送的针对性和有效性，牢牢"黏住"目标人群。

3. 媒介融合丰富了科技传播内容

媒介融合将文字、声音、图片、图表、动态图像等媒体符号综合在一个传播单元中，构成多媒体信息，使科技传播内容更具综合性、直观性、形象性。尤其是虚拟现实技术（VR，Virtual Reality）、动画技术（Flash）、增强现实技术（AR，Augmented Reality）等在科技传播中的应用，为公众提供了一个良好的虚拟环境，营造身临其境的现场氛围，用户可以亲自动手、亲自参与，在亲身感受中体验科技的独特魅力。在相关的新闻报道中，传播者可以根据新闻事件建立科学技术普及专题，全方位提供科技信息。例如，PX项目、垃圾焚烧、转基因食品、雾霾问题、动车事故等新闻发生之后，很多网络迅速建立了与新闻事件相关的科技知识传播专题，既帮助大众了解新闻背后的科技信息，也深化大众对新闻事件的理解，利于社会舆情疏导。

4. 媒介融合创新了科技传播理念

媒介融合时代信息传播的互动性、共享性、平等性、开放性，契合了公众参与科学的要求。从知识普及到公众理解科学再到公众参与科学，在科技传播发展历程中公众经历了从被动接受到有效理解，再到主动参与的角色嬗变。公众参与科学是科技传播最理想的状态。新媒体是一个开放的传播生态圈，不同的受众个体之间、受众个体与网络媒体之间、受众个体与传播者之间、传播者之间、网络媒体之间等都是平等的，都可以平等对话。在新媒体时代，每一个人都可以任意地在科学传播过程中，发起话题、写作评论、线上互动，实时表达自己的见解与看法，甚至可以通过网络百科建立科技词条，通过网络社区设置科技话题，协作完成大型科学工程。在媒体融合时代，大众可以充分发挥自己在科技传播中的主动性和创造性，成为科技传播活动的主角之一。

（二）科技传播面临的挑战

新媒体在科技传播中也有自身的局限。新媒体缺乏严密的信息监管，网上传播的信息庞杂繁芜，真实性和权威性都值得怀疑。类似于"金字塔发现'人造心脏'木乃伊""印度科学家制造出常温超导""吃盐可以预防辐射""柑橘传染艾滋病"等假科技新闻，通过网络媒体、手机短信、微信公众号、新闻客户端等大肆流传，不仅减损了网络媒体在科技传播中的影响力，更是给人们的生活造成众多困扰。

除科技假新闻之外，伪科学也借媒介融合的东风，打着科学的旗号招摇撞骗、混淆视听。伪科学是指把没有科学根据的非科学理论或方法宣称为科学或者比科学还要科学的某些主张，例如星占学、维里柯夫斯基碰撞理论、李森科的无产阶级遗传学、外星人建造古代世界、永动机等。伪科学不同于一般的科学错误，它是一种社会现象，在特定的事件和地点冒充科学，把已经被科学界证明不属于科学的东西当作科学对待，并且不提供严格的证据。新媒体容易给伪科学活动披上科学外衣，给伪科学提供隐匿之所。现实中的占卜、算命、问卦等迷信活动改头换面为"电脑算命""星座测试""未来科学"等，利用新媒体技术广泛传播。遏制和揭穿伪科学是媒介融合时代科技传播面临的重要挑战。

三、媒介融合时代的科技传播机制变化

传统大众媒体的科学传播模式都是单向式的传播结构，传播者与受众之间，主客体二元对立。科技传播者居于主导地位，占有科技信息，在传播体制约束下，对科技信息进行有选择性的传播。传播渠道对科技信息进行把关。受众处于弱势地位，被动地接收信息，消极地接受科技传播。这种情况下科技信

息严重不对称，加剧了受传两端的"知沟"。受众很难具有与传播者、传播渠道相同层次的对话能力。公众无法积极有效地参与科学传播，导致传播效果大打折扣，无论科学家、媒体记者如何进行科学技术普及，都很难消除公众在科学问题上的疑虑。

媒介融合时代，信息传播是去中心化的。受众与传播者之间的界线变得日益模糊，传播者、受众在科技传播中处于平等、交互的状态。就科技传播者（主体）而言，媒介融合新趋势下科技传播多元主体（科技工作者、政府、媒体、公众、社会组织）将进行多方合作，利用媒介资源平台进行科技信息共享，充分发挥不同媒介形态的优势进行整合，共同寻求最优科技传播模式。就受众（客体）而言，一方面，其对科技传播内容的专业性、订制化提出新的需求，分众化进一步加强；另一方面，对科技传播形态的生动性、交互性、趣味性、个性化提出更高要求。传播者和受众之间相互影响和制约不容小觑。与此同时，传播者和受众都将受到来自媒介的压力或制约，不同媒介的个性化特征要求传播者运用不同的传播方式，同时也深刻影响受众对信息的体验方式。由于受众对不同的媒介印象不同，可能会导致对媒介内容产生不同的期望，从而影响受众的反应方式。科技信息不同于普通的传播内容，其深奥的知识内涵和专业性，既要求传播者提高使用媒介的专业化水平，也要求受众的反馈及时灵活。在这样的情况下，传播者（主体）、受众（客体）和媒介（渠道）三者融为一体，形成了一个三维互动和循环传播模型。以科技博客为例。每篇科技博文发布之后，都有一定的评论和回复。通过这些评论、回复，作者与读者、读者与读者之间形成一个个临时的讨论小组，针对博文或相关话题开展深入的、有针对性的讨论互动。由评论、回复等形成的临时讨论小组还可以细化和延续，也就是说，每一个评论、回复都可能引起"多次传播"。在多次传播中，传播者、受众、媒介之间的关系随时发生变化。媒介融合时代，全民参与，共同推动科技传播事业发展。

第三章
科技传播的基本模式

　　所谓模式，是指科学研究中以图形或程式的方式阐释对象事物的一种方法①。它是研究复杂现象的一种基本方法，它能够化繁为简，将研究对象作为一个比较完整的形象表示出来，从而使问题简明扼要，窥见其本质。可以说，它是连接理论和现实的一道桥梁。传播学中的现象和规律纷繁复杂，为了更加清晰地分析传播的复杂结构、过程和关系，传播学家引入了模型方法和传播模式的概念②。传播模式就是传播学家利用模型方法对传播现象建立的简化模型。对传播模式的研究，是传播学研究的重要组成部分。科技传播作为一种特殊传播形态，也十分重视传播模式的研究。

第一节　科技传播模式概述

　　科技传播的基本模式研究到目前为止仍旧缺乏完整的体系。自 20 世纪以来，科学技术的发展与新媒体的出现使得科技传播模式也随之不断变化，许多学者也在不断探索与创新，提出新的科技传播模式。这里根据不同的分类

---

① 郭庆光. 传播学概论［M］. 北京：人民大学出版社，2011：50.
② 任福君，翟杰全. 科技传播与普及概论［M］. 北京：中国科学技术出版社，2012：61.

方式，总结前人的研究成果，列举出一些基本的科技传播模式，相信随着科技的发展以及对科技传播模式研究的深入，还会有更多科技传播的新模式被提出。

一、基于科技传播时空特征的模式

基于科技传播的时空特征，林坚在《科技传播的结构和模式探析》一文中将科技传播模式分为历时性传播模式、地域推移模式、空间跨越模式。历时性传播模式强调科学技术的发展和传播的历史进程，是从古代、近代到现代的传播。理论成就、技术成果的传播都需要一定的时间，现在这个过程越来越短。地域推移模式是特定历史条件下的传播方式，由于世界地域辽阔，以前受交通工具和信息传播工具的局限，传播只能以地域推移的方式逐渐延伸。如中国印刷术传到欧洲，就呈现这种状态。空间跨越模式是指电话、电报、广播、电视、计算机网络突破了空间传播的障碍，全球信息网络使信息传播得以即时实现[①]。

二、基于科技信息在传播过程中流动方向的模式

基于科技信息在传播过程中的流动方向，孙宝寅在其《科技传播导论》一书中将科技传播分为交流型和辐射型。交流型是指信息的传播者和接收者在有限的范围内通过媒介实现信息的交流与共享，信息流动的方向具有双向性。学术交流是交流型的典型代表。辐射型是指信息的传播者通过媒介进行信息的传播。信息流动的方向具有单向性。辐射型传播有着多方位、多层次及扩散性强等特点。科学普及是辐射型传播的典型代表[②]。

三、基于科技传播载体的模式

基于科技传播的载体，任福君、翟杰全在《科技传播与普及概论》一书中，将科学传播模式分为以人为载体的模式、以物为载体的模式和以媒体

---

① 林坚. 科技传播的结构和模式探析 [J]. 科学技术与辩证法，2001（4）：53.
② 孙宝寅. 科技传播导论 [M]. 北京：清华大学出版社，1997：37.

为载体的模式。以人为载体的科技传播依赖于具备科学技术知识的人，他们通过亲自参与，将自己拥有的知识技能传授给他人。在传播技术还不发达的人类社会早期，这种科技传播模式很常见，也非常重要。例如，师传徒受、口口相传就曾是人类社会科技传播的基本形式。以物为载体的科技传播是利用实物作为传递知识信息的载体，利用实物的展示与转移带动知识信息的扩散与传递。例如，博物馆的科技展览、消费者购买科技产品、不同地域之间的科技产品交易、国家之间的科技产品进出口等。以媒体为载体的科技传播是最常见的一种科技传播模式，现代科技传播常常使用图书、报刊、广播、电视、互联网以及各种新媒体来传播科技知识。与以人、以物为载体的科技传播模式相比，这种科技传播模式具有其独特优势，如容易扩展传播范围、有更高的传播效率、知识信息的可保存性和传播的可复制性也相对较强 [①]。

四、基于科技传播综合属性的模式

基于科技传播的综合属性，许多学者将科技传播模式划分为"线性"模式和"非线性"模式。一般认为，早期的科技传播模式是线性的，是从科学家到公众的自上而下的单向线性传播，而现代的科技传播则是非线性的，它强调科技传播参与者之间平等、民主的对话与互动。之所以说这种分类是依据科技传播的综合属性，是因为其划分标准包括了传播流程特征、科技传播理念、传播关系性质等综合属性，能够较为全面地反映科技传播模式的特征和演变。后面将基于这种分类方式向大家详细介绍传统的科技传播模式和几个经典的科技传播模型。

---

① 任福君，翟杰全. 科技传播与普及概论 ［M］. 北京：中国科学技术出版社，2012：86.

第二节　传统的科技传播模式

一、科技传播的线性传播模式和相关模型

所谓线性传播模式，强调的是传播过程中信息的流动方向是单向的，将传播视为单向的直线形过程。这种模式产生在早期的传播学研究中。拉斯韦尔的"5W"模式和香农—韦弗模式就是典型的线性传播模式。

最早对传播过程进行模式化描述的是哈罗德·拉斯韦尔（Harold D. Lasswell）。1948年，拉斯韦尔在其《传播在社会中的结构与功能》一文中提出人类传播过程中的5个基本要素。他认为描述传播行为的一个方便的方法就是回答下面5个问题：即谁（who）、说了什么（say what）、通过什么渠道（in which channel）、对谁（to whom）、取得了什么效果（with what effect）。英国传播学家 D. 麦奎尔（Denis McQuail）后来按照一定的结构顺序对这5个方面进行排列，便成为著名的"5W"模式，如图3-1所示。

图 3-1　拉斯韦尔"5W"模式 ①

拉斯韦尔的"5W"模式虽然被后人一再补充与发展，但都离不开该模式概括出的传播学研究的5大领域，即控制分析、内容分析、媒介分析、受众分析和效果分析。整个传播是一个目的性行为，目的就是影响受众。因此从本质来说，它是一种单向、线性的说服过程。

科技传播史上另一个重要的线性传播模式是香农—韦弗模式。1949年，信息论创始人克劳德·艾尔伍德·香农（Claude Elwood Shannon）和他的同事沃

---

① 麦奎尔，温德尔. 大众传播模式论［M］. 祝建华，武伟，译. 上海：上海译文出版社，1987：17.

伦·韦弗（Warren Weaver）在合著的《通讯的数学原理》一书中提出了一个传播的"数学模式"，被称为香农—韦弗模式，如图 3-2 所示。

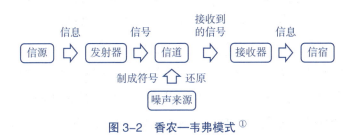

图 3-2　香农—韦弗模式 ①

在这个模式中，信息传输被描述成一种单向的线性过程。信源发出信息，发射器将信息转换成可传送的信号，经过信道的传输，信号由接收器接收并被还原成信息，最后传给信宿。信息传输过程中还可能受到噪声的干扰，产生衰减或者失真。从信息论的角度来说，这个模式的关键在于强调了编码和译码的过程，信息正是通过编码和译码才得以转换和传递，并且该模式还引入了噪声的概念，使人们认识到传播效果受到多种因素的影响。

"5W"模式和香农—韦弗模式对传播模式的研究具有开创性意义，但它们的局限性也十分明显。从单向、线性的角度去阐释传播过程忽略了传播者与受众间的互动性，也没有反映出传播过程与环境的交互作用。

科技传播作为传播学的一个分支，虽然相对于一般的社会传播而言有其自己的特点，但依然遵循一般的传播规律。因此，"5W"模式和香农—韦弗模式等线性传播模式在早期的科技传播领域普遍存在。在当时的传播环境下，科技传播的线性模式将科技传播视为直线的、单向的过程，即由掌握科学知识的人群向没有掌握科学知识的人群传播的过程。它将科学传播看作是内部发生的活动，忽视了社会环境的制约，也忽视了受众的反馈。

在早期科技传播的线性模式中，最具有代表性的就是"缺失模型"和"权威解说式模型"。

---

① 麦奎尔，温德尔. 大众传播模式论［M］. 祝建华，武伟，译. 上海：上海译文出版社，1987：20.

（一）缺失模型

20 世纪 80 年代，英国学者约翰·杜兰特（John Durant）通过一系列公众理解科学的社会调研，提出了缺失模型（The Deficit Model）。这一模型强调科学技术在现代生活中是至关重要的，只有科学技术才是科学的、有效的，而公众却缺乏相应的科学知识，因此需要提高他们对科学技术知识的理解。

1985 年英国皇家学会发表的《公众理解科学》博德默报告就是缺失模型的典型体现。报告认为："科学总是好的，公众对科学有更多的理解也是好的，公众对科学的理解越多，他们就越支持科学，所以社会各团体组织都应该积极为促进公众理解科学而努力。[1]"

缺失模型实际上隐含着"科学知识是绝对真理"的潜在假定，并且认为科学知识本身是具有说服力的。当公众了解更多的科学知识时，就会明白科学是理解世界的最正确途径。如果有人怀疑科学，那一定是因为他的科学知识不够。

缺失模型是早期科技传播领域最具有代表性和影响力的理论模型之一，是传统科技传播研究的理论基础。但对它的批评也同样猛烈，大部分学者认为，它的许多观点是存在问题的，它将公众视为缺乏科学知识的纯粹外行，将科技传播看作是单向的、自上而下的传播过程，将科学技术知识作为绝对正确的知识体系进行描述。

对缺失模型的批评和分析有利于反思人们在科技传播中存在的不足，推动科技传播研究的进一步发展。不过要注意的是，虽然科学知识并不是绝对正确，公众也不是全然无知，但科学知识的重要性仍旧不容忽视，公众某种程度上缺乏知识也是事实。因此，提高公众对科学技术知识的理解依然是促进当代科技传播的重点。

（二）权威解说式模型

另一个典型的线性传播模型是权威解说式模型（The Canonical Account Model），它在 20 世纪 80 年代中期由英国学者斯蒂文·夏平（Steven Shapin）

---

[1]　The Royal Society. The Public Understanding of Science[J]. Physics Education，1985，20（4）：156–158.

提出，他认为 17 世纪以来的科学建制化造成了此后科学与公众之间的隔阂，科学为了获取公众的支持，通过媒体进行传播。

权威解说式模型认为，科学的专业化和复杂化使得普通公众较难理解，因此需要媒体运用语言把科学知识重新加工，进行简化，再传递给受众。也就是说，媒体成了科学家与公众之间的桥梁，如图 3-3 所示。

图 3-3　权威解说式模型

它是一种理想化的科技传播范式，它假设科学家和新闻记者都可以找到自己的伦理规范，科学家能对传播中存在的问题提出异议，新闻记者也能明确发现工作中的不足。简单来说，它是一个完美的科学知识的"普及"与"扩散"模型。

但这种粗略的面向公众的传播模式实际上存在不少问题，因此受到了许多学者的质疑。在这一模型中，科学家和科学知识是绝对权威，公众的科学素养也是以公众对于媒体报道的科学事实的理解程度为标准的，这是一种典型的以"科学"为中心、以科学家为权威的模型。意大利学者马西米安诺·布齐（Massimiano Bucchi）称，权威解说式模型默认科技传播是从科学知识完成之后开始的，科学知识完成后，就会以一种简化的形式传给普通公众 [1]。然而越来越多的理论和实践证明，科技传播实际上并非一个单向的过程，而是双向互动的。

以缺失模型和权威解说式模型为代表的这类传统科技传播模式，实际上存在相同的问题。它们把科技传播看作是简单的线性、单向传播，将科学知识当作绝对的真理和权威，而忽视了受众的主观能动性。随着科技的发展，线性传播模式的问题日益凸显，人们开始对这种传播模式进行反思，科技传播模式逐渐演化为以非线性传播为主导的模式。

---

[1]　MASSIMIANO B. Science and the Media-Alternative Routes in Scientific Communication［M］. London：Routledge，1998：1-2.

二、科技传播的非线性传播模式和相关模型

非线性传播模式将传播过程看作是双向的。现实的传播过程，并不都是从某一点开始到某一点终止的，任何传播都有反馈的必然倾向，即双向传播趋势。传播媒介的未来发展，必然是双向传播的日益扩大[①]。

科技传播的发展同样也遵循这个规律。科技传播在其发展演变的不同阶段各有其代表性、主导性的传播模式，早期的科技传播更多的是线性模式，而发展到现代则更多地呈现出一种双向互动的非线性特征。

一方面，公众的主体意识被唤醒，他们要求全面地了解科学技术的社会影响，要求与科学家进行平等的交流与对话；另一方面，由于科学分科化趋势加快，各分支学科之间的交流和理解也成为必要，科学家也需要重新理解科学，这样，传统的科技传播发展到了"公众理解科学"阶段[②]。公众了解到，科学不再是绝对的权威，也有其局限性，科学家不再居高临下地向公众单向灌输知识，而是重视与公众之间的双向交流，从公众的反馈中得到启示。"内省模型"和"民主模型"就是这种非线性传播模式较为典型的体现。

（一）内省模型

20 世纪 80 年代，英国学者布赖恩·温（Brian Wynne）以著名的英国坎布里亚羊事件为案例，对其进行了详细的科学社会学分析，提出了著名的内省模型（The Reflexivity Model）。

坎布里亚是英国西北部的一个山区。1986 年 4 月，切尔诺贝利（Chernobyl）核事件遗留沉积的辐射污染影响了这里的羊群。同年 6 月，政府颁布禁令限制当地羊的销售。不过当时科学家判断，这次事件中主要沉积物铯的高含量只是暂时的，这种沉积物经过一次冲刷，进入土壤被吸收并被化学锁定后，就不会再对羊有影响了。因此政府听取了科学家的建议，起初的禁令只有 3 周。

之后，沉积物的实际测量值并没有像科学家所预估的那样表现出任何程度

---

① 宋林飞，周世康. 公关传播学［M］. 南京：南京大学出版社，1989：89.

② 黄时进. 科学传播导论［M］. 上海：华东理工大学出版社，2010：135.

的降低，这使得政府不得不出尔反尔，禁令的期限被一延再延。这一错误判断源于科学家忽略了该区域土地的地方性特征，而将基于碱性土壤研究得到的知识错误地运用到坎布里亚地区的酸性土壤上。事实上，坎布里亚的酸性土壤是能够保持辐射元素的沉淀的。专家们错误的科学判断使得公众对科学家的权威产生了质疑，甚至有一些居民怀疑，污染来自当地工厂而非切尔诺贝利。这一事件导致了公民对科学家和政府的信任出现危机。

这一事件说明了公众并非像缺失模型所认为的那样缺乏知识，实际上公众也在日常的生产生活中积累着相应知识，也就是一些学者所说的"地方性知识"[①]"外行知识"，这些知识相较于抽象的科学知识而言往往更加具体。而科学家所掌握的知识并不是绝对正确，运用时也需要遵循具体的情境。坎布里亚羊事件就反映了科学家忽视了科学知识使用时的具体环境。

布赖恩·温根据这个案例分析并提出的"内省模型"，主要是立足于科学与公众的关系进行论述。温认为，科学与公众之间的关系的一个重要方面就是内省性。这里的内省性指的是：一方面，科学在公众面前表现出极端的不具内省性，认为科学总是没有问题的，应该被公众不加批判地接受；而另一方面，一直被认为缺乏科学知识的公众实际却具有内省性，他们对自己所拥有的知识（包括"科学知识"和"地方性知识"）和在社会网络中所处的地位都有较为清晰的认知[②]。

在坎布里亚羊事件中，当沉积物的实际测量值并没有像科学家所预估的那样表现出任何程度的降低时，当牧场主开始怀疑污染源不是切尔诺贝利而对科学家与政府不断怀疑时，科学家们却依然坚信：主要沉积物铯的含量会很快降低。科学家在公众面前表现得完全不具备内省性，他们坚信自己所掌握的科学知识是绝对正确、绝对权威的，公众就应该接受科学的判断。缺乏内省的结果是公众丧失了对科学的信任。

与科学家极度缺乏内省性的行为相对比的是，公众表现出了很强的内省性。面对与科学家判断不相符的实际测量结果，牧场主看到了科学知识的问

---

① "地方性知识"通常指那些还没有被科学认可的、具有某种本土特征的非标准化知识、地方知识、本土知识及民间知识。

② 刘兵，李正伟. 布赖恩·温的公众理解科学理论研究：内省模型［J］. 科学学研究，2003（6）：582.

题，并根据他们自己的"地方性知识"，认为坎布里亚地区的辐射污染来自当地工厂，而与切尔诺贝利事件无关。

坎布里亚羊事件和以此提出的内省模式的确值得我们思考，当科技传播出现问题时，我们不能一味地认为是因为公众缺乏知识或是科学在被解释的过程中出现了问题，也要反思科学本身的问题。正如坎布里亚羊事件中一位全国牧场主联合会的地方代表所说："也许我们正处于启蒙新时期的前夜。当科学家说他们不知道时，也许未来还有希望。[1]"

（二）民主模型

20世纪后期，杜兰特提出的缺失模型在科技传播领域受到了广泛批评。批评者认为缺失模型包含一些错误的假设：它假设科学是绝对真理，公众是因为缺乏知识才对科学不够理解、产生怀疑的；它把科学放在高高在上的位置俯视公众，使科学家一味地向公众单向灌输知识。而科学与公众的关系问题也日益凸显，面对许多公众关心的问题时，科学家都未能给出明确的解答，科学面临公众的信任危机。

一些学者开始对科学与社会的关系等问题进行重新思考，全面反思以往科技传播研究中存在的问题。杜兰特也虚心接受批评，在之后的研究中开始关注科学与公众的关系问题，并提出了一个新的科学传播模型——民主模型（The Democratic Model）。

"民主模型"主张公众通过参与科学决策，与科学家和政府进行平等的对话，从而实现有效的科技传播。在"民主模型"中，杜兰特实际上把公众放在了社会建制者的位置上来对其提出要求，把实现科学传播的主体和参与科学决策的主体统一了起来，公众被赋予了前所未有的社会责任。公众从被动地接受科学技术知识，转变为主动参与科学决策。科学与公众间的单向传播关系被公众、科学家和政府的互动关系所取代[2]，如图3-4所示。

---

① WYNNE B. Misunderstood misunderstanding: social identities and public uptake of science [J]. Public Understand Science, 1992（1）：283-304.
② 曹昱. 公众理解科学理论发展研究——对约翰·杜兰特的"民主模型"的反思 [J]. 科学技术与辩证法，2004（5）：87-88.

图 3-4 民主模型

基于民主模型的这种理念，很多国家开始思考如何让公众参与科学技术问题的政策制定，其中一种很具代表性的尝试就是"共识会议"。

最早的"共识会议"诞生于美国，当时称为"共识发展会议"（consensus development conference），主要是针对一个科学政策议题召开一个意见征集会，但在当时，所谓的"共识"只不过是专家的共识，讨论都是在专家之间进行的，并没有让公众参与。

而真正意义上的"共识会议"产生于丹麦。1985 年，丹麦依据美国式的"共识发展会议"，发展出一种崭新形式的"共识会议"：作为外行的普通公众与作为内行的科学技术专家进行平等对话，实现一种真正的共识。1987 年，丹麦第一次召开了以工业和农业中的基因技术为主题的"共识会议"。到了 20 世纪 90 年代，欧洲各国以及日本、韩国、澳大利亚也相继召开了这种丹麦式的"共识会议"。

英国在召开第一次"共识会议"时曾对"共识会议"的定义有过这样一段概括："所谓共识会议，就是针对涉及政治、社会利益关系并存在争议的科学技术问题，由公众的代表组成团体向专家提出疑问，通过双方的交流和讨论，形成共识，然后召开记者会，把最终意见公开发表的会议形式。①"

民主模型的建构为科技传播理论的发展提供了新方向，公众通过参与科学技术决策，与科学家、政府之间平等地交流，激发了公众对科学的热情和兴趣。公众在科技传播过程中的角色与地位都发生了巨大的变化，从被动的接收者转变为主动的寻求者，从科学技术的旁观者变成引导科学技术发展的决策者②。

---

① 金森修，中岛秀人. 科学论的现在 [M]. 东京：劲草书房，2002：129-130.
② 曹昱，贺武征. 论"民主模型"的理论超越性 [J]. 唯实，2008（1）：20.

而且，实践证明，公众参与到科学决策中往往对事件结果具有正面推动作用。例如，日本在 2000 年就曾针对"转基因农作物"问题召开了一次全国范围的"共识会议"，"共识会议"后由公众团体撰写的文件《共识会议报告》就呈现出了极高的水平，以至于参加会议的专家也感到非常震惊。

之所以说这次的《共识会议报告》具有很高水准，并不是指公众在专业性上已经达到专家水平，而是指公众能够从专家很难注意到的视角来讨论科学技术的相关问题并得出自己的看法与结论。普通公众对于科学技术的认识不是从实验室中得来的，而是通过自己日常的生产生活经验得来的。在专家具备的专业知识之外，公众所具备的"地方性知识"理应得到其应有的重视，并且这种"地方性知识"也值得专家学习①。

"共识会议"不仅让公众通过专家的讲解学习专业的科学知识，也让专家有机会向公众学习"地方性知识"，这一"民主模型"运用的经典范例，向世界展示了它的合理性与生命力。然而，共识会议这一形式仍旧存在问题，东京大学教授金森修表示："共识会议这种形式看似精彩，但容易流于表面，甚至有可能形成这样一种局面：几十个市民在一个封闭的空间里讨论得兴高采烈，受益的只有这些少数的参与者，会议之外很少有人知晓，对社会、对政府的决策都产生不了真正的影响。②"这也正是民主模型自身的问题，公众要如何才能切实参与与科学家、政府的平等对话还需要进一步深入研究，提出具体可行的方法。

但无论如何，从传播学的角度来说，民主模型增加了传播过程中非常重要的反馈机制，使得科技传播由单向线性传播模式转变为双向、互动的非线性传播模式，对科技传播的发展具有重要意义。

---

① 布赖恩·温. 公众理解科学［M］// 盛晓明，等，译，科学技术论手册. 北京：北京理工大学出版社，2004.

② 刘兵，江洋. 日本公众理解科学实践的一个案例：关于"转基因农作物"的"共识会议"［J］. 科普研究，2016（1）：46.

第三节　媒介融合时代科技传播模式

一、媒介融合时代的科技传播相关理论

在科技传播的发展过程中，学者们秉承不断克服以往模式的缺陷、力求达到最优的原则，先后提出了许许多多独具特色的科技传播模式。虽然这些模式都是在不断改进与创新的基础上提出的，但都存在一个共同的问题，那就是没能反映出媒介变化对科技传播模式的具体影响。

事实上，媒介在科技传播中的地位长期被人们轻视，传统的科技传播模式研究实际上暗含着媒体本身是没有倾向性的这一潜在假定：它们认为媒体只是科技传播的中介，能尽可能精确地传播科技信息，如果产生了所谓的"歪曲"，那么一定是操作上的失误。在这种传统模式看来，科学共同体面对的是公众，公众面对的是科学，媒体的存在只是为了科学和公众的交流①。

然而伴随着通信技术的发展和媒体的变革，人们已走入媒介融合的时代，旧的大众传播模式已经难以解释新的传播现象，受到了前所未有的挑战。一些学者开始关注媒体对科技传播的影响，并提出了一些新的理论。

（一）媒介、社会、个人的关系模式

国内学者崔保国着眼于媒介、社会、个人之间的关系与相互作用，强调媒介变革对个人、社会的影响，提出了反映媒介变化的新模式。如图 3-5 所示。

---

① 侯强，刘兵. 科学传播的媒体转向［J］. 科学与社会，2003（4）：47.

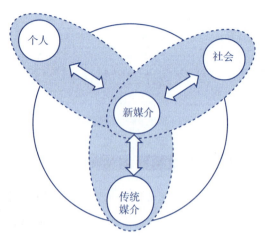

图3-5 媒介、社会、个人的关系模式 ①

该模式主要研究 3 个方面的问题：①媒介变革与传统媒体之间的关系，包括媒介变革的动因和媒介变革的规律和趋势；②媒介变革对个人以及人的媒介行为的影响；③媒介变革对社会结构和社会发展的影响，以及它们之间的互动关系。

那么媒介与当代的科技传播存在什么样的关系呢？一些学者结合案例，给出了更加具体的研究分析。

（二）互动模式

约翰·杜兰特在提出缺失模型后并没有就此止步，他继续在科技传播领域潜心研究，不断反思以往研究的问题，逐渐意识到媒体对科技传播的重要性。他对 1999 年转基因食品事件做了深入研究，发现媒体、公众、科学界及其他组织之间的关系，提出了"互动模式"。他认为，参与科学传播的各主体之间的关系并非如权威解说式模型所描述的那样是单向的、直线性的，而是双向的、互动的，如图 3-6 所示。

与传统的传播模式相比，杜兰特的"互动模式"具有很大的突破性，他不再把媒体看作一个单向传播科学知识的渠道，媒体的作用大大加强了。

---

① 魏超. 大众传播通论［M］. 北京：中国轻工业出版社，2007：175.

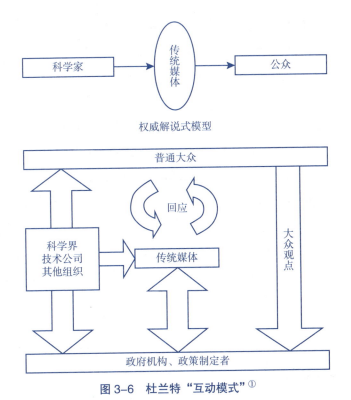

图 3-6 杜兰特"互动模式"①

（三）网络模式

布鲁斯·赖温斯坦（Bruce V. Lewenstein）提出的网络模式（Web Model）也是对传统模式的一种突破，他认为如今的科技传播是由众多互相联系、互相作用的多线路交织在一起的一种传播形式，具有较高的复杂性。

这一模式的提出来源于赖温斯坦对冷核聚变事件的研究。

1989年3月，美国犹他大学的两位化学家庞斯和弗莱希曼在没有经过同行评议，也没有在科学杂志上发表论文的情况下，就在媒体上宣布，他们可以在室温条件下在试管中实现核聚变，电视台的晚间新闻对他们的实验加以报道。这个实验看起来十分简单，令很多科学家都想要尝试，于是报纸、传真、电视、互联网等媒介上与实验有关的信息成了各国科学家争夺的焦点，一些科学

---

① 侯强. 欧美科学传播模式概述［C］// 科学技术的社会运行. 北京：清华大学出版社，2010：66-67.

家甚至就在电视新闻节目录像的基础上重复这两位化学家的实验。另外，许多科学家通过电子邮件、电话等各种方式交流实验过程和细节，很快发现冷核聚变存在问题，在5月的全国物理学会议上，庞斯和弗莱希曼的实验被证明是错误的。

这一事件表明科学家可以通过各种途径，比如电视新闻、私人交往、电子邮件、报纸、杂志等发现各种信息，而大众媒介增加了这种交流的复杂性。"一对一的邮件、群发邮件、网站、在线信息和新闻服务等，使科学传播变得更为复杂，甚至很多人都不清楚，自己为什么会得到一些科学知识，不知道自己是怎么得到这些知识的。①"

他表示这种模式的复杂性导致了信息的不稳定性。新的传播手段使传播速度更快、数量更多，情绪化的内容增加，科学共同体和科学研究者需要面对众多不确定的信息，并且信息的接收和传播也是不一致的。科技传播以牺牲信息的稳定性为代价而获得了速度②。

（四）科学的媒介化

彼得·魏因加特（Peter Weingart）的观点则更加极端，他认为科学已经媒介化。媒体构造了自己的现实，在科技传播中变得越来越重要。

对于媒体来说，新闻价值的判断标准是客观、人性、能贴近读者的，这些标准不同于科学的真理性原则。新闻的选择、编辑的规定、广告的要求等都会对新闻报道产生影响，因此，媒体很难完全如实地反映科学事实。当科学通过媒体表达时，它们之间会因为各自的标准不同而产生冲突。

因此，科学的标准不再是唯一的，科学越是得到媒体关注，才越能得到公众的关注。这使得科学在某些问题上的垄断性正在减弱，科学对于真理的判断标准也开始向媒体迎合受众的标准靠近③。

媒介融合时代，互联网技术的迅速发展与媒体的巨大变革给科技传播带来

① LEWENSTEIN B. From fax to facts: communication in the cold fusion saga [J]. Social study of science, 1995（25）：403-436.

② 侯强，刘兵. 科学传播的媒体转向 [J]. 科学与社会，2003（4）：47.

③ WEINGART P. Science and the media [J]. Research Policy, 1998（27）：869-879.

了前所未有的挑战，在新的环境下，我们必须重视媒体在科技传播中的作用和影响。诚然，上述学者们的观点也难免有些偏激之处，但这一领域的研究的确十分重要，需要我们持续地关注和更加深入地研究。

二、媒介融合时代科技传播的循环互动模式

综合前人的理论分析和当代的科技传播案例，当今媒介融合时代的科技传播模式可以概括为一种"循环互动模式"。

（一）对于循环互动的理解

所谓互动，指的是参与者间的相互作用而非单向的行为，互动参与者拥有对科学传播活动的主动控制权，他们积极地交换信息，分享对于科学信息的理解与聆听后的反馈，在共同控制中实现科技传播。

而"循环性"更是循环互动模式的一个根本性特征。它要强调的是媒介融合时代的科技传播并不是简单的双向互动，而是一种"高度循环"的互动。

关于对循环的理解，可以从两个模型中得到启示。

1. 奥斯古德—施拉姆模式

1954 年，施拉姆（Wilbur Schramn）曾在《传播是怎样运行的》的这篇文章中，以 C. E. 奥斯古德（C. E. Osgood）的观点为基础，提出了一个高度循环的模式，我们称为奥斯古德—施拉姆模式。它所强调的就是传播过程的循环性和互动性，强调传受双方的相互转化。

该模式的重点不在于解析传播渠道中的要素与环节，而在于解析传受双方的角色与功能，参加传播过程的每一方在不同阶段都依次扮演编码者（执行符号化和传达功能）、译码者（执行接收和符号解读功能）、释码者（执行意义解释功能）的角色，并在这些角色间相互交替，如图 3-7 所示。

当然，这个模型有其缺陷，它把传播双方放在完全对等的关系中，忽视了传播双方在政治、经济、文化中的地位，传播资源和传播能力上的差异。因此施拉姆后来又补充提出了大众传播过程模式，对之前的问题进行改进。

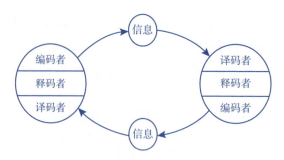

图 3-7　奥斯古德—施拉姆模式 ①

不过这里的"循环互动"，想强调的是不论所处信息位势的强弱，传播双方均在传播过程中发挥作用，对传播拥有主动权。并且，两者的控制力越接近，互动就越充分，而在媒介融合时代，两者的控制力差距确实也正在不断缩小。

2. 辐合传播模式

1981 年罗杰斯和金凯德共同提出的辐合传播模式，让我们更加清晰地理解循环互动的含义。罗杰斯和金凯德解释道："互动传播是一种循环过程。通过这个过程，参与双方（A 和 B）一起创造和分享信息、赋予信息意义，以便相互理解。""AB 重叠部分指两人相互理解的程序。'辐合'是二人或更多的人向同一点移动，或一人向他人靠近，并在共同兴趣或焦点下结合的一种倾向。②"该模式如图 3-8 所示。

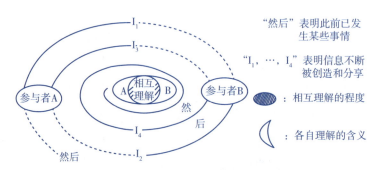

图 3-8　罗杰斯和金凯德的辐合传播模式 ③

---

① 麦奎尔，温德尔. 大众传播模式论［M］. 祝建华，武伟，译. 上海：上海译文出版社，1987：22.

② 邵培仁. 传播学导论［M］. 杭州：浙江大学出版社，1997：91.

③ 邵培仁. 传播学导论［M］. 杭州：浙江大学出版社，1997：92.

辐合传播模式不同于以往从起点到终点，再由终点回到起点的模式，而是创造了一个不断循环的过程。传统的"传播者""接受者"的概念被"参与者A""参与者B"所代替，再现了以互联网为媒介的参与者双方创造和分享信息的动态过程。

在传统的传播过程中，受众得到信息后再反馈给发出者需要经过一段时间和过程，报纸、广播、电视等媒介的反馈速度都是有限的。而如今伴随着互联网技术的发展和新媒体的不断创新，传播的实时化和反馈的便捷化使受众可以在接收信息的同时立即将信息反馈出去，传播者和受众之间的界线模糊了。

不仅如此，媒介融合时代，信息传播的主体变得多元而复杂，原先只能被动接收信息的受众转变成主动选择、制造和传播信息的"用户"①，博客、播客、微博、BBS、SNS等新媒体平台不断鼓励用户发布信息、表达观点，同时，用户在新兴媒体中发布的信息也常常成为报刊、广播、电视等传统媒体议程设置的依据和重要信息来源，传播者与接受者已接近融合，循环互动得以实现。

因此，我们将媒介融合时代的科技传播模式概括为循环互动模式，如图3-9所示。由于这一模型想要强调的是媒体、受众和科学共同体间的循环互动关系，因此省略了政府、非政府组织等主体。下文中我们还将以果壳网为案例，介绍循环互动模式在当代科技传播中的体现。

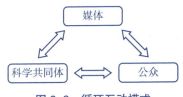

图 3-9　循环互动模式

（二）以果壳网为例看媒介融合时代科技传播的循环互动模式

果壳网是一家以科技传播为核心的社会化媒体，旨在通过对泛科学内容的讨论，构建一个开放、多元的泛科技兴趣社区，并提供负责任、有智趣的科技主题内容。随着公众科学素养的普遍提高和人们获取信息的媒介渠道日

---

① 宫承波. 媒介融合概论［M］. 北京：中国广播电视出版社，2011：90.

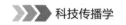

益增多，许多媒体平台为公众提供了表达意愿和声音的舞台，公众往往更加主动地参与到关于科学的学习、分享和讨论中。这使得平台能够获得更加及时的反馈，能够根据公众需求不断调整传播内容、传播形式，获取公众的理解和支持。

在媒介融合的时代，果壳网积极贯彻了"人人都是传播者""人人都是创作者"的理念，力图打破以往以科学家、专家为主导的传统科技传播模式，强调通过集体的科学智慧来增强科技传播的多样性，并提升公众的参与意识。

果壳网的科技传播模式是一种循环互动模式。在这里，传播者和受众的界线越来越模糊，大家都是一同在社区里分享科学信息的传播人，都是作者也都是读者。例如果壳网两个重点版块："果壳小组"和"果壳问答"。

果壳小组（图3-10）是一个论坛形式的用户聚集地，大家根据不同的话题进行分组，在里面自由地讨论。既有像"自然控""死理性派"这样严谨的科学话题交流小组，也有像"吃货研究所""美丽也是技术活"这样的与生活密切相关的日常话题讨论小组，小组分类十分多元化，许多话题很受大家的欢迎。网络社区的开放性给予人们更加自由的讨论空间，小组的形式增强了用户对网站的黏性，更多原创性的帖子也丰富了网络社区的内容。

在"果壳问答"里（图3-11），人人皆可提问和解答，当受众不再局限于媒介为他们生产的知识时，他们开始创造属于自己的内容。这实际上是一个双赢的局面，用户通过媒介建立的平台，发挥自己所长，满足自己的心理需求；而媒介则可以通过更多的UGC内容，丰富平台，吸引更多用户，开发新的商业模式，获取收益[①]。

果壳还广泛吸纳一些科学爱好者、"民间牛人"，对他们进行重点培养，"果壳达人"就是这样一群以严格的专业标准筛选出来的草根作者，他们或是在某一领域拥有专长，或是掌握一定的专业知识，最重要的是他们都乐于同他人分享。编辑们在社区里将他们发掘出来，并进行点对点的联络和维护，成为"达人"后，其用户账号会出现达人专有符号。果壳达人在带动社区活跃和传播具有科学价值的信息方面发挥着相当重要的作用。

---

① 廖思琦. 网络科普传播模式研究——以果壳网为例［D］. 武汉：华中师范大学，2015.

图 3-10　果壳小组网页 ①

图 3-11　果壳问答网页 ②

　　除了各种线上的交流与互动，果壳还广泛开展各类线下活动，像是"万有青年烩"、"万有青年烩 at"、果壳公开课等，让公众最大限度地参与到科学中来。其中最受欢迎的"万有青年烩"是果壳开展的线下演讲活动，每次活动通过内部推荐和公开招募的方式选出 6 ~ 8 位主讲人，每人用 7 分钟时间和现场

①　http://www.guokr.com/group/.

②　http://www.guokr.com/ask/.

观众分享自己的知识、技能、经验以及思考，活动受到了极大地欢迎，举办地从北京扩散到全国各地，主讲人从学生到工程师，从金融从业者到画家，所讲内容涵盖方方面面。

从线上到线下，果壳的科技传播是一种循环互动式的全方位传播，它淡化了传播者与受众的界限，鼓励公众深入参与科学内容的创作和传播，重视与用户间的互动，提升公众的参与意识，成为媒介融合时代一个成功的科技传播范例。

第四章
世界科技传播的历史脉络

　　科技传播的发展脉络有两条主线。①科技传播与科技发展相辅相成，科技发展史折射出科技传播的演进轨迹。②科技传播与人类社会进步关系密切，人类社会发展离不开科技及其传播，科技进步及其传播也离不开人类社会环境的变化。最初的科技传播集中在人类社会生存经验和知识的传播上，为之后的科学知识的积累和技术经验的沉淀奠定了基础。而自近代以来，科技传播得益于社会科学技术的发展而进一步独立兴盛，科学革命带来的西方自然科学体系的建立让科技传播有了不局限于知识传递的发展方向。工业革命前后，世界被科学技术悄然改变，人类社会焕然一新，而科技传播也开始迸发出新的生命力，直到进入 20 世纪，现代科技传播的基本体系逐渐确立下来。20 世纪下半叶，现代科学体系进入大繁荣阶段，现代意义的科技传播得到前所未有的突破发展，同时科技的先进性发展与传播和受众的主观能动性交织在一起，科学技术与社会公众的关系衍生出诸多的社会现实问题，因而回答如何让科技传播能更好地服务于人类社会是当代科技传播研究的一个重要课题。

第一节　早期的科技传播活动

　　人类经历了一个漫长而伟大的科学技术发展历程，从广义上而言，自人类

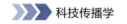

社会存在伊始，科技传播作为一种社会交往活动就已经出现了。尽管人类从一开始没有科技的概念，但是人类的智慧所凝结出的各类生存经验以及社会技能已经让科技文化初具雏形，而社会的演化过程中需要科技文化的传承和繁荣，科技传播就应运而生。

一、古代的科技传播活动

（一）"前科技传播" 发展阶段

"工具的使用标志着人类创造自身的开始，也是原始技术的萌芽。[①]" 在早期的原始文明中，采集狩猎生活要求人类采集自然资源，人类通过食物采集生活中的各种实践发明了一种所谓的 "石刀技术"，"用'石刀'来制作各种新型的工具以及制作工具用的工具"[②]，这是旧石器时期技术雏形的出现，而到新石器时期磨制石器的出现、陶器的使用、农业的生产等都是人类技术意识的觉醒，也是知识的萌芽。各个时期的种族聚集生活让这样的技术可以当面传播，而语言符号的出现让人类间的交流更加具体深入，为采集狩猎者带来更多可供分享的知识经验，大家可以在互相效仿中很快地学到技术并加以实践。因而刀耕火种、搭房建屋等一系列带有生存技能和经验的活动让人类区别于动物开始形成自己独特的文化，人类拥有了适应乃至改变生活环境的能力，从而创造出属于自己的文明。

当然，这一时期的技术还不能称为科技，知识也不是系统有逻辑的知识体系，这种简单粗糙并依附于生存劳动的知识传播现象属于科技传播的萌芽阶段，我们姑且称为 "前科技传播" 阶段。虽然这个阶段的科技缺乏严谨的思考，传播也不具备高效的手段，但正是这种技术与传播意识的萌芽成为后来一系列科技传播活动的源头，促进了人类知识的传承和累积，为人类文明的成长和科学技术的发展奠定了基础。

---

① 吴国盛. 科学的历程［M］. 北京：北京大学出版社，2002：35.
② 斯塔夫里阿诺斯. 全球通史：从史前史到 21 世纪［M］. 吴象婴，梁赤民，董书慧，等，译. 北京：北京大学出版社，2006：7.

（二）早期科技传播的重要转型

随着生产力水平的提高和社会分化及分工的出现，人类文明的发展进入一个新的阶段，几个大河流域成为文明的哺育者，也见证了人类科技文明的传递和兴盛。科技的传播在口耳相传和身体力行之外有了新的传承方式。文字的出现让人类文明有了新的载体，人类的知识经验通过文字的形式得以交流和传递，从而让科技知识有了新的温床，也让科技有了跨时空延续的可能。此外，"知识分子"也是早期科技传播活动中的积极分子。在17世纪以前，科学只是一种从属于哲学范畴的知识，也往往和宗教传统息息相关。最早出现的"祭司、长老等掌握某种专门知识的特殊人物，不仅司祭祀之责，还要对人们无法理解的现象给予解释，这使他们成为人类历史上最早的一批'知识分子'"①。"知识分子"的出现代表了科学知识开始有了主动的传播者，尽管这样的"知识"只掌握在少部分人手中，但它开始有了自己的传播源头和传播方式。

世界文明发端于古代中国、古代埃及、古代印度和古代巴比伦四大文明古国，这些大河流域孕育出来的灿烂文化让人类的科技走向了新的时代，"学校"作为教育发展的一个分支也都根植于这些文明当中。公元前3500年左右，在两河流域诞生了苏美尔人的"泥版书屋"，是历史上最早的教育形式。千年后的古埃及，出现了教育皇子皇孙和贵族子弟的"宫廷"学校和教授书写、计算和有关律令知识的"文士"学校。"当时的埃及人创造了人类历史上最早的太阳历，这种精确的历法与他们的天文观测密切相关"②，而十进制和几何学的发明成就了古埃及数学的辉煌，对后世数学的发展贡献巨大。领先的天文学和数学使得古埃及科学扬名海外，让古希腊先贤也慕名前往学习。

公元前6世纪左右，古希腊的"学园"教育兴起，这一时期的"古希腊三贤"对于"学校"教育的贡献巨大。苏格拉底放弃了对自然世界的研究，十分重视伦理教育和政治教育，其教育的目的是造就治国人才。作为苏格拉底的学生，柏拉图的教育体系却强调理性锻炼，重视自然科学，"在柏拉图看来，数学是通向理念世界的准备工具"③，在他创办的"柏拉图学园"门口就挂着"不懂

---

① 翟杰全. 让科技跨越时空：科技传播与科技传播学［M］. 北京：北京理工大学出版社，2002：17.

② 吴国盛. 科学的历程［M］. 北京：北京大学出版社，2002：39.

③ 吴国盛. 科学的历程［M］. 北京：北京大学出版社，2002：78.

几何学者不得入内"的牌子。亚里士多德是柏拉图的学生，也是古代史上最伟大的哲学家和教育家，作为一位百科全书式的科学家，他几乎在每一学术领域都留下著作，所创办的吕克昂学园采用研究的方法来进行教育，科学教育便是基本内容之一。

在中国，学校最早出现于夏朝，渐成于商，到了周代出现"国学"和"乡学"，从而进一步完善了教育制度，形成一套由奴隶主贵族所垄断的官学系统。当时教育内容主要是"六艺"，而其中"数"的教育可谓是中国最早的科学教育。直到春秋之际，诸子百家兴起私学之风，"学在官府"的教育格局被打破，从而开创了中国教育新制度。

学校教育的产生，标志着组织化教育传播的诞生，这样的传播教育让知识有了进一步发扬扩散的空间，也让科技传播有了新的渠道和场所。此时的科学知识虽然没有演化成独立具体的科学教育，也没有被运用在培养科技人才上，但知识的分类已出现，科学知识成为与伦理知识、法律知识相并列的一种知识出现在学校教育中，这种科学知识的教育也是科技传播产生的一个重要标志。

（三）科学著作传播

在科技传播发展的过程中，还有一种不容忽视的传播手段——科学著作传播。希腊化时期[①]，科学活动开始具有了某种专门化的倾向，如天文学、医学、数学等领域，特别是在数学领域，出现了希腊三大数学家，欧几里得、阿波罗尼和阿基米德，其中欧几里得在雅典创立了自己的数学派系，发明了几何学并著有《几何原本》。在这本著作中，欧几里得在总结前人关于几何知识研究的基础上，对几何学进行系统化，奠定了欧洲数学的基础，对后世数学的发展产生了不可估量的推动作用。《几何原本》共13卷，使用公理化的方法总结了平面几何五大公式，成为后世建立任何知识体系的典范，是一本伟大的科学文献，更是一本成功的教科书。两千多年来，这种公理化的方法一直被奉为必须遵守的严密思维的范例，阿基米德、托勒密、哥白尼、伽利略、笛卡尔、牛顿等许多伟大的学者都曾学习过《几何原本》，从中获取了创作的思维架构与

---

① 希腊化时期是18世纪欧洲史学出现的概念，所指时代从公元前334年至公元前1世纪。

逻辑基础，从而成就了西方近代科学的基础以及诸如《天体运行论》《自然哲学的数学原理》等历史巨作。而在古代中国，也出现了诸如《墨经》和《考工记》等专门记录当时科技成就的重要文献，这让古代科技知识的传播有了外化形式，也为后世中国的科技发展奠定了基础。

二、科技传播的近代演变

文艺复兴、宗教改革和地理大发现奠定了近代科学发展的历史基础，新思想、新宗教、新商品的涌现冲击了欧洲传统信仰价值体系和行为模式。直到 15世纪下半叶，资本主义工商业的兴起催生了社会革命，让欧洲脱离中世纪的阴影开始进入科学发展的突破阶段。在这期间，科学的专业化程度加深，产生了以近代天文学革命、医学革命和经典力学体系的创立为代表的科学革命，标志着古代科学向近代科学的过渡。此外，科学家逐渐成为一种独立的身份，世人对于科学家的态度也发生了积极的改变。可以说，近代科学技术的发展推动了科技传播的发展和转型，科技传播也开始摆脱依附于知识传播的状况，并出现了一些专门服务于科技传播的渠道，如各种科学学会和研究院、科学咖啡馆以及面向公众的演讲。

（一）欧洲近代教育变革

中世纪后期，宗教改革让人们实现自我解放，对自然的兴趣也就相伴而来。孕育之中的资本主义文化在意大利兴起了以弘扬人文主义为核心的文艺复兴运动，紧随其后的启蒙运动更是提供了一种观察世界的新视野，科学从神学的束缚中解放出来，科学精神得以振奋，催生了欧洲对学校教育的重视。

新航路的开辟和天文学、地理学的发展改变了人们对世界自然环境的看法，刺激了人类研究自然的兴趣和对自然资源的利用。资本主义工商业的生产离不开科学技术的推动，早期殖民扩张让海外贸易盛极一时，造船业、航海业都需要技术的支持，于是数学、天文学得以发展，衍生出物理学、地理学、植物学等学科领域的研究。新兴的资产阶级亟须新的教育原则和方法，因而以意大利教育家维多利诺等人为代表的人文主义教育的改革适应了时代发展的需要，为新时代培养所需人才。人文思想的解放让艺术得到了极大的发展，艺术

教育成为当时学校教育的重要部分；科学精神的解放让科学从描述和总结经验阶段逐渐演变到实验科学阶段，弗朗西斯·培根就是实验科学和归纳科学的鼻祖，也是当时科技教育的积极倡导者。在学校的教育中，自然科学开始取代原来的宗教课程成为重点学科，科学技术知识的教育与传播也成为许多人文大学的教育改革目标。英国的牛津大学和剑桥大学在17世纪后期率先改革大学课程，增设自然科学讲座，设立自然科学和数学的教授席位。在大洋彼岸的美国也开始了一场创办大学的热潮，1636年成立哈佛大学，1754年诞生哥伦比亚大学，1784年成立了纽约大学，1795年成立北卡罗来纳大学，这些大学的办学重点就是培养时代所需的科技人才。

（二）科学家成长为社会群体

这一时期，科学逐渐摆脱了神学婢女的地位，科学家也慢慢成长为一个社会群体。在17世纪40年代，英国自然哲学家会参与各种聚会，"讨论通过观察方法和实验方法促进对自然世界的认识的新哲学"[1]，即所谓的"科学"。这种非正式的组织形式后来逐步形成了世界上最早的学术机构：英国皇家学会。随后的1666年，巴黎也建立了法兰西科学院，各种科学协会和研究院在之后的一个世纪里不断地涌现。科学家队伍的团体化让科技传播有了主力军，公众对科学的兴趣被点燃，科技的交流传播成为新的社会热点。同样是在17世纪和18世纪，咖啡馆成为英国公众的主要社交场所，买上一杯咖啡就有了参与咖啡馆活动的机会。以英国的咖啡馆为例，在这里人们相互学习、交换信息以及展开辩论，参与者可以是科学家也可以是普通民众，这意味着政治、哲学和科学演说的公共论坛诞生，不过这种形式的传播还是以知识传播为主。

虽然当时的科技传播并没有完全摆脱依赖传统知识传播的情况，但也慢慢形成了一种相对独立特殊的形态，科学家群体内的交流传播获得了极大的发展。在科学革命之前，早期科学交流的手段就是出版，这也是科技工作者们公布研究新发现并由此获得社会认可的途径。如1543年，哥白尼的《天球运行论》和维萨留斯的《人体构造》出版，两本著作分别描述了天体运行系统和人

---

① 李大光. 科学传播简史［M］. 北京：中国科学技术出版社，2016：44.

体运行系统，打开了人类探索天文和医学的新世界，拉开了科学革命的序幕。而哈维在 1628 年出版的《动物的心血运动及解剖学研究》确立了"血液循环学说"，是近代生理学的基础之一。1687 年牛顿在哈雷的支持下出版了《自然哲学的数学原理》，建立经典力学体系，完成了近代自然科学史上的第一次大综合。

出版文献传播在这一时期仍然发挥着科技知识传播的功能，并在很大程度上促进了科技知识的大众传播交流，让科技知识不再局限于科学家内部团体的交流。然而科学著作的出版并不只是科学家们一次次简单的科技传播，更是他们对科学精神的坚持以及对科技传承的尝试。哥白尼的《天球运行论》在很长一段时期都受到各方面的反对，直到布鲁诺在 1584 年出版了《论无限、宇宙和诸世界》，宣传并发展了哥白尼的太阳中心说。之后，伽利略也出版了《关于托勒密和哥白尼两大世界体系的对话》一书，进一步传播了哥白尼关于宇宙天体的观察体系。遗憾的是布鲁诺和伽利略在当时都因为自己的著作而受到了来自社会世俗压力的惩罚，但是他们对于科技传播的贡献却是不可抹杀的。此外，科学技术普及书籍的出版与传播在科技传播历史上的第一次尝试出现了，以伽利略以及他的《关于托勒密和哥白尼两大世界体系的对话》和《关于两门新科学的对话》为代表，科学家怀着质疑的态度与实验的精神撰写书籍，通过出版科学技术普及书籍来向社会大众传播新思想、新科学知识，为后来的公众理解科学提供了普及思路。

（三）科学交流的渠道

文献传播不只是科学家与公众之间的交流渠道，也是科学家们互相交流的主要形式。17 世纪以后，科学家们借助于信函交流来传递新的思想与发现。不同于文献交流的烦琐，信函沟通可以让科技思想在小范围内得以快速传递交流。由此，在当时还出现了在小范围内传播科学成果的"隐形学院"，促进了早期科学共同体的发展，让科技交流焕发新的活力。而随着 17 世纪后期近代科学的建立，科学著作出版周期长、信件不具备公正性的弊端便显露出来，科学交流仅靠著作和信件来发表科学研究成果已不再满足当时发展需求，最早的科学杂志则应运而生。1665 年由英国皇家学会秘书奥尔登堡独自出版的《哲学

汇刊》(*Philosophical Transactions of the Royal Society*)，就是在收集了许多英格兰和欧洲的自然科学家发现成果和观察成就的信函的基础上汇编而成的。同年，在法国巴黎也诞生了另一份科学杂志《学者杂志》(*Journal des Scavans*)。科学杂志的出现标志着科技传播开始走向独立，"科技传播从利用私人交流方式向建立公共信息传播系统的过渡"，是科技传播史上的一次重大变革。

（四）科技博物馆

在此阶段，科学技术类博物馆得以孕育并在科技传播的发展过程中扮演了重要角色。世界上第一座现代意义的博物自然科学馆——阿什莫林博物馆（Ashmolean Museum）1683年创立于英国牛津大学，这是牛津科学史博物馆的前身。17世纪，培根、笛卡尔、莱布尼茨等人都曾呼吁建立博物馆，用以展示科技发明、机械设备或工商业机器，以强调科学对生活的实用性和启发大众对科学的兴趣。在这一时期，伴随着动物园、植物园的兴建，科技博物馆以自然博物馆的形式开始出现，用以保存、收集动植物和矿物标本。自然博物馆在呈现人类对自然环境的认识的同时，也承担着收藏、教育、研究的任务，直到19世纪，工业革命的胜利让科学与工业博物馆迅速发展起来，科学技术类博物馆在科技传播方面发挥着越来越大的作用。

从科技教育到早期科技博物馆的出现，科技传播开始越来越贴近社会大众的生活，从教育到教化，可以看到科学家们试图建立独立的科技传播体系；从科学交流到科技杂志的出现，展现了科技传播慢慢走向独立的轨迹，科技传播的思想正在逐渐形成。

第二节　科技传播思想的形成与实践

17—18世纪是启蒙运动蓬勃开展的时期，这场由科学革命导致的文化革命带动了科学技术知识的传播，知识分子感知到理性精神并积极推动了公众理性意识的形成。由丹尼·狄德罗和让·勒朗·达朗贝尔所著的《百科全书——

科学、艺术和工艺评解辞典》在这一时期发挥了启蒙工具的作用，促进大众科学文化的形成，这也是近现代科技传播思想逐渐形成的标志。现代科技传播思想形成于 19 世纪，并在 20 世纪上半叶逐渐成熟和得以实践。科学革命带来科学知识累积速度的加快和科学技术的迅猛发展，并刺激公众对科学技术的信心高涨，传统的科技传播方式不能满足社会对大量科学知识的需求，于是系统的科技交流体系开始建立，"意在向社会大众进行科学启蒙的科学普及活动（popularization of science）应运而生。[①]"

一、科技交流和科学教育体系的建立

（一）科技交流的发展

科学革命促进了科学的发展，带来了技术的进步和社会的兴盛，也让科学本身和从事科学工作的组织机构以及个人得到了极大的社会认同，因而科学工作开始职业化，科学家的队伍得以壮大。工业革命以来，科学技术的进步极大地推进了人类文明的进程。科学技术自 19 世纪开始进入了大发展时期，科学上发现了能量守恒与转化定律、热力学三定律、化学元素周期律，确立了电磁学、原子论、分子论、进化论、遗传论、细胞学说等基本理论，现代科学的架构基本确立。技术上则出现了以纺织机的改革为起点、以蒸汽机的发明和应用为标志的第一次技术革命，技术快速扩散到其他工业部门引起一连串的工业产业变革；以电的发明为起点，以电力应用为标志的第二次技术革命，极大地改变了社会的生产与文明的进程。在这个阶段，科学、技术和生产之间的关系越来越密切，既满足了生产的需要也进一步刺激了生产力需求，于是科技的发展与传播在社会上越来越受重视，系统化科技传播与交流成为当时服务社会发展的一种思想。

科学技术的快速发展产生大量的科学知识和实践累积，这样的科技信息亟须互相沟通交流。科技传播的目的就是实现科技信息和知识交流与共享，承担科技传播功能的科技期刊成为当时专业交流的主要载体，完善了科技系统内部交流，也满足了社会公众对科学技术的热情。科技期刊的原型是早期的"科学

---

① 罗红. 科学传播的叙述转向及其哲学思考［D］. 天津：南开大学，2014.

杂志"，在科技发展和科学分化过程中逐渐演变成专业化的科技期刊。1778 年，德国的《化学杂志》（*Chemisches Journal*）是世界上创办最早的专业性期刊。这个阶段，几乎所有重要的科学技术领域都有了专业性的科技期刊，在数量上增长迅速，还出版了通报、述评、年鉴等类型期刊。此外，科技文摘杂志作为科技期刊的一种特殊类型在 19 世纪出现，1830 年德国出版了现代意义上第一本科技文摘杂志《化学纵览》，并出现了一些具有检索功能的文献检索类刊物，如现在还在广泛运用的"三大索引"：《科学引文索引》（SCI）、《科技会议录索引》（ISTP）、《工程索引》（EI）。在这些发展的基础之上，科技情报工作得以有效地开展，并在 20 世纪诞生了科技情报学，这些变化是专业交流发展的结果，反过来也进一步促进了专业交流效率的提高，标志着现代科技传播思想有了系统化的发展。

（二）"新大学运动"和科技教育

20 世纪以来兴起了一大批高新技术，科学技术无疑成为"第一生产力"，人类社会发生了翻天覆地的变化，而无论是社会经济、政治还是文化领域的发展都与科技发展及其传播密不可分。20 世纪上半叶，科学领域实现了一次新的革命性突破，科学、技术、生产、经济的互动关系开始显现，科学技术的社会功能受到关注，科学技术人才的培养受到重视。

这一时期，在整个教育体系，特别是大学教育中，科技教育逐渐成为大学教育的主体。19 世纪的英国出现了"新大学运动"，其特点之一是重视技术教育，设置工程技术专业。1836 年，注重实科教育的伦敦大学成立，1832 年英国议会通过法案，在英格兰成立了达勒姆大学，此后曼彻斯特欧文斯学院（1851 年）、埃克萨特大学学院（1855 年）、利兹约克纳学院（1874 年）纷纷成立，从整体上改变了当时英国高等教育的结构和职能，也推动了牛津、剑桥等大学的改革。这实际上反映了社会发展对教育变革的强烈要求，工商业的迅速发展亟须大量的技术人才和管理人才，新兴的资产阶级不满足于老牌大学的传统教育，同时也是科学技术推动社会变革所产生的一种后果。

科技的发展极大地推动着科学教育的发展，技术革命之后，以英国社会学家赫伯特·斯宾塞为代表的科学家和教育家呼吁社会加强科技教育，要求学校把科学内容增加到基础课程中，而同一时代的马克思和恩格斯也提出了综合技术教育的思想。到 20 世纪初的时候，科技教育体系已经在欧美发达资本主义国家基本建立起来，在学校类型上人文学校不再一家独大，理工科学校、农医类学校和研究生院等纷纷成立，在专业设置上学科分化和交叉是常态。科技教育不仅是学校教育中的"热馍馍"，也是社会新兴行业所需知识与人才的源头，从许多方面为科技传播的社会发展奠定了基础。在现代社会中，大学是培养科技人才和管理人才的重要组织机构，科技教育则是现代科技传播的一种高效形式，是科技传播思想的有效实践，在知识的创新与传播、技术的进步与创新、经济的兴盛与繁荣、社会的稳定与和谐方面发挥着不可替代的作用。

二、科学普及和科技传播思想的实践

科学技术给社会带来巨大的效益，社会对科学技术的需求越来越大，科学家的队伍也就得以进一步壮大，其结果便是社会上出现大量的科学知识和科学发明。技术革命改变了传统的生活方式，蒸汽机、发电机、电动机、火车、电报等一系列新发明与应用让人们的衣食住行发生了翻天覆地的变化，人类进入与其经验世界和经典科学所描述的世界不同的一个新世界，从而激发了公众对未知领域的好奇心和兴趣。然而，20 世纪的科学不再是前期依靠阅读科学书籍或者其他途径自学成才的一门知识，原子结构理论给人们展示了一个难以直观想象的微观世界，相对论则是关于时空和引力的基本理论，需要一定物理学基础才能明白其中深刻的含义。科学技术的发展在催生技术革命、造福人类的同时，其专业化的发展也让专业科学家与公众的知识差距越来越大，科学知识似乎成为科学家的"特权"，科学家与公众之间的"知识鸿沟"不可避免地出现了。公众对科学技术有着持续的热情却不得其门而入，大量科学知识和技术又需要传播发展，由此科学家开始系统地向公众传播科学技术。科技传播的另一种重要方式——科学普及得到了发展，科学技术普及作为科技传播思想的实践开始慢慢兴起，面向社会大众的科学普及工作展开。

18 世纪开始，许多热衷于科学研究的科学家、发明家、演说家等通过固定或巡回的公共演说向公众通俗地"讲授"科学，如英国化学家和物理学家法拉第在其整个职业生涯中就一直在英国皇家协会（The Royal Institution）举办各种

讲座，介绍最新的科学知识并深受年轻听众的喜爱。科学普及其实是知识传播的一部分，由掌握知识的小部分人群向不掌握知识的大部分人群扩散知识，是实现科技知识大众化、普及化的关键途径。这种传统科学技术普及手段主要是个人或者组织通过公共活动向公众展示科学技术的美好前景，而对科学充满敬意的公众则从科学家那里学习知识。19世纪到20世纪上半叶，科技传播思想日渐成熟，社会对科技传播必要性的认识让科学普及也日益受到关注。这一时期，各种科学家、科学组织和大众媒体都在积极参与科学普及，科学知识通过广播、报纸新闻和期刊广泛传播出去，并在各种科技馆、展览会上向公众展示科技的美好。值得一提的是，科技的发展让科学的分化速度加快，科学专业化、职业化程度的加深让不同学科之间也产生了难以逾越的"知识鸿沟"，基于社会经济发展的需求，打破这种科学家之间的壁垒，开放各学科的科学工作者之间的沟通交流与理解也显得十分必要。科技传播让科学知识和技术可以在不同的社会主体间传播交流，在整体上提高了社会的科技水平，科学普及作为科技传播的一部分可以让科技交流变得更加活跃，这对科学发展的意义重大。科学研究者可以利用最新的科技传播手段获取最新的科技信息和科研动态，既能避免研究的重复，也能为新的研究增加经验和积累，科技传播的快速发展也就可以有效地促进科学的发展。

科学普及还拉近了科学技术与社会公众之间的距离，加深了公众对科学的理解。一个社会的进步离不开技术的支持，技术的支持需要科学的新发现，科学的新发现来自科学家刻苦钻研与无私奉献。当公众学会理解科学，理解科学背后的庞大的知识体系，就更能理解为此付出的科学家和科研机构，也让从业人员有更大的热忱去投身这项能造福全人类的伟大事业。科学普及之于公众，正如公众理解之于科学，都是科技传播的核心思想所在。

第三节　科技繁荣与现代意义的科技传播发展

科技传播在20世纪下半叶进入现代发展阶段。科学技术化和技术科学化的结合让科学技术在人类物质生活和社会生产中的地位越来越重要，与此同时，科技传播的渠道也不断地成熟深化，科技传播在社会发展中的地位日益凸显。新技术在带来革新与进步的同时也给社会和公共关系带来新的挑战。在这个机遇与挑战并存的时期，让科技传播更好地服务于科学技术与社会发展显得尤为重要。

一、科技繁荣与社会发展推动现代科技传播进步

20 世纪是属于科学的时代，人类在这个世纪所取得的科学成就和社会财富是以往任何一个时代都无法企及的，可以说是在最短的时间内创造出了比过去几百年更丰富的科学文化。相对论和量子力学是 20 世纪科学发展的先导与基础，到了 20 世纪下半叶科学技术则发展到"大科学时代"，呈现出爆发式增长的新特点，表现为研究领域不断细化，学科领域加速分化，新学科不断涌现，知识更新速度加快，不同领域的交叉渗透也日渐活跃。在科学技术上表现为五大尖端技术的发明，即航空航天技术、核技术、信息技术、激光技术和生物技术。

航空航天技术的发展标志着人类在认识世界的进程中迈出了极大的一步。20 世纪初期，以火箭为动力的航行理论的提出奠定了航天学的基础，20 世纪 30 年代世界上第一枚液体燃料火箭发射成功，航天技术进入快速发展时期。1957 年，苏联用洲际火箭发射了人类历史上第一颗人造卫星，打开航天领域的大门，科学发展进入"空间时代"。此后，载人宇宙飞船的发射、空间站的建造等一系列探索宇宙空间的活动火速展开，人类把眼光放在了探索生命起源与空间环境对人类生存的影响上，科学技术的发展展示出了人文精神。如果说航天技术是人类为了脱离自身去探索宇宙的伟大尝试，那么核技术的发明使人类找到一种捍卫自身福祉的武器。1954 年苏联建成第一座原子能发电站，之后核电站成为提供能源的重要手段，核技术的和平使用完全可以为人类提供一个安全清洁又用之不竭的能源宝库，并可以广泛运用到医疗、农业、环保等多个领域。激光技术开启了人类医疗、工业生产等方面的新篇章，生物技术和基因工程则为农业发展和人类医疗健康带来新的福音。

信息技术是 20 世纪发展最快的技术领域，1906 年三极电子管的发明使

远程无线通信成为可能，最早的电子计算机问世于 1946 年，第一只晶体管在 1947 年诞生，为电子电路集成化和数字化提供了基础，在之后的几十年时间里，电子管、半导体、集成电路、大规模和超大规模集成电路迅速发展起来，集成电路性能的提高以指数倍增长。到了 20 世纪 80 年代，科学家对新一代智能计算机、光学计算机和量子计算机的研究初具成效，21 世纪研制的光学计算机，其信息处理速度又将提高上万倍。集成电路的发展让巨型计算机可以高速处理信息，让微型计算机走进千家万户，个人计算机时代的到来极大地丰富了人们学习研究、娱乐交流的手段与内容。

科学的高歌猛进让科技进步成为现代化立国的基础，为推动世界经济和社会发展注入源源不断的动力，科学技术无疑成为第一生产力，也是衡量一个国家综合国力的重要标志。所以，科技传播对国家建立创新体系的意义重大，也为国家的知识经济发展和信息化发展提供技术与知识支持。进入新世纪之后，新的科学发现、新的技术突破以及重大集成创新不断涌现，学科交叉融合进一步发展，新技术及其产品的更新速度越来越快，科学知识的更新换代速度更是令人惊叹。这个阶段，技术人员的知识半衰周期大大缩短，产业的发展超过了人才储备的速度，因而积极开展现代科技传播，培养具有高科技素质和创新能力的科技型人才，为知识经济的发展提供源源不断的人力资源支持尤为重要。

当科学传播、技术转移的速度越来越快，社会发展更迫切需要科技传播与经济社会、人类文明相适应，让科学技术在这个历史新阶段发挥带动作用。科技传播的发展与普及可以在整个社会范围内有效地增加科学技术的社会认可度，同时科学和技术的推广也能给社会生产力带来新的活力。

二、传播新技术促进科技传播进步

传统的科技传播主要建立在印刷技术基础之上。21 世纪，得益于科技的发展，传播领域的新技术发展迅猛，人类进入了互联网时代，而虚拟现实新技术的尝试和应用从根本上变革了人们与世界的相处模式，改变了人们工作和生活的行为方式。自 20 世纪 90 年代以来，发达国家率先开发了一批新兴的传播技术，如有线电视、卫星通信、数字通信技术、网络技术等，实现了传播技术的新突破。电视机和电子计算机的发明得益于科技传播，在其出现后又进一步与这些新的媒介技术相结合并反作用于科技传播，让信息的流动和传播模式发生了质的飞跃。

知识经济时代催生了互联网革命，社会生活的信息化、数字化成为常态，人们能深切地感受到科技就在身边。互联网时代的变革让传播渠道更多，传播速度更快，传播的互动性更强，这个阶段的科技传播显现新的特征，实现了信息储存、处理、传送的一体化，让知识可以在全社会范围内实现充分的共享与流通。互联网的即时性和无限性让信息的传播从单向到全方位互动，有效地扩大了科技传播的范围，加快了科技信息传播的速度，提高了科技传播的时效性。对科技传播而言，公众不只是接受科技信息的个体，网络赋予科技传播新的生命力也让受众成为科技信息新的传播者和解释者。

三、科学与公众关系面临新挑战

"现代产业革命最深刻的悖论就是：一方面人类掌握生物圈的能力越来越强，而另一方面，我们还没有展示出足够能力，表明我们可以正确运用这种掌控力，使生物圈更加平衡、可持续。[1]"美国科学家大卫·克里斯蒂安（David Christian）在其著作中关于人类结局的部分写道：人类社会在短短百年的时间里的发展远远超过了之前千百万年的历史进程，人们对于科学技术和社会的发展关系还是存有疑问的，学识丰富的科学家可以对科学保有高度的热情并且能够理解科学价值背后存在的局限性，理性地去看待科学技术的发展，而对于普通公众而言，对科学技术有雀跃，也有恐慌。

第二次世界大战之后，人类在尝到科技带来的胜利果实的同时，也受到了科技的"反噬"。科学技术的发展衍生出的环境保护、资源、信息安全等问题在社会公众中引发了对科学的恐慌与不信任，也考验了科学发展和公众之间的关系。20世纪70—80年代，欧美国家对公众的关于理解科学的调查显示，"公众可能只是简简单单地将他们最关心的问题托付给科学，但并不十分了解科学到底能给他们贡献什么[2]"，以及对普通公众来说，科学不再是一个"好东西"，

① 大卫·克里斯蒂安. 极简人类史：从宇宙大爆炸到21世纪［M］. 王睿，译. 北京：中信出版社，2016：185.

② 英国皇家学会：公众理解科学［M］. 唐英英，译. 北京：北京理工大学出版社，2004：17.

对科学技术的热情不复以往。在科学家及科学家团体对科学技术充满了信心时，公众对科学的态度让他们对未来美好的展望戛然而止。

当科学技术能极大地促进国家繁荣兴盛、改变社会文明进程之际，公众对科学的理解以及对科学事业的支持不可或缺，这个时候，对让科技更好地造福于人类社会发展而言，改善科学技术与公众之间的关系迫在眉睫。由此，国家和社会组织都在积极地号召公众理解科学。

1985 年英国皇家学会出版了《公众理解科学》报告，将公众理解科学引入正规教育过程，并在正规教育之外呼吁科学共同体、大众传媒等积极参与公众理解科学活动。到了 2000 年，英国上议院科学技术特别委员会发表了《科学与社会》报告，在如何改善公众与科学的关系以及增进公众与科学对话上提出了很多总结意见与建议。此外，为了让公众与科学更好地对话，提高公众的科学素养的科学普及活动也是一个重要的环节。这个时候科学普及的目标除了传播科学知识，让公众可以更好地理解、接受并支持科学之外，还让公众认识到科技是一把"双刃剑"。理解科学技术在现代社会中可能产生的不同结果，从而使全体民众都能参与相关科学政策的讨论与制定，让科学技术普及可以和公众有一个良性的互动。

第五章
中国科技传播的历史脉络

第一节　古代科技传播的形态

中国是一个拥有 5000 年历史的文明古国。在春秋和战国之交，生产工具的改进和铁器的使用，促进了农业生产的发展和社会形态的更替。古代中国的科技传播逐渐发展起来。

一、子就父学

夏商西周时期，天子和诸侯国君之下的贵族、官吏们，世世代代、父死子继，享有分封的土地及其赋税收入，奴隶主阶级垄断社会大部分资源。受到世卿世禄制的限制，科学技术也主要以"子就父学"的形态进行传播。带职业技术性质的手工艺，也因工商食官制度而被政府控制，不能在民间传授①。

二、百工相传和家传技艺

春秋战国时期是我国古代文化繁荣的一个重要阶段，农业发展进入新阶

---

① 王素琴. 浅谈中国古代科学技术的传播方式［J］. 湖南教育学院学报，1999（4）：33.

段。这一时期，青铜冶铸技术非常发达，生铁冶铸技术、铸铁柔化术相继出现；手工业生产技术取得了很大进步，集中体现为内部分工细密和手工业技术的规范化。中国独特的医学理论也在这一时期初步建立，且出现了专门的医学著作，保留最早也是最为著名的医学文献《黄帝内经》为后世医学的发展奠定了基础。《石氏星表》测定了部分行星会合周期，发现了火星、金星的逆行现象，战国时期开始实行四分历，这些是在这一时期天文方面取得的伟大成就。

科学技术的传播得益于这一时期"天子失官、学在四夷"的局面。代表各阶级、阶层利益的不同思想学说纷然而起，大量的思想家、哲学家各持主张，到处游说，互相争辩，形成"百家争鸣"的局面。有一技之长的工艺技师为谋生，也开始讲学授徒。私学兴起，教育大大发展，打破了此前官家对手工工艺和科学技术的垄断。百工四散，科学技术传播于民间，获得了极大的发展和传播。

但中国古代这一时期科学技术的传播形态按士、农、工、商分业而治，封建君主为了维护自然经济，避免因扩大技术传播范围而引发阶层混乱、社会动乱的影响，技术的传播较为封闭，"百工相传"蜕化成"家传技艺"，科学技术的传播长期只能以"家传"的形式进行，成为春秋战国到魏晋南北朝时期中国科学技术传播的主要形式。"家传技艺"也推动了中国科学技术的传播和发展，取得了很多令人骄傲的成绩，如祖冲之、李淳风的家传历法算术等[①]。"家传技艺"的最大特点是父子相传，一般传男不传女，即使迫不得已传给女儿，也生怕将"绝活"落到了别人家。这种固执的保守性和封闭性不利于科学技术的交流与发展，不利于科学技术质量的提高。这也是中国古代技术的科学含量不高、长期不能突破的原因所在。

古代科学技术的传播方式除了世业家传的形式外，私学也是一种形式。在春秋战国时，墨子办私学，对300多名弟子进行科学技术教育，他意识到科学技术可以促进生产力的发展。农家学派在科学技术传播方面，比墨子更进一步，体现了专业化的趋势。但是，无论如何，在春秋战国时代，私学始终没有成为科学技术传播的主要形式。

---

① 王素琴. 浅谈中国古代科学技术的传播方式［J］. 湖南教育学院学报, 1999（4）: 33-37.

三、传播方式正规化

从秦汉经三国两晋到南北朝，这一时期是我国古代科技发展中又一个重要时期。秦统一全国，推行文字度量衡的统一，对科学技术发展产生了重要影响。全国的统一，不仅促进了科学技术的交流，而且还能集中人力、物力，从而更好地进行科学技术的研究。三国两晋和南北朝时期，各对峙政权为了巩固自己的统治，大都采取发展生产的措施，极大地促进了生产技术和实用科学的发展，后期民族大融合也促进了科技的交流和发展。在农业方面，出现了一系列的农书；在技术方面，冶铁技术和制瓷技术比较成熟，漆器工艺得到发展，出现了一系列的技术发明，瓷器、漆器工艺发展很快，而且技术设施和组织管理都十分完善和严整；医学方面，出现了以张仲景的《伤寒杂病论》为代表的医学著作，还出现了以《神农本草经》为代表的药学著作，对脉学、针灸学、本草学、方剂学方面的研究不断深入。中国古代的科学技术到唐宋时期达到了高峰，是科技史上光辉灿烂的一章。

唐代出现了工艺专科学校。此类学校附设于专管手工业制造的少府监，由技艺最高的巧手任师傅来教授学徒，各种技艺难易不一，训练期限也不同。工艺专科教育的出现被大多数学者认为是科学技术传播方式正规化的起点。随着不断地完善和发展，真正把科学技术传播列于国家教育范畴。南朝宋文帝元嘉二十年，开设医学，与此同时北魏也设医学博士作为专业教师。分科教授制度的实行，打破了儒家经学一统学校教育内容的单调局面，科学技术正式作为学科知识列入正规学校教育之中，这不仅对中国古代科技传播有着重要作用，更是中国科技传播史上的重大突破。

总的来看，唐代的科学技术学校有3种类型。

第一种属于国家教育行政系统的正规技术学校，如中央到地方都设有医学校。中央医学校隶属太医署，作为高等专科学校，其分科较细，可以说是世界上最早、规模最大、设置最完备的医学高等专科学校。再如属国子监领导的律学、书学、算学三种高等技术专科学校，其设置、教学也都非常完备和正规。

第二种属于职官"官学"性质的科学技术学校，这是一种行政部门对口附设的训练机构，采取学校或带徒弟的方式进行专门的技术培养。学习内容无所不包，专业也是五花八门，如卜筮专业、天文专业、司历专业、漏刻专业等。以上各职能部门的专科学校毕业生，就业方向就是在本部门就职，或在其他部门从事专业工作。唐代工艺专科学校第一次将平民手工业列入高等教育之中。

第三种属于民间私学性质的技术学校。私学自魏晋南北朝打破儒家经学一统天下的局面后，内容开始丰富起来。到隋唐大一统国家再次形成时，对各方面人才的需求更为迫切，身怀绝技的人借此机会开门授徒。私学一般规模较小。

还有一种值得注意的现象，佛、道宗教也自觉不自觉地进行了一些科学技术的传播，如佛学内容中就有"五明"，其中"工巧明"就是专讲工艺技术的。道教方士的方术中包含的化工冶炼、天文地理、医药医术也十分繁多。这些佛、道宗教人士较少受到世俗禁锢，对技术的传播起了不可忽视的作用。

四、科学技术正规化传播促进民间和家庭传播

魏晋南北朝的科学技术在官学中争得一席地位，也促进了其在民间和家传中的发展，特别是私学中的天文、数学、医学盛极一时，使得魏晋南北朝出现众多科学家，如天文、数学界的祖冲之、黄泓父子，医学界的葛洪、李亮等一大批专家，这些人往往以一技之长传授于人，作为职业谋生于世。

无论何种科学技术传播形式，其对象的主体都是平民，个别专业学校会对招收对象有一定限制，如中央医学校的学生入学资格稍高一点，要么是具有医学世袭职务药师称号的人，要么是三代为医的世家子弟，要么是祖、父辈官在五品以上，而自己并未承袭爵位的 13 ～ 16 岁的上等平民。而私学中的科学技术专业的学生则全是普通平民。隋唐时科学技术传播已达到正规化水平，在世界上处于领先地位，设置的管理机构完善，分科详尽，教学教材完备，教学过程正规，招收对象广泛 ①。

---

① 王素琴. 浅谈中国古代科学技术的传播方式［J］. 湖南教育学院学报，1999（4）:33–37.

第二节　西学东渐与近代科技传播

西学东渐，是指从明朝末年（15—16世纪左右新航路开辟后）到近代的西方学术思想、科技向中国传播的历史过程。在此期间，中国古代的科学技术虽然仍以之前的形式进行传播，但比唐宋时期相差甚远，占据传播主流地位的是西方的科学思想和技术，通过来华西人、出洋华人、书籍以及新式教育等为媒介，以香港、通商口岸以及日本等作为重要窗口，传播内容主要有西方的哲学、天文学、物理学、化学、医学、生物学、地理学、政治学、社会学、经济学、法学、应用科技、史学、文学、艺术等，对中国的学术、思想、政治和社会经济都产生了重大影响。

一、西学东渐的几个历史阶段

总体来看，主要受西学东渐影响的中国近代科技传播可以大致分为两大阶段。

（一）明末清初

明末清初耶稣会传教士来到中国，在传播基督教教义的同时带来了西方的科学技术，为当时的中国人打开了新世界，引发了人们极大的好奇心，触动了中国的学术思想。此时的西学传入，主要以传教士和一些中国人对西方科学著作的翻译为主，当时对中国的影响主要在天文学、数学和地图学方面。这些学科由于只在少数的士大夫阶层中流传，并没能得到很好的普及，而接触到西方科学技术知识的一些士大夫及皇帝也只是停留在满足新鲜感好奇心的层面，思想上依旧闭关锁国，甚至以我为尊，极度排外。这一阶段的西学东渐，由于雍正皇帝的禁教，加上罗马教廷对来华传教政策的改变而中断，但较小规模的西学传入并未完全中止。

（二）鸦片战争前后至五四运动

从 19 世纪中叶开始，中国内忧外患。国内封建王朝没落，发展远远落后于西方国家，受到西方列强方方面面的欺凌，割地、赔款、开放商埠，国家自主权受到严重威胁。西方人再度开始进入中国，伴随着物质上的侵略，并以各种媒介带来西方的新知识，带来思想上的传播和影响。除了西方人的传播，受到两次鸦片战争失败的刺激，清政府开始推行洋务运动。同时，甲午战争之后，面临国破家亡的命运，当时思想较为先进的有志之士，如梁启超、康有为、谭嗣同等，也开始关注研究西方的自然科学和社会科学知识，推动西方的科学技术传入中国。这一时期大量的西方知识传入中国，影响非常广泛。当时的洋务人士主要采取"中学为体，西学为用"的态度来面对西学，关注的是西方的先进武器以及相关的器械等，而未试图对西方的学术思想加以学习，因此这期间的科技传播媒介主要是由西方传教士创办的媒体以及洋务机构为军事目的翻译的书籍。进入民国时期，对政治的不满又进一步导致知识分子提出全盘西化的主张，在五四时期这种思想对我国造成了很大的影响。

二、西学东渐的主要媒介

（一）来华的西方人士

来华西人，包括传教士，当时主要是天主教耶稣教为主的传教士，在传播天主教的同时，开设教会学校、医院，并开设印书馆、创办期刊，译著了大量的西方学术相关书籍，在中国传播了西方的科学技术思想。他们是传播西方科学知识的排头兵，对西学的传入有很大贡献；还有其他来华西人，如来华的外国官员、探险家等，也是传入西学的重要媒介。

（二）出洋的中国人士

出洋的中国人，包括旅行家、商人及外交官，明末清初有不少中国人随传教士到欧洲旅行，但早期都没留下相关文字，最早的记录见樊守义在康熙年间随四位传教士出使罗马时写成的《身见录》一书，记录了欧洲政治制度、风俗等。对自己国人创作的书，人们更容易接受，许多对利玛窦等人著作存疑的中国学者，观点开始有了转变。一些商人游欧后也会写一些记录欧洲的贸易、工艺、人民生活及世界地理的书籍。此外，清政府也因洋务运动的推行，派遣官员出外考察，加之光绪年间开始设立驻外公使之后，有更多重要官员和知识分子出使欧美并撰写游记，且由于公使较一般旅行者停留更久，因此对西方思想文化的了解更加深入，如郭嵩焘、刘锡鸿、薛福成等。鸦片战争之后，涌现出很多的留学生，他们多为港、澳地区教会学校的学生，出外谋求发展。他们回国后希望通过传播西方先进的知识文化，主要以西方的军事、工业技术为主，改变国家落后的局面。但后来这些留学生习惯了西方生活，相信天主耶稣并对清政府不满，于是清政府严令禁止中国学生留学。

（三）印刷媒体

文化的传播离不开报刊书籍这些媒介。

首先，书籍是西学东渐相当重要的媒介。明末清初的西学东渐，虽然出现了大量的由教士及士大夫合著合译的书籍，但这些书籍未能受到当时一般民众的重视，未能进入晚明已十分发达的商业出版界，主要仍仅流通于少数有兴趣的士大夫阶层。书籍的翻译出版，第一类由传教士、外商办的西学出版机构，如广学会出版翻译的大量政治、科技、史地、法律等方面的书籍，尤其在1895年以后成为维新派（如康有为等）思想的重要来源；第二类是由清政府在洋务运动的推行下成立的翻译出版机构，如上海的江南制造局、北京的同文馆等，他们出版翻译的书籍内容各有侧重；第三类由民营的出版社出版的书籍，由于商业性的考量，书籍的内容多为较为通俗的知识介绍和配合新式教育的推行而出版的新式教科书，同时由于其出版社分馆及销售点遍布全国，对西学新知传布于更广大的民众有很大的贡献。

其次，杂志由于是定期出版，相较于图书而言，对于传播最新的西方知识起重要作用。数十年间陆续有传教士创办各种期刊，但大多延续时间不长（鲜有超过五年的），发行量、影响力也都较小。1895年甲午战争的刺激，使大量期刊兴起，多用于宣传西方政治思想及学术，如康有为1895年创办的《万国公报》、1896年创办的《强学报》，梁启超1896年创办的《时务报》等，这些刊物的发行量及影响力，都远超过早期的教会期刊。

最后，相较于期刊，报纸多具有报道及商业性质而缺乏较深入的知识，但由于出刊速度快，发行量大，有助于把西方知识和消息广传开去。在1895年以前，新式报纸的影响力仍然仅限于沿海口岸地区。但在1895年后以后，这些报纸的发行量大增，如《申报》增加版面，发行地区也增加。同时有更多的报纸开始出现竞争，且各报纸逐渐由早期以文言文为主转而较多以接近口语的白话文来吸引更多的读者，不少白话报也在晚清时期出现，这些对于西方新思潮的传播产生重大影响。

（四）新式教育

在晚清的西学东渐中，西式的新学堂才开始逐渐建立，并成为学习西学重要媒介。早期的西式学校多为西方教会开设。在洋务运动中，为培育改革人才，清政府也开始成立新式学校，最早的是北京的同文馆以及上海的广方言馆，之后，医学、军事学、天文学等讲授专业科学知识的西式学堂在全国纷纷建立。教会学校也在这期间得到进一步发展，主要表现为开始淡化学校的宗教色彩，对西方科学技术的传播产生了重大作用。

晚清时期，中国人与西方人接触时，大多数人根本不重视甚至排拒西学，仅有少数有识之士如林则徐、魏源等开始睁眼看世界，注意到西方科学技术的优越之处，即使这样，他们基本上只是把学习西方的科学技术看作是改进中国技术文化的手段，其地位远不及中国学术思想。但随着与西方接触的增多，许多官员及知识分子开始正视西学，开始思考探讨如何借鉴西方先进的科学技术来使国家富强。到了民国初年，更多的人开始视西学为"新学"，更加重视西方的科学技术，加大了相关文化技术的传播力度。西学东渐对近代中国的各个方面都产生了极大的影响，成为影响近代中国科学技术传播的重要因素。

第三节　现代科技传播的发展

中华人民共和国成立是我国现代科技事业新的起点，也是中国科技传播的新起点。1949 年 10 月 1 日，中华人民共和国成立，当时中国国内仅有 30 多个专门研究机构，全国的科学技术人员不超过 5 万人。中国的科学技术需要在一片"废墟"上重建。1949 年 11 月，在原民国时期中央研究院和北平研究院的基础上成立了中国科学院，作为中华人民共和国的主要政府研究机构，并在随后的几年里陆续成立了中国科协、中国气象局、国家地质部等科学技术协调与研究机构。中国的科学技术发展进入了崭新的历史阶段。

这一阶段科技传播主要可以分为科学交流、科学教育、科学技术普及三个方面：

一、科学研究

现代中国科技的传播发展离不开一大批致力于振兴中国科技的专业人才的贡献。科学技术在科学家群体内快速传播和发展，这样的科学交流属于最高层次，可以分为专业领域内和跨专业领域的传播，科学家既是传播主体也是传播客体，通过学术刊物、学术论文及试验基地、实验室等媒介进行科学技术传播。

中华人民共和国的成立，激发了大批海外学子振兴祖国的热情和决心，华罗庚、钱学森都是代表人物，他们回国效力，为发展中国的科技事业做出了特殊贡献。到 1957 年，归国的海外学者已经有 3000 多人，约占中华人民共和国成立前在海外留学生和学者的一半以上，大多数人成为中华人民共和国科学技术发展的奠基人和开拓者。同时，中国政府大力培养科学技术人才，建立科研机构。在短时期内，中国初步形成了由中国科学院、高等院校、国务院各部门研究单位、各地方科研单位、国防科研单位五路科研大军组成的科技体系。

1956 年中国政府成立了国家科学规划委员会，组织全国 600 多位科学家和技术专家，制定出中国第一个发展科学技术的长远规划，即《1956—1967 年科学技术发展远景规划》，拟定了 57 项重大任务。此规划提出的主要任务于 1962 年提前完成，从而奠定了中国的原子能、电子学、半导体、自动化、计算技术、航空和火箭技术等新兴科学技术基础，并促进了一系列新兴工业部门的诞生和发展。到 1965 年，全国科学研究机构已达到 1700 多个，从事科学研究的人员达到 12 万人，这是中国科学技术事业继续发展的基础。

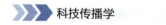

从 1966 年开始，中国经历了长达 10 年的"文化大革命"，这场政治运动对中国的科学技术事业无疑是一场巨大的灾难。期间，科技管理陷入瘫痪，研究机构被肢解，广大科学技术工作者被迫停止科研工作，到农村或厂矿劳动。中国的科学技术几乎停滞不前。

1976 年 10 月，"文化大革命"结束，中国进入了新的历史发展阶段。改革开放后，邓小平提出，要实现农业、工业、国防和科学技术现代化，关键在于实现科学技术现代化，并强调科学技术是第一生产力，这预示着中国的科学技术事业将由乱到治、由衰到兴。1988 年，中国政府先后批准建立了 53 个国家高新技术产业开发区。此后，又先后制订了"星火计划""863 计划""火炬计划""攀登计划"、重大项目攻关计划、重点成果推广计划等一系列重要计划，并建立中国自然科学基金制度，形成了新时期中国科技工作的大格局。

二、科学教育

科学教育和科学交流体系得以逐步确立。在 20 世纪上半叶，科学领域实现了一次新的革命性突破，科学、技术、生产、经济的互动关系开始显现，科学技术的社会功能受到关注，培养科学技术人才受到重视。科学教育是科学技术传播的另一个重要形态，主要是科学技术向学生进行传播，通过传播科学知识以及相关的科学研究方法，具有系统性、强制性、规范性等特点。

中华人民共和国成立初期，国家陆续接管和改造旧学校，掌握了学校的领导权，改革了旧学制、颁布了新学制，全日制学校、业余学校同时并举，为工农特别是工农干部提供了受教育的机会，而且所有设施向工农劳动人民开门，对高等学校进行院系调整，以便更切合实际地为经济建设需要服务。这一过程大致到 1952 年年底结束。1953 年到 1957 年，主要学习苏联建设社会主义国民教育制度的一系列原则。到 1958 年开始抛弃苏联的教育模式，寻求符合中国国情的、体现国民社会理想的教育模式。针对当时的社会环境，提出了教育为无产阶级政治服务，教育与生产劳动相结合的教育方针，全国高校、中专学校和在校学生人数都迅猛增长。"文化大革命"期间，全国中小学停课闹革命，正规的学校课程被打乱。在 1977 年恢复高考后，我国的教育随着经济的发展逐步完善。

中国正规的科学教育起步晚，地区发展极度不平衡。许多地区正规教育体制不健全、不发达，很长一段时间，青年人上大学的比例很低，九年义务教育在许多地区也没有真正实现，因此相当比例的国民并没有接受完整的九年义务教育，这种特殊的国情造成了学校教育的许多真空地带。但是，随着九年义务教育在城市的全面普及，以及正规教育体制在农村以及偏远穷地区的逐步完善，学校教育对我国科学技术的传播起了很重要的作用。

三、科学技术普及

　　我国现代的科技传播离不开科学普及。科学普及属于科技传播的最基本层面，指的是科学技术在公共领域的传播，主要传播对象是公众，着重科学知识的普及、科学成果和科学方法的推广，有公众主动地获取，也有专门的机构推动，如我国各级科协组织就承担着科学普及的任务。广播、报纸、图书、电视等大众媒介都是科学普及的媒介。科学技术自 19 世纪开始走上专业化的发展道路，科学家与公众的"知识鸿沟"开始显露。随着国家的不断发展，人民知识水平和公民素质不断提高，政治、经济、科学文化等领域的界限在普通大众中越来越模糊，科学活动不再局限于科学界内部的单一交流，更趋向于一种文化普及和公民素养培养教育的活动，积极推广科学文化知识在普通大众间的传播，通过公众的参与，促进科学技术与社会人文的相互融合和共同发展。

　　首先，科学家向公众的传播。科学技术的日新月异和公众对科学技术的兴趣，也激发了科学家向公众传播科学技术的热情。科学家向公众通俗地"讲授"科学，展示科学技术的美好前景。其次，国家成立相关的负责科学技术普及的组织机构。中国最大的科学家、工程师组织中国科学技术协会的功能之一就是从事科学技术普及工作。2002 年颁布的《中华人民共和国科学技术普及法》从法律层面把科学技术普及工作规定为国家政策。中国政府重视科学技术普及工作，从财政收入中拨付的科学技术普及经费逐年增加，数目不菲。但是，长期以来，科学技术普及缺乏理论研究。在国家颁布的学科目录里，没有相应的学科定位，因而在高等院校亦没有相应的系科设置和人才培养体系。最后，大众传媒的极速发展使得的主要阵地由中国科学技术协会系统转移到了媒体。1978—1998 年，中国的报纸由 78 家增长到 2000 多家，电台电视台由屈指可

数增长到 2000 多家。大众传媒以市场化运作的方式，迅速传播和反馈社会各界的声音，已经成为占主导地位的信息传播渠道。人们已经认识到，从科学技术普及成效角度看，大众传媒已经成为科技信息传播的主渠道。

第四节　当代中国科技传播

一、信息技术发展改变科技传播局面

当代中国已由工业社会步入了信息化社会，新兴学科和技术，尤其是信息技术的不断发展，反过来影响了科学技术的传播，当代科学技术的传播离不开计算机技术、电子信息技术以及多媒体网络技术的发展。科学技术也在 20 世纪下半叶发展到"大科学时代"，呈现出爆发式增长的新特点，表现为研究领域不断细化，学科领域加速分化，新学科不断涌现，知识更新速度加快，不同领域的交叉渗透也日渐活跃。互联网为科技传播提供了新媒介和新手段，正在为科技传播、科学技术普及打造一个全新的平台和体系。一方面，人们生活在海量的信息社会中，不经意间都会获取各种各样的信息，包括科学技术知识；另一方面，任何人都可以通过互联网找到自己想要了解的科学方面的知识。信息的获取更加及时，不受时间和地点的限制。阅读 1.0 时代，人们主要通过报纸、广播、电视等传统媒体获取信息；阅读 2.0 时代，人们可以通过电脑获取信息；如今的阅读 3.0 时代，人们在手机移动端更为方便地取信息。越来越多的媒体设置专门的"科技"版块，供人们更加快速便捷地获得相关的科学技术知识和动态。

二、科技传播体制模式亟待创新

现阶段，国内的科技传播主力军仍然是传统的以政府为主导的科技部门、科学共同体以及广大的科研院所，大、中学教育机构。传播内容上，尽管科技发展总是建立在原有的科技基础之上，但是随着国家对科学技术发展的重视以及公民科技素养和文化知识水平的不断提高，科学技术的传播越来越成为一种文化事业，但传播内容更偏向于对科学技术的传播，而缺少对科学思想与精神的传播。从传播方式来看，科技传播仍然以政府为主导，科技传播的经费也以政府支出为主，社会化的团体组织较少，缺乏独立开展科学传播的能力。

科学技术的创新与应用成为经济增长的主导动力，科学研究、技术创新、产业发展、社会进步相互促进的关系更加明显，科学技术的传播更为直接快速，科技转化为生产力的周期变短，对社会发展的影响更为显著，直接影响了人们吃、住、行、游等生活的方方面面。公众已经不再像以前那样对科学充满敬仰，而对随着科学技术的发展而凸显的潜在风险有了更多的忧虑，例如，对网络暴露人们隐私的忧虑、对转基因食品安全性的讨论、对各种辐射的担忧等，这一切都说明当代科技传播与普及进入了机遇与挑战并存的重要转折期，需要探索新的传播理念和传播模式、发展新的传播手段、建立新的传播体系。

第六章
科技传播宏观政策与资源配置开发

第一节　科技传播政策

科技传播政策属于科技政策的一部分，是国家和政府为推进科普事业发展而制定和出台的政策。制定与完善科技传播政策的目的在于通过政策手段建立科技传播工作的管理体制和运行机制、确立科技传播事业的目标和战略、确定科技传播工作的任务和计划、引导科技传播资源的合理配置、激励社会各界积极支持和参与科技传播工作、规范各类科技传播实践活动、促进科技传播事业的良好发展、促进科技传播更好地服务科学技术和经济社会的发展。

一、科技传播政策的内涵和目标

（一）科技传播政策的内涵和特征

科技传播政策是指国家权力机关为促进科技传播事业发展、活跃科技传播局面、推进科技传播工作，并通过推进科技传播工作发展而实现国家、社会、公众目标而制定并付诸实施的行动准则、方案和措施。

科技传播政策具有专门性、公共性、广泛性和层次性。从政策内容上看，科技传播政策包括针对科技传播工作的专门政策、科技传播相关政策两大部分。从政策目标上看，科技传播政策包括"促进科技传播的政策""利用科技传播的政策"两大部分。从文本形式上看，科技传播政策包括法律化的科学技术普及政策，国家和政府相关部门出台的关于科技传播工作或与科技传播工作相关的"决定""纲要""意见""条例""办法""通知"，以及相关的规定、章程、制度或会议文件等，党和国家的领导人以及政府管理机关或相关部门负责人针对科技传播工作或设计科技传播工作做出的重要指示、讲话等。从政策层级上看，科技传播政策包括国家、部门、地方三个基本层级。

（二）科技传播政策的目标任务

科技传播政策的目标任务，是利用制度建设和政策引导来整合现有资源，建立激励机制，动员社会力量参与，加大科技传播事业投入，加强基础设施建设，强化科技传播能力建设，最终提高国家科技传播能力。[①]

我国是一个发展中国家，科技水平相较于发达国家还有较大差距。由国际权威机构瑞士洛桑国际管理发展学院（IMD）发布的国际竞争力报告是世界公认的最具权威的国家竞争力排名报告之一。报告显示，从 2007 年至 2016 年的十年间，我国竞争力排名从原来的第 15 名逐渐降至第 25 名。由全球经济论坛发布的全球竞争力报告则显示，从 2007 年至 2016 年，中国在该报告中的排名一直在第 29 名上下波动，无明显起色。而在众多评价指标中，技术和创新是最大的短板，可见科技竞争力是我国当前亟待提高的一项国家能力。

2015 年，我国具备科学素质的公民比例达到 6.2%，也就是说每 100 人中只有 6.2 人具备科学素质，这一比例相当于欧美国家 20 多年前的水平。时任中国科学技术协会科普部部长杨文志表示，"如果公民科学素质水平得不到大幅提高，肯定会拖整个国家创新发展的后腿"[②]。

德国社会学家乌尔里希·贝克（Ulrich Beck）在《风险社会》中提到，"科学才是定义风险的媒介和解决风险的资源"[③]。科学技术在为我们的生活生产带来益处的同时，也在给我们的社会带来风险和隐患，最为典型的是"有组织的

① 翟杰全. 科技传播政策：框架与目标［J］. 北京理工大学学报，2009（4）：11.
② 刘莉. 什么？中国人的科学素质落后欧美 20 年！科普圈不淡定了［N］. 科技日报，2016-7-15（1）.
③ 乌尔里希·贝克. 风险社会［M］. 何博闻，译. 北京：译林出版社，2004：90.

不负责任"的风险。一些地方在发展工业化的过程中，片面追求经济效益，无视环境的污染和破坏，联合专家和权力部门为此做不负责任的辩解。此外，一些媒体广告打着科学技术的幌子，宣传所谓的"高科技产品"，误导民众，更是邀请一些所谓的"专家"为这些产品"验身"、正名。这些现象是科技传播工作不到位的表现，是接下来工作中亟须解决的问题。而解决这些因科学技术带来的问题的最好办法就是用科学技术传播予以回击，用科技化解科技带来的风险。

科技传播市场化，是一种让科学技术在传播的过程中赢得利润的方法，能够让科学技术传播自给自足。在科技传播市场化的过程中，不成熟的市场容易让科技传播走向恶性循环。知识产权意识薄弱，"山寨""盗版"遍地；唯利是图，忽视职业道德和社会公德；社会舆论导向歪曲，科技产业乏人问津等，这些现象都是在科技传播市场化过程中可能出现的问题。科技传播政策作为"看不见的另一只手"，能够及时、有效地弥补市场化运作的不足，为科技传播提供良好的发展环境，让科技传播工作有活力、可持续地运转。

因此，依据以上我国在各个方面的国情，我国科技传播政策的基本目标是推进科技传播工作机制建设，活跃社会的科技传播局面，促进各项科技传播工作的开展，并利用科技传播工作服务国家科技、经济、文化、教育目标和高素质人力资源建设目标，服务并促进公众的全面发展以及提升其运用科技解决实际问题和参与公共事务的能力，从而最终促进科技传播事业的全面发展，满足科学技术和经济社会发展提出的各种科技传播需求，为科学技术创新和经济社会发展奠定坚实的基础①。

二、我国科技传播政策变迁

（一）中华人民共和国成立初期的科技传播政策

1949 年 9 月 29 日，中国人民政治协商会议第一届全体会议通过《中国人民政治协商会议共同纲领》，该纲领第 43 条中就明确规定，要努力发展自然科学，奖励科学的发现和发明，普及科学知识。

---

① 赵亚辉. 风险社会下的中国科技传播研究［D］. 武汉：武汉大学，2013.

1950 年 8 月，中华全国自然科学工作者代表大会在北京召开，毛泽东主席出席会议并讲话，大会成立了中华全国自然科学专门学会联合会和中华全国科学技术普及协会。

1956 年 1 月，中共中央召开全国知识分子问题会议。毛泽东、周恩来在会上要求全党、全军和全国人民努力学习科学知识，为迅速赶上世界科学技术先进水平而努力奋斗。毛泽东在讲话中指出："我们国家大，人口多，资源丰富，地理位置好，应该建设成为世界上一个科学、文化、技术、工业各方面更好的国家。"就是在这次会议上，中共中央发出了"向科学进军"的伟大号召。

1956 年 7 月，中共中央宣传部在给中共中央的报告中提出了中华全国科学技术普及协会的工作重点：①向工人进行一般科技知识和专业技术知识的宣传；②根据《1956 年到 1967 年全国农业发展纲要（草案）》向农民宣传农业知识和其他科学知识；③配合国防现代化工作，向军队进行科学知识，特别是国防科学知识的宣传；④向干部宣传基础的科学知识和现代科技最新成就。

1958 年 9 月，经中共中央批准，中华全国自然科学专门学会联合会和中华全国科普技术普及协会合并成立"中国科学技术协会"。10 月，中华全国科普技术普及协会和中华全国总工会联合召开了"全国第一次职工科学技术普及工作积极分子代表大会"，这是中华人民共和国第一次科学技术普及高潮的标志[1]。

在"文化大革命"时期，我国取得了很大的科学成就，例如"两弹一星"就是当时的重大突破之一。但是中国科学技术普及事业在此期间却一度陷入停顿，中国科协被解散，各级科协也被相继取消，整个科学技术普及工作网络被逐渐拆解，科学技术普及工作得不到发展，几乎停滞。

（二）改革开放到 20 世纪末的科技传播政策

改革开放以后，为适应国际国内形势新变化，邓小平同志在 1978 年 3 月全国科学大会开幕式上的讲话中重申"科学技术是生产力"的论点。此后，我国科学技术普及工作快速发展，如全国科协组织工作的恢复开展，科学普及出

---

① 赵展慧. 今天我们怎样做科普［N］. 人民日报，2014-09-19（20）.

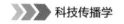

版社、中国科普研究所、中国科普作家协会等科学技术普及相关的机构和协会成立，大力推动了我国科学传播事业的发展[①]。

1985年3月，中共中央发布《关于科学技术体制改革的决定》，从宏观上制定了科学技术必须为振兴经济服务、促进科技成果商品化等方针和政策，从而为科技成果向现实生产力的转化以及高新技术产业化的发展奠定了政策基础。到20世纪80年代中后期，中国科技传播事业迎来了新的发展高潮，科学技术普及图书、报刊、影视等作品的创作呈现出繁荣景象。

我国科技传播工作在20世纪90年代之后发展到一个全新的阶段，中共中央在落实"科学技术是第一生产力"的基础之上，还提出了科教兴国战略，科技传播工作被逐步提升到国家战略的高度，中共中央、国务院、全国人大以及各部门、各地区出台了一系列促进科技传播工作的法规政策。

1993年，全国人大通过了《中华人民共和国科学技术进步法》。

1994年12月，中共中央、国务院发布了中华人民共和国成立以来关于科学技术普及工作的第一个纲领性文件——《关于加强科学技术普及工作的若干意见》。

1995年5月，中共中央、国务院出台《关于加强科学技术进步的决定》，明确提出实施"科教兴国"发展战略。"科教兴国"是指全面落实科学技术是第一生产力的思想，坚持教育为本，把科技和教育摆在促进经济、社会发展的重要位置，增强国家的科技实力及向现实生产力转化的能力，提高全民族的科技文化素质，把经济建设转移到依靠科技进步和提高劳动者素质的轨道上来，加速实现国家的繁荣强盛。

此后，中共中央宣传部、国家科学技术委员会、中国科学技术协会等多个部门联合发布一系列针对特定专题的科学技术普及政策，例如，中共中央宣传部、国家科学技术委员会、中国科学技术协会于1996年6月12日发布《关于加强科普宣传工作的通知》；中共中央宣传部、中国科学技术协会等10部委于1996年12月19日联合发出《关于开展文化、科技、卫生"三下乡"活动的通知》；中共中央宣传部等8部委于1997年1月2日联合发出《关于在全国组织

---

① 任福君. 对农村科普工作的思考及建议［N］. 大众科技报, 2007-05-10（A02）.

实施"知识工程"的通知》等，这些科技传播政策有力地推动了科技传播工作的再次繁荣 ①。

（三）21 世纪以来的科技传播政策

我国科技传播政策在 20 世纪 90 年代开始走向体系化的建设之路，国家和社会对科学技术普及工作的认识有了前所未有的提高，有力地推动了科技传播事业的发展。

2002 年 6 月 29 日，我国颁布了《中华人民共和国科学技术普及法》，用法律形式确定了科学技术普及工作的属性和任务，规定了国家机关、社会团体、企业事业单位、基层组织、科技部门、科协等组织以及公民在科学技术普及方面的权利、义务、职责和责任。它标志着我国科学技术普及工作正式纳入法制化轨道，对我国公众科学文化素质的全面提高以及科教兴国战略和可持续发展战略的实施具有里程碑意义，它也是世界上首部科学技术普及法。此后，中共中央特定部委先后针对科技馆等科学技术普及设施建设、科学技术普及宣传工作、公益文化设施向未成年人免费开放、国家科学技术奖励和科技富民强县专项行动计划等实施给出了指导意见，推动了我国科技传播工作的深入发展 ②。

2003 年，中国科学技术协会、建设部等部门联合出台了《关于加强科技馆等科普设施建设的若干意见》；中共中央宣传部、中国科学技术协会等部门联合发出了《关于进一步加强科普宣传工作的通知》。

2004 年，国土资源部、科技部联合提出了《国土资源科学技术普及行动纲要》。

2005 年年底，国务院颁布《国家中长期科学和技术发展规划纲要（2006—2020 年）》，规定了新时期科技传播工作发展的指导方针、基本目标和行动措施，标志着我国科技传播工作进入了全新的快速发展阶段。

但随着近年来科学技术的进步和人们生活水平的不断提高，以及受到市场经济的影响，科技传播工作进入了自"文化大革命"以来的第二个低谷，人们

---

① 杨娟. 中英美澳科学传播政策内容及实施的国际比较研究［D］. 重庆：西南大学，2014.
② 杨娟. 中英美澳科学传播政策内容及实施的国际比较研［D］. 重庆：西南大学，2014.

对科学技术的需求不断减少，相关书籍、活动受到冷落。科技传播政策能够在一定程度上推动相关产业发展，弥补市场的不足，帮助科技传播事业健康可持续地发展。

三、科技传播政策的体系化建设

在我国科技传播政策领域，已经初步形成了以《关于加强科学技术普及工作的若干意见》《中华人民共和国科学技术普及法》《全民科学素质行动计划纲要（2006—2010—2020 年）》三大纲领性文件为核心的科技传播效果体系。

《关于加强科学技术普及工作的若干意见》是为适应国际、国内形势对科学技术普及工作的新要求，进一步加强和改善我国的科学技术普及工作而提出的工作意见。该意见指出，要进一步加强和改善党和政府对科学技术普及工作的领导，把它作为一项长期的战略任务常抓不懈，使之成为社会主义精神文明建设和科技工作的重要组成部分。该意见还从工作对象、工作内容和科学旗帜三个方面提出了科学技术普及工作的几个重点[①]。该意见从国家层面分析了我国科学技术普及的现状和存在的问题，提出了加强科学技术普及的必要性、重要性和紧迫性，是开展科技传播相关工作的基础性文件。

《中华人民共和国科学技术普及法》适用于国家和社会开展的各项科学技术普及活动。该法从组织管理、社会责任、保障措施、法律责任等几个方面，将公众参与科学技术普及活动的权利、科学技术普及工作者的权益以法律形式确定下来，对科学技术普及工作相关行为和活动的合法性做出了明确的界定，并鼓励各级组织单位开展易于公众理解、接受、参与的多样性的科学技术普及活动，对有重要贡献的给予表彰和奖励[②]。该法从法律上确定了科学技术普及工作的性质和目标，规定了科学技术普及相关的组织和个人所具有的权利和应履行的责任、义务，是科技传播工作走上法制化道路的开端，具有里程碑意义。

《全民科学素质行动计划纲要（2006—2010—2020 年）》把科学素质建设定位为突破我国人口素质瓶颈的基础性社会工程，对"科学素质"的概念做出

---

① 中共中央，国务院. 关于加强科学技术普及工作的若干意见 [J]. 知识就是力量，1995（1）：4–5.

② 中华人民共和国科学技术普及法 [J]. 科技与法律，2002（2）：1–2.

了明确定义，确定了政府主导、全民共同参与的建设方针、工作目标、计划和措施等①。该纲要将科技传播工作具体化、明确化，提出了短期、中期、长期的工作目标，硬件和软件上需要补充完善的基础设施建设。该纲要是把科技传播的工作任务逐步分派给各级部门、社会各界和公民自身，是科技传播工作在具体实施过程中的指导性文件，实践性极强。

目前，我国的科技传播政策体系已经初步形成，体系不断健全，覆盖不断扩展，政策体系的基本框架已经初步确立为包括"国家—部门—地方"3个层级的科技传播体系。但现有的科技传播政策体系还有很多有待完善的空间。不断提高政策体系的可操作性和针对性，仍是新时期我国需要面临的重要课题。

我国未来科技传播政策的发展将会主要集中在进一步健全政策体系、提升政策效应、强化机制建设等几个重要方面。

（一）健全科技传播政策体系

科技传播事业，其基本性质是服务性。但在实际操作过程中，完全服务性质的传播行为很难波及社会各个角落。将服务性和产业化共同加入科技传播工作是符合我国发展需要、顺应时代潮流的一种发展机制②。基于这种双驱力模式的发展需要，一个相对完善的科技传播政策体系需要包括公益性发展政策、产业化发展政策、技术发展政策、科技传播产业发展政策等组成部分③。国家还需针对更多的方面出台相应法规政策，帮助规范各级单位部门及个人在传播科学技术的过程中的管理和操作，明确划分工作职能和职责，制订细致的科技传播工作目标，调动科技传播工作者工作积极性，引导全民积极参与科技传播活动，提升科学素质。

（二）提升科技传播政策效应

为获得更好、更广的政策效应，科技传播政策的传播方式要由原来的政府及相关部门主导型转变为以市场为主导、政府宏观调控与其他部门组织协同

①　任定成.《全民科学素质行动计划纲要》解读［J］. 科普研究，2006（4）：19.

②　翟杰全. 科技传播事业建设与发展机制研究［J］. 科学学研究，2002（4）：169-170.

③　翟杰全. 宏观科技传播研究：体制、政策与能力建设［J］. 北京理工大学学报，2006（6）：24.

的方式。科技传播政策的传播模式，要由原来的单向、平面、垂直传播转向多向、立体、网状传播①。科技传播的政策内容应该更加贴近民情，顺应民心，这样才能获得更佳的政策效应。尊重市场，让市场发挥作用，与政府"看不见的手"各司其职，优势互补，能最大程度地发挥政策效应，提升政策的实施效果。建立科技传播网络，打通各领域多项传播渠道，在"发号施令"的同时"广开言路"，不断改善政策内容，提高政策的可操作性，能大大提升科技传播政策的效应。

（三）强化科技传播机制建设

郑念在《科技传播机制研究》中，从传播主题和市场需求两方面入手构建模型，将二者组合提出了科技传播机制的模型（图 6-1）。从该模型中可以看出无论是传播主体还是传播受体，都必须根据需求来选择传播的内容②。因此刺激需求、发现需求、满足需求成了强化科技传播机制建设的关键。

图 6-1　科技传播机制模型

科技传播要贴近国家需求、市场需求和人民需求，从三者的需求出发选择传播内容和传播方式。科技传播工作者要时刻了解三者的需求变动和需求细节，做好细致的市场调查，不可只了解"需求是什么"，更要了解"为什么需要"；加强政策互动和反馈机制，拓宽了解政策反响的渠道；提高政策的可操作性和实用性，从而更好地为国家、市场和人民提供科技信息和技术。

---

① 李继承. 论当代中国科技传播结构的变迁与前景的变革［D］.北京：中共中央党校，2006.

② 郑念. 科技传播机制研究［M］.北京：中国科学技术出版社，2005：15.

科技传播要营造有利的环境，刺激受体的科技需求。良好的传播环境能带动社会各界的科技需求，需求增大能为整个科技传播工作带来充沛的动力。营造环境可以从各级政府、企业、农户入手，提高对科学技术的认识和了解，改变其传统的以资金、人力为驱力的盈利模式，在政策实施、企业经营、农业种植等环节加入科学技术，完善必要的基础设施建设，收获更好的效益，减少不必要的损失。

　　科技传播工作要扩大传播范围，加大传播力度，引导各方面力量参与，把科学技术传播得更广，影响得更深。科学传播如果只停留在让民众了解科学知识的层面，是无法把科技传播的效应发挥到最大的。科技传播要扩大传播范围，把科学技术带到社区、农村和其他基层，尽可能地让更多民众了解科技的面貌，减少传播死角。科技传播要加大传播力度，了解科学技术只是第一步，更重要的是让民众将科学技术运用到生活中、工作中，发挥科技的效能。单纯靠政府推动的科技传播工作容易势单力薄，科技传播工作者还需引导社会各方面力量加入其中。大众媒体、广大产业部门、民间社会团体等都是有力的支持①。相信加入更多力量的科技传播工作会充满动力，发挥出最佳的传播效果。

第二节　科技传播的资源配置和开发

一、科技传播的资源配置现状

（一）科技传播资源的概念和组成

　　狭义上来说，科技传播资源指科技传播项目、科技传播活动中所涉及的科技传播内容及相应的载体，通常包括为社会和公众提供科学技术普及服务的内容、信息及承载这些内容和信息的媒介、作品、产品等。广义上来说，科技传播资源指"服务发展科技传播事业的政策环境、人力、财力、物力、科学技术

---

① 李继承．论当代中国科技传播结构的变迁与前景的变革［D］.北京：中共中央党校，2006.

普及组织机构、科技传播内容及信息等要素的总和"，包括科技传播所需的各种资源要素。

科技传播资源可分为科技传播能力资源和科技传播内容或产品资源。科技传播能力资源，包括政策环境、人力、财力、物力、组织和媒介等，是科学技术普及事业发展的基础支撑条件。科技传播内容或产品资源，包括场馆与基地类、传媒与信息类、活动类科学技术普及资源等科学技术普及产品资源，涉及科学技术普及的具体内容[①]。

基于体系化建设需要，也可将科技传播资源分为作品和产品资源、设施和渠道资源、政策和保障条件资源。

从微观、中观、宏观三种不同层面上来说，科技传播资源又可分为科学技术普及内容及表达和表现科技传播内容的科技传播作品和产品、科技传播渠道和科技传播设施以及科技传播组织、科技传播法规政策以及科技传播人力、财力、物力等。

（二）我国科技传播资源配置现状

经过科技传播工作的长期积累和近些年来的快速发展，我国科技传播的宏观资源要素得到了明显优化，中观资源要素的能力有所增强，微观资源要素数量也达到了一定规模，但是资源体系内部依然存在许多"结构性失衡"的问题。

宏观资源方面，我国科技传播人才队伍近些年不断壮大，科技传播工作者人数有所发展，国家对科技活动的财力投入不断增加。近十年，我国从事科学研究试验发展的工作人员迅速增加，人数以每年 20 万人左右的速度增长。国家、中央、地方财政对科学技术方面的支持也是逐年加大，这为科技传播工作提供了强大的财力保障，如图 6-2 所示。

虽然国家在科技方面的人力、财力投入逐年增加，但科技传播工作所具备的人力、财力的总体数量和质量仍然不足。人力资源方面，科技传播工作者的

---

① 任福君. 关于科普资源研究的思考［EB/OL］.［2019–12–01］. http://doc88.com/p-9929562041415.html.

数量仍然有限、素质依旧不高。对科学技术财力投入数量增加了，但相对于人民对科学技术的需求来说这部分投入仍然是不够的。

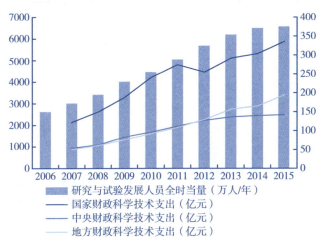

图 6-2　2006—2015 年我国科技方面部分人力财力投入情况
（数据来源于国家统计局官网）

而在区域分布上，科技人才和财力资源存在着明显不均衡。如图 6-3 和图 6-4 所示，2006 年我国八大区域的科技人员和财力资源大部分集中在了北部沿海。北部沿海的科技人力资源是第二位黄河中游地区的 2.05 倍，占总数的 30.90%。在科技财力资源方面，北部沿海和东部沿海两个区域占总数的 53.67%。各个区域内部科技人员和科技财力资源的三大组成占总数比例相差不大①。总体来看，我国科技宏观资源在空间分布上存在着严重的不均衡，西北、东北地区的宏观资源严重匮乏。

中观资源方面，科技传播渠道不断拓宽，科技传播设施不断完善，科技传播组织日渐增多，如图 6-5、图 6-6 所示，全国科技馆的数量和规模都在近几年有所增加，举办的科学技术普及展览和讲座也越来越多。民众参与科技传播活动的机会增加了，获得科学技术的方法变多了，能够学习到的科学知识总量也大大提升。但科学技术普及场所总体的数量和质量还远不及国际先进水平。

---

① 刘凤朝. 中国科技力量布局分析与优化［M］. 北京：科学出版社，2009：81-82.

数量上，我国内地平均约每540万人才拥有一座科技馆，这个比值相当于美国的1/4、英国的1/2.4，日本的1/8和我国台湾地区的1/7。质量上，在我国现有的科技馆中，符合《科技馆建设标准》的达标科技馆只占总数的12%，不尽如人意[①]。

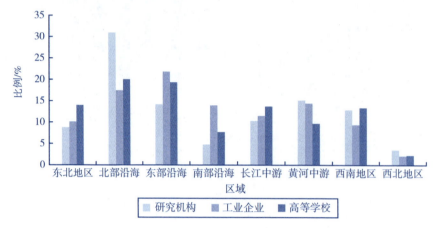

图6-3　2006年我国八大区域科技人员结构情况
（刘凤朝，中国科技力量布局分析与优化，2009）

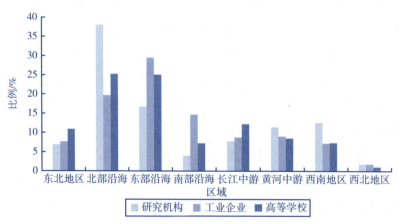

图6-4　2006年我国八大区域科技财力资源结构情况
（刘凤朝，中国科技力量布局分析与优化，2009）

---

① 李象益，李亦菲. 我国科普场馆展览展项创新设计的理念、方法与对策［M］// 任福君. 中国科普基础社会发展报告（2012—2013年）. 北京：社会科学文献出版社，2013：103.

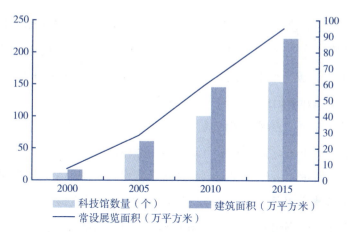

图 6-5　2000—2015 年全国科技馆数量和规模情况
（中国科技馆 2015 年"全国科技馆建设发展基本情况调查"）

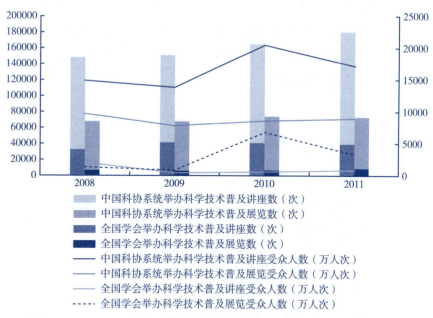

图 6-6　2008—2011 年我国举办科学技术普及活动次数及受众人数情况

　　仔细观察图 6-6 可以发现，讲座和展览的次数虽然逐年增加，但是参与讲座和展览的人数并没有因此相应增加。由此可以反映出科技传播活动的组织和开展，还不够贴近民心，活动内容和形式还不够吸引人。科技传播工作应拓宽互动反馈通道，多了解民众对科学技术的实际需求，提高工作质量。除此之外，科技传播工作还存在以下问题：科学教育和培训重知识技能、轻素质培养；媒体传播能力不强、水平不高；科技传播基础设施分布极不平衡，共享率低；科技传播活动的开展仍然主要依靠政府部门的推动。

微观资源方面，表现科技传播内容的科技传播作品和产品总量相对于社会的大量需求仍然不足，整体质量不高，市场经营惨淡。以科学技术普及图书为例，如图 6-7 所示，近年来我国单品种科学技术普及图书平均出版册数逐年增加，但科学技术普及图书种类却没有相应地增加，反而减少了。2012 年，我国科学技术普及图书出版总量为 0.66 亿册，在图书出版总量中只占 0.81%；和2011 年相比，仅增长了 15.36%。此外，科学技术普及期刊总出版量为 1.39 亿册，在全国期刊出版总量中只占了 4.09%；和 2011 年相比，下降了 11.54%。2013 年，我国科学技术普及图书总共出版了约 8423 种；和 2012 年相比，增长了 11.99%；而科学技术普及图书总册数在所有图书总册数中只占了 1.07%；此外，科学技术普及期刊出版了约 1036 种，其出版总册数为 1.17 亿册[1]。科技传播作品这样不健康的发展态势令人担忧。

图 6-7　2007—2011 年科学技术普及图书种类与单品种科学技术普及图书平均出版册数
（我国科普图书出版现状及对策，杜普龙，任旭，郝生跃，2014）

① 张吉容. 出版业转型背景下的科普图书出版策略分析［J］. 科技展望，2015（26）：245.

总体来看，我国科学技术普及创作和科学技术普及作品存在以下发展现状：作品总体质量低，吸引力小；编写团队老龄化，编写内容与读者阅读喜好存在较大差异；作品内容缺乏原创性，改编、编写、编译占了多数；经典科学技术普及图书始终是销售主力，长盛不衰①；直接向大众介绍科学知识的纯科学技术普及图书和音像制品微乎其微，间接提及科技知识的次科学技术普及图书和音像制品占了较大份额②；社会大众对科学知识的关注程度明显不足，兴趣下降，阅读习惯"快餐化""功利化"③；出版社、供应商为追求更高利润，较多选择出版发行短时间内有更多经济回报的热销图书和音像制品，科学技术普及相关的图书和音像制品出版发行数量较少等。

科学技术普及创作和科学技术普及作品的发展现状也在一方面反映着科技传播微观资源的内部问题：市场发育不健全，缺乏读者和专业的编写团队；开发力度不够，质量不高，缺乏原创；共享机制不完善；结构分布不平衡；知识产权保护意识薄弱，创作环境有待优化等④。这些问题不仅拖慢了科技传播工作的进度，也影响了科技传播工作的质量，亟须解决。

二、科技传播的资源开发

（一）科技传播资源开发整体思路

宏观层面的科技传播资源开发涉及法规政策、社会环境以及科技传播人力、财力、物力等保障条件和激励机制，是科技传播工作的动力机制，需要解决传播的"量"⑤。宏观层面上的资源建设需要在出台、修订、强化、完善相关政策、制度、机制上下足功夫，为科技传播工作的顺利展开和不断推进提供服务和保障；加大对科技传播人力、财力、物力的支持和投入，为科技传播工作提供更充足的各类资源储备；为科技传播工作提供强大的动力支持，帮助科技传播工作获得更广的内容和人群覆盖。

---

① 张树. 科普图书出版现状与思路——分析 2015 年开卷科普图书排行榜［J］. 编辑学刊，2016（3）：80.

② 李海宁. 科普图书出版的现状分析［J］. 编辑之友，2010（10）：24-25.

③ 杜普龙，任旭，郝生跃. 我国科普图书出版现状及对策［J］. 出版广角，2014（12）：119.

④ 白林. 出版业转型背景下的科普图书出版策略［J］. 科技与出版，2011（9）：24.

⑤ 冯小素，潘正权. 科技传播的整体解决方案［J］. 科学学研究，2005（2）：26.

中观层面的科技传播资源开发是为科技传播提供技术支持的[①]，主要是渠道设施的建设和开发。传播渠道的效率、方式、影响力和技术，都会影响传播的效果[②]。因此，该层面的资源开发需要开辟更多的传播渠道和设施，发展出更为多样化的形态；提高科技传播渠道的效率，帮助科技传播产品和内容更快传递给受众；减少传播过程中的效果损失，最大限度地保证科技内容和信息的"新鲜度"和"原汁原味"；扩大科技传播渠道的影响力，也就是扩大科技内容和信息的影响范围和科技传播工作的服务范围；提高科技传播渠道的技术水平，呈现出更为优质的传播效果。此外，中观层面的科技传播资源开发还需要建立各种传播渠道和设施的立体化、网络化体系，扩大公众参与科技传播的机会，拓宽科技传播工作的意见反馈渠道，营造社会的科技传播氛围，促进科技传播服务的公平普惠。

微观面层的科技传播资源开发主要是内容的开发，是价值基础，解决传播的"质"[③]。强化科技传播内容面向公众需求，了解需求的具体内容、数量、形式，加强传播内容的针对性，对不同的传播对象不可一概而论；面向发展需要，瞄准时代需求、国家需求、社会需求，提高传播内容的实践性，使其为国家的平稳发展和社会的和谐稳定服务；提升创作理念，倡导科学思想，弘扬科学精神；运用创新手段，敏锐察觉市场变动，改变陈旧的管理方式、营销策略，提供更为新颖、接受度更高的传播内容；通过监督评审机制建设，发动群众加入科技传播工作中来，发现来自民间的科技传播力量，充分调动社会各界共同参与；发展科技传播产业，采用市场化的经营策略，建立内容产业理念，提高对内容的知识性和科学性的要求，通过内容资源获取更好的传播效果和经济效益[④]；建设资源共建共享机制，为资源建设提供多元化的推动。

（二）科技传播资源开发具体对策

全民科学素质纲要实施办公室转发了科技部、中国科协会同有关部门共同

---

① 冯小素，潘正权. 科技传播的整体解决方案［J］.科学学研究，2005（2）：26.

② 梅琼林，周菁. 论影响科技传播效果的障碍因素［J］.自然辩证法研究，2005（2）：84-85.

③ 冯小素，潘正权. 科技传播的整体解决方案［J］.科学学研究，2005（2）：26.

④ 白林. 出版业转型背景下的科普图书出版策略［J］.科技与出版，2011（9）：24.

研究制定的《科普资源开发与共享工程实施工作方案（2011—2015 年）》，对"十一五"期间的工程实施情况做了总结，并提出了到 2015 年期间科学技术普及资源开发与共享工程的主要目标任务：①繁荣科学技术普及创作；②搭建科学技术普及资源共享交流平台，为社会和公众提供基本科学技术普及资源支持和公共科学技术普及服务；③促进科学技术普及资源开发、集散和服务的社会化，发挥市场机制引导作用，积极推动科学技术普及产业发展 ①。

根据以上目标任务，科技传播资源开发工作可以有以下具体对策。

1. 繁荣科学技术普及创作，提高原创能力

推动科学技术普及作品创作工作，多种形式鼓励原创性优秀科学技术普及作品涌现。我国的科学技术普及作品多采用改编、编写、编译的形式，原创性的作品较少。为繁荣科学技术普及创作，科技传播工作要调动更为广大的力量参与到作品创作中来，针对新时期受众的喜好和习惯，运用新思维、选取新题材、采用新形式，把科学技术、科研成果与文学、艺术、媒体等完美融合，创作出更易接受、更受欢迎的科学技术普及作品。推动优秀科学技术普及作品的征集、评选和推介，鼓励更多人参与到科学技术普及创作中来，提高公众对科学技术普及作品的认知。促进科学技术普及作品的国际交流，学习国外科学技术普及资源开发经验，引入先进理念和技术，推动我国优秀科学技术普及作品走向世界。

把科学技术普及展品和教具的设计制作与研究开发作为科学技术普及作品创作的重要内容②。科学技术普及展品和教具作为在校学生了解科学、学习知识的重要工具，其产品的设计、制作和研发都尤为重要。这些产品的设计要符合我国学生学习科学知识的思维习惯，结合学生的年龄和学习需求，设计出能够准确传递科学信息、形象生动演绎科学现象的科学技术普及展品和教具；在制作方面要在满足学校教学需求的同时，满足安全、实用等其他方面的要求；在研发方面，要鼓励原创性科学技术普及产品和教具的研究和发明，引导企业、

---

① 晋州市科学技术协会. 科普资源开发与共享工程实施工作方案（2011—2015 年）[EB/OL].（2013-06-18）[2019-12-20]. http://www.jzskxw.com/newsShow.asp?dataID=247.

② 全民科学素质工作领导小组办公室、八部委出台加强国家科普能力建设若干意见 [J]. 中国科技信息，2007（6）：6.

机构在该方面贡献力量。

2. 加强基础设施建设，建立广泛的传播渠道

提高大众媒体的科技传播能力。媒体的科技传播能力可分为传播力和影响力，传播力决定着影响力，影响力是媒体传播力的价值体现[①]。在新媒体技术盛行的今天，媒体要让新媒体技术为自己服务，在各自的科技频道、栏目、板块或网页上，提高传播力和影响力。渠道上，大众媒体要多终端、跨平台地推广节目内容，利用社交网络与观众、网民进行积极的互动，疏通反馈通道，及时了解节目反响。内容上，大众媒体可以运用大数据分析了解受众的需要和偏好，为受众提供个性化的"私人订制"，结合时事热点传播科学知识、破除迷信和谣言，为大众提供切合实际生活、可操作性高的科学信息和公众喜闻乐见的影视、动漫作品。大众媒体是科技传播工作的重要工具，是传达政策精神、反映民生民情的重要纽带。抓好大众媒体的科技传播能力建设，是加强国家科技传播能力建设的重要一环。

推进科学技术普及场馆建设。随着科技的发展和文化的提升，人们在学校课堂里学习到的科学知识已不能满足其对科学知识的需求。因此，兼具教育功能和公益性质的科学技术普及场馆就肩负了满足人们科技文化需求、开展社会教育的重要责任。虽然我国对科学技术普及场馆非常重视，逐年都有加大建设力度，但在总体数量和质量上还远不及一些发达国家和地区，而且场馆分布不均，共享性差。科学技术普及场馆建设工作不仅要增加场馆数量，提升场馆质量，弥补空间上的分布不均，加强资源共享，还要对场馆内的展览和展项加以创新，提升吸引力。展览和展项要避免一味枯燥地说教，在内容上可以结合时事热点和地方特色，引起参观者的兴趣，给他们以切身体会，如在我国航空航天事业捷报频传的当下，开展相关的模型展览、项目体验等；在形式上可以增加互动环节，设计相关情景，让体验者有代入感；在技术上可以加入最新的媒体技术，与艺术相结合，在学习科学知识的同时能有美感的体验[②]。

加强基层科学技术普及场所建设。基层是各种社会组织中最靠下的一层，

---

① 陈鹏. 新媒体环境下的科学传播新格局研究［D］. 合肥：中国科学技术大学，2012.

② 李象益，李亦菲. 我国科普场馆展览展项创新设计的理念、方法与对策［M］// 中国科普基础社会发展报告（2012—2013）. 北京：社会科学文献出版社，2013：116–125.

与上层距离较远，政策精神较难传达。但基层也是最贴近群众、与广大群众联系最为紧密的一个环节，加强基层的科学技术普及场所建设能够最大限度地传播科技知识，满足更大范围的公众对科学技术的需求。加强基层科学技术普及场所建设要从社区、村庄做起，结合社区居民关心的健康养生等话题举办社区科学技术普及展览、讲座，设立社区科学技术普及长廊、活动室等科学技术普及场所；在村庄间开展流动的科学技术普及讲座和专家咨询活动，邀请农业专家为民众普及最新的农业科技等。基层科学技术普及场所的建设要放低门槛，欢迎并鼓励公众参与其中，了解科技知识，提高科学素养，完善科学技术普及场所的科技传播功能。

3. 完善科学教育体系，提高科学教育水平

促进中小学科学课程的改革与发展。有调查显示，认为"考试、升学是中学排在最重要位置的事"的被调查者比例达到 77.3%；感觉"学校不重视学生素质的培养、课业负担很重"的中学生比例为 45.2%；而认同"学生平均每天在校学习时间超过 8 课时"的中学生多达 56.7%[①]。课业负担重，学校、老师、家长都把学生的学习成绩摆在首位，认为课外活动会影响学习成绩、浪费时间，这一系列的学校、家庭、社会环境都影响着孩子对科学的兴趣、好奇和创造力。推进教育体制改革，尤其是课程和教学改革，减轻课业，激发学生的创造性和个性，培养学生对科学知识、创造发明的兴趣和特长，尽力消除过去应试教育留下的"后遗症"，促进学生全面发展，这些是提高科学教育水平的重要工作。

加强中小学科学教育基础设施建设。教育基础设施是促进教育水平提高的基础。科学教育基础设施建设工作要增加中小学科学课程所需的教具模型、实验器材、仪器设备等，扩大实验室规模，尤其是偏远地区的中小学课堂急需这样的教学资源，在数量上要满足学生的需求，在质量、种类上要方便学生进一步探索。不只科学课堂上的教学资源需要加强建设，学校图书馆、青少年活动中心等也需要配备足够的科技类图书和相关活动信息，为学生们提供充足的科

---

① 张仁开. 发达国家中小学科技教育的经验及对我国的启示［M］// 中国科普研究所，中国科普理论与实践探索——第十九届全国科普理论研讨会暨 2012 亚太地区科技传播国际论坛论文集. 北京：科学普及出版社，2013：394.

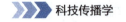

技资源。

积极开展多种形式的未成年人科学技术普及活动。课外科学技术普及活动是学生发挥想象力、创造力的舞台，能激发其学习兴趣，鼓励他们探索科学奥秘，学习科学精神。新时期的科学技术普及活动要贴近未成年人的心理需求，结合不同年龄段孩子的特性，运用最新的媒体技术，采用故事性、情节性的内容展现，达到最好的科技传播效果。多维电影、增强现实或虚拟现实技术、网络远程教学等都是未成年人科学技术普及活动可以采用的形式，在活动中增加更多的互动环节更容易抓住学生的眼球、吸引注意力、活跃现场气氛。

4. 完善沟通机制，促进公众理解科学

把科学技术普及任务列为科技项目和科技成果的一部分。国家科技计划是国家解决经济和社会发展中涉及的重大科技问题、实现科技资源合理配置的重要手段，国家科技计划项目是为科技资源的普及提供了重要的学术平台和学术支持[1]。我国的经济发展状况和科技成果已走在世界前列，但国民的科学素质还远不及发达国家。国家科技计划项目是重要的科技传播资源，其科学技术普及工作对提高国民科学素质有重要作用。对科技项目和科技成果的传播普及工作要针对不同受众选择不同的传播形式，采用受众感兴趣、易接受的方式将科技项目和科技成果转化为科技资源传播给普罗大众，例如科学技术普及读本、音像产品等，从而提高大众对前沿科技的关注度和知晓度，满足其对科技知识的需求，提升其科学文化素养。

建立公众参与政府科技决策的有效机制，提高决策透明度。政府制定科技决策，其最终目的是将科技服务于大众。因此为更好地提升决策的效果，发挥广大人民群众的智慧，邀请相关公众参与到决策的讨论与制定中来，是一种有效的解决方法。一方面公众参与政府科技决策，让决策更贴近民众需求，符合民情，提升决策效应，另一方面也提高了决策透明度，加强了公众对政府工作的监督。

建立和完善科技信息发布机制。我国科技资源分布不均，各级、各地区对科技信息的掌握情况存在较大差异。建立科技信息发布机制能够加快信息的传

---

① 姜联合，袁志宁，马强. 发达国家和我国科技计划项目科普化现状比较［J］. 科普研究，2010（5）：40.

递速度，扩大信息的传播范围，促进各地区科技资源的分享，减少科技资源分布的差异，让社会大众在最短的时间内获得最全面的科技信息。完善科技信息发布机制能够减少"伪科学"的横行，尤其在一些危机事件前，及时发布准确可靠的科技信息能够帮助大众提高对事件的认知，对突发事件进行预测、提高防范，增加决策的科学性，调节危机事件前的社会舆论，减少民众内心的不安情绪，抑制谣言的传播①。

5. 加强示范引导，动员社会力量推进科技传播事业

深入开展多样的群众性科技传播活动。开展群众性科技传播活动要选择合适的主题内容和形式。内容上可根据受众挑选其关系内容或时下热点，面对农民可选择粮食、生态、防灾减灾等主题，面对社区居民可选择健康、养生、饮食等主题，面对企业可选择安全生产等主题，另外环保、禁毒、气象等都是可以考虑的活动主题。在形式上要选择受众容易接受的方式，不要局限在讲座、展览等传统方式，可更多地采用知识竞赛、专家鉴宝、科技单位参观等更富有趣味性、吸引力的活动方式。深入开展科技传播活动，要让群众通过活动不只了解到科学知识，更重要的是要掌握科学方法、体会科学精神。

加强不同行业的科技传播活动。行业科技传播活动目前在社会上并不受重视，也没有得到较好的发展，缺乏有利的环境氛围，也欠缺相关的资金支持。加强不同行业的科技传播活动要从行业内部开始，将科技传播工作纳入考核指标，为开展科技传播活动打好基础，建立保障；行业间要形成紧密深度的联合，共享科技资源，提高行业整体水平；提升行业科技传播活动的趣味性，降低活动门槛，更大范围地惠及公众。

加强企业科技传播活动。企业科技传播，是指学校等正规科学教育机构以外的企业通过大众传媒以及各类宣传、展教、培训等方式，采取公众易于理解、接受和参与的方式开展的传播科学知识、科学方法、科学理念等的社会教育活动。国内企业在这一块的尝试还不多见，一些跨国公司已在中国做了不少企业科技传播活动的尝试，如强生婴儿抚触项目、欧莱雅"破解头发的奥秘"

① 向鹏. 突发公共事件科技信息的采集与传播［D］. 长沙：湖南大学，2008.

科学技术普及展等①。这些企业科技传播活动一方面提高了公众对相关科学知识的认识，另一方面也帮助企业推广了产品，是一举两得的好事。加强企业科技传播活动要提高企业的社会责任意识，并制定相关的奖励机制，鼓励企业开展相关的科技传播活动。

6. 加强人才建设，提高人才素质

广义的科技传播人才指各级科协机关、直属事业单位工作人员，各级学会工作人员及个体会员；狭义的科技传播人才指各级科协机关、直属事业单位、各级学会从事科技传播工作的人员，包括专职、兼职和志愿者科技传播队伍②。

提高科技传播人员的专业水准。科技传播人员的专业水准密切影响着科技传播工作的效果，尤其是工作在科技传播工作第一线的工作者，如科学技术普及场馆工作者、青少年科技辅导员、社区及农村科技推广工作者、科学技术普及创作设计工作者等。提高科技传播人员的专业水准可以从提高工作人员的科学素质，建立专业团队开始。例如，近几年很受欢迎的果壳网就是一个由专业科技团队负责编辑内容的泛科技兴趣社区，为大众提供负责任且有趣的科技主题内容。该网站在平日里发布一些有趣的科学常识、科技趣闻，并结合时事热点做专业的科学知识解说。在情人节前夕推出花卉的常识普及，在浙江省中医院重复使用针头致人感染艾滋病事件发生后推出"感染艾滋病后是否能生出健康宝宝"的科学技术普及文章，这些贴近生活时事的话题结合专业的科学解读，能让读者在学习科学知识的同时避免因危机事件而导致的谣言流传，有利于引导舆论导向。科学技术普及人员的专业化水平提高了，可以减少"门外汉"在市场上招摇撞骗，提高科技传播工作的效果和准确性。

加强科技传播志愿者队伍建设。科技传播志愿者，是指按照一定程序在科协、共青团等组织以及科技传播志愿者注册机构注册登记、自愿参加与科技传播相关志愿服务活动的人员。我国当前的科技传播志愿者工作尚在起步阶段，虽注册志愿者队伍不断扩大，开展的活动也日益增多，但还未成立正式的管理组织和机构，人员数量相对于巨大的工作需要来说还非常欠缺，整体素质也有

---

① 何丽，张晓梅. 企业科普活动的案例研究［M］// 中华人民共和国科技部政策法规司. 国家科普能力建设研究论文集. 北京：文汇出版社，2013：455–458.

② 任福君，张义忠. 科普人才的内涵亟须界定［N］. 学习时报，2011–07–25（2）.

待提高。科技传播志愿者队伍建设工作应进一步完善相关政策和法制保障；各科协总体调控整合资源；树立科技传播志愿者品牌，构建科技传播活动载体；实行科技传播志愿者网络化管理；完善科技传播志愿者激励和保障机制①。科技传播志愿者是科技传播工作中一支规模较大、人员稳定的队伍，科技传播志愿者的加入能够促进科技传播工作社会化、群众化，是科技传播工作中一支重要的力量。

7. 推动产业化，完善发展环境

我国现如今的科技传播工作还主要依靠政府的推动，动力不足。科技传播产业化，能够发挥市场的调节作用，真正满足公众需求，调动社会各界参与科技传播工作的积极性，加速科技传播产品在市场内的流通，吸引更多社会力量研发科技传播产品、提供科技传播服务。政府在发挥宏观调控作用的同时，也应适当鼓励、推动、扶持相关科技传播工作者和工作单位，推动科技传播产业化发展。

建立政策环境，提升国民意识。在推动科技传播产业化的同时，政府也应加紧制定科技传播产业化相关的政策、法规，制定标准、规范生产，为健康有序地发展科技传播产业建立保障。此外，国民对科技传播产业、知识产权相关的概念和意识还有待提升。我国民众对知识产权保护的意识还比较薄弱，一方面是没有对自己拥有的知识产权加以有效的保护，另一方面是对他人的知识产权不具备足够的尊重②。因此，提高国民对知识产权保护的意识，是推动科技传播产业化更好更快发展的必要条件。

---

① 张慧君，郑念. 2013 年中国科普志愿者队伍建设发展报告［M］// 郑念，任嵘嵘. 中国科普人才发展报告（2015）. 北京：社会科学文献出版社，2016：110–112.
② 屈鑫. 科技传播市场化运作与知识产权保护［J］. 科技传播，2014（10）：218.

第七章

科技传播活动的策划与施行

科技传播活动的方案策划与实施直接关系科技传播活动的效果，科技传播活动的方案策划直接决定科技传播活动的主题和目标，影响传播内容、传播渠道和最终效果，成熟的科技传播活动策划为后期活动的开展提供指导和保障。科技传播活动的有效实施是保证策划方案有效呈现的重要方式。

第一节　科技传播活动的一般原则和基本定位

一、科技传播活动的一般原则

从传播学角度来看，科技传播活动作为传播活动的一类，同样需要考虑传播活动中的各个要素，包括传播者、受众、传播内容、传播途径、传播效果及反馈等。科技传播活动的传播者即科学技术普及活动的组织者，受众即社会公众。而较一般传播活动而言，科技传播活动的传播内容更加复杂和多元，它既传播科学知识和实用技术、科学方法和过程，同时还传播科学思想和观念。

基于以上科技传播活动影响因素的限制，组织开展科技传播活动需要考虑多方面因素。从传播者和受众的角度来看，组织开展科技传播实践活动不仅需要考虑到组织者现有的科技资源优势，还要考虑参与科技传播活动的受众定位和公众的科学技术普及需求；从传播内容的角度来看，组织开展科技传播实践活动必须考虑科学技术的现有水平及其未来发展需求。

所以，为了使科技传播活动的开展能达到预期的效果，科技传播活动的方案设计和精准策划便显得尤为重要，通过成熟的方案策划和有效的活动执行，将科技传播活动中各环节完美统一，更好地提高科学技术普及活动的吸引力和影响力，提升受众在科学技术普及活动中的参与度，从而实现提升公众科学素养的诉求。

当代科学科技迅猛发展，对世界各国的经济产生深刻影响，在我国建设创新型国家的进程中，推进科学技术普及事业发展、提升全民科学意识素养均是重要任务，开展科学技术普及实践活动、拓宽科技传播渠道是助力科学技术普及事业发展的重要手段。结合我国科技发展的战略需求，科技传播活动需要遵循以下原则。

（一）紧跟时代发展要求

科学技术的发展对社会经济、社会文化、国家安全、军事等各方面发展产生了深远影响，2006年，全国科技大会上颁布了《国家中长期科学和技术发展规划纲要（2006—2020年）》，提出我国建设创新型国家发展战略，强调必须要把科技创新摆在国家发展全局的核心位置。2016年5月，中共中央、国务院印发了《国家创新驱动发展战略纲要》，再一次确定了该战略的重要地位。在时代大背景下，公众对于科学技术普及活动的需求日益增长，开展科技传播实践活动要求贴近公众需求，贴近科技和社会发展需要。

（二）发挥科技资源优势

科技资源水平在一定程度上对科技传播实践活动的效果起决定作用，随着我国科技创新能力的发展，科技资源愈加丰富、多元，呈现方式也更新颖，3D、VR等先进技术的运用使得科学技术普及活动更加生动，提升大众参与兴趣。开展科技传播实践活动要求充分利用组织者拥有的资源优势，通过运用适当的呈现技术，将科学知识和乐趣传播给大众，以此激发大众的科学兴趣，满足其需求，潜移默化地培养科学思想和观念。

（三）满足社会科技讯息需求

科技传播不仅是人际传播，同样也是群体传播、大众传播。同样，对科技传播的需求不仅存在于个人，群体、社会组织、国家发展同样对科技传播活动有很大的需求。由于科技传播内容本身所涉及的范围极广，而其中绝大部分都能为社会、群体或个人所用，所以开展科技传播实践活动要求以满足公众群体、社会组织、国家发展提出的各种需求为出发点和落脚点，服务社会组织和公众群体对科技知识的学习、对科学技术的理解，是科技传播实践活动的本质所在和应有之义。

基于这些原则的要求，科技传播实践活动在立项阶段就需要认真调查社会和公众的科技传播需求，分析时代发展需求，寻找科技传播实践活动组织者拥有的各种科技资源优势，从而通过活动设计和策划将组织者的资源优势、公众需求、时代要求完美对接。

二、科技传播活动的基本定位

从传播学角度来看，在一般传播活动中，受众群体的定位极为重要，它可能影响传播渠道的选择、传播内容的呈现方式等。科技传播活动也如此，在科技传播活动方案设计阶段，明确科技传播活动的对象群体定位、效果目标定位、活动内容定位是重要任务。

科技传播活动需要根据对象群体的不同而选择不同的科技传播内容、科技传播方式和宣传策略，定位于不同的效果目标，以提高科技传播实践活动的针对性和实际效果。除需要对科技传播活动的对象群体进行定位外，科技传播活动设计和策划还需要对科技传播活动的基本目标进行恰当定位，确定科技传播实践活动是要提高公众的科学意识、增加公众的科学体验、激发公众的科学兴趣，还是要促进公众对科技知识的学习、增加公众对科学技术的理解、提高公众运用科技的能力、促进公众对科学问题的思考等。

刊发科技传播出版物、创办科技传播电视栏目均是科技传播的重要手段，对其而言，对象群体定位、内容定位、效果目标定位皆是在科技传播活动策划中就需要考虑的重要因素。

《中国国家地理》属于专业性科技传播期刊，定位非常明确。其前身是

《地理知识》，由于拥有众多一流的科学家和院士作者，《地理知识》的知识性和科学性一直是优势，但在其改版成《中国国家地理》之后，它对读者定位做了很多研究，虽然该科技传播期刊主要针对爱好地理人文或旅游摄影的读者群体，但它仍然尽可能地吸引边缘读者群，甚至细分读者群体，推出了"少儿版""繁体版"和"日文版"三个版本，成功闯入国际市场，将我国的地理人文向世界普及[①]。

除此之外，改版后《中国国家地理》更加关注专业内容的精心设计和挖掘，策划不同主题进行深度讲解。作为"国家地理类"刊物，该期刊的内容定位与刊物本身主题定位相统一，以自然人文、探险、旅游等主题文章或摄影内容向目标受众普及相关地理知识，据悉，《中国国家地理》杂志仅在2006年10月当月就发行100万册[②]，其传播效果显而易见。新媒体发展后，该科学技术普及杂志顺应时代发展潮流，推出电子版，通过拓宽传播渠道，增加摄影照片荧屏观赏美感，达到更好的科学技术普及效果。

第二节　科技传播活动方案策划

一、科技传播活动方案策划概念

在开展科技传播活动准备阶段，制订科技传播活动的策划方案是重要环节，它直接决定科技传播活动的主题和目标，影响传播内容、传播渠道和最终效果。同时，成熟的科技传播活动策划为后期活动的开展提供指导和保障。

科技传播活动策划是在系统分析社会和公众科学技术普及需求的基础上，确立科技传播实践活动主题和目标，并围绕主题和目标而确定实践活动的内

---

① 李军晶. 科学的普及及信息的细分——两本科普期刊的读者定位与信息分类研究 [J]. 中国科技期刊研究，2004（3）：247–250.

② 单之蔷. 当月发型100万册的杂志是怎样策划出来的 [J]. 中国编辑，2010（6）：34–38.

容、策略和步骤的过程，其基本任务是对整个活动进行系统筹划、谋划、计划，对即将实施的活动进行系统、周密、科学的预测，制订出可行性方案。成熟的科技传播活动策划能够满足其中提到的所有因素，在结合有效执行的情况下达到预期的科技传播效果。

正如一般的活动方案策划，科技传播活动的方案策划需要考虑很多环节，包括设计活动主题和主要内容、制订活动目标和任务、规定活动的基本程序和步骤等重要工作内容。值得一提的是，结合现如今时代发展的潮流和需求分析，由于新媒体等传播技术发展，全媒体时代来临，在制订线下科技传播活动的策划方案时，将活动宣传环节纳入科技传播活动的策划方案显得尤为重要。活动宣传环节策划包括确定目标受众、宣传渠道、呈现形式等，将线下体验活动以声音、图片、视频等多种形式结合的方式，投放到各条渠道，在各式屏幕上呈现，是新颖的方式之一。

由于自媒体的发展日新月异，如直播平台、微信公众号等，它从一定程度上改变了传统意义上的传播模式，为广大受众所接受和喜爱。很多自媒体通过其优质内容或独特的传播渠道吸引大规模的受众，通过受众流量传播观念甚至获取利润，这些也可以运用到科技传播活动中。

在进行科技传播活动的方案策划时，我们应拓宽思路，科技传播活动不仅仅局限于我们传统观念里的线下体验活动，还可以策划线上的科技传播活动，如科技传播者建立自媒体平台发布相关内容与受众互动，针对社会需求或群体组织需求策划线上主题活动，或是推出科学技术普及类 APP、开发科学技术普及类小游戏等，以广大受众喜闻乐见的传播形式开展科学技术普及活动，达到更有效的科技传播效果。

科技传播活动的方案策划工作分两个阶段进行，分别是方案构思与计划编制。方案构思是对即将开展的科学技术普及实践活动进行通盘的策略性思考，确定时间活动的整体方案。计划编制是将策略性思考的结果落实到具体的计划，编制出具体的行动方案。两者相辅相成，缺一不可。

二、科技传播活动方案策划的一般方法

科技传播活动方案策划需要考虑各方面因素，是一项较为复杂的工作，但

进行科技传播活动方案策划也拥有几个方法，如 5W2H 分析法、SWOT 分析法等。5W2H 分析法和 SWOT 分析法实际上是两种截然不同的分析方法，前者运用的是因素分析法，而后者运用的则是系统分析法。

（一）5W2H 分析法

在传播学研究中，针对传播过程及其基本构成要素，传播学四大奠基人之一的拉斯韦尔曾提出"5W 模式"，即 Who（传播者）、Says What（传播内容）、in Which Channel（传播渠道）、Whom（接受者）、With What Effect（传播效果）。从某种角度来说，这种方法属于因素分析法。

同样，科技传播活动施行过程中需要考虑以下 7 方面问题，制订科技传播活动方案便是通过考虑和回答这些问题来推动策划工作的进程，最终确定策划方案的基本内容。这种方法称为"5W2H 分析法"。

Why——为什么？开展本次活动的原因是什么？目的是什么？

Who——谁？本次活动的组织者是谁？活动策划方案的具体施行人是谁？

What——是什么？本次活动的具体内容是什么？需要完成什么任务？

When——何时？开展本次活动的具体时间？什么时间最适宜？

Where——何处？本次活动在哪里开展？活动可以从哪里入手？

How——怎么做？如何实施策划方案？如何提高效率？如何解决遇到的问题？

How much——本次活动需要做到什么程度？完成全部活动需要多少人力和财力成本？

一个成熟的科技传播活动策划方案需要考虑到以上所有的影响因素，在了解各项影响因素的现状后，凸显长板，规避短板，寻找创新之处。当然，如何确定最终策划方案中的这些因素，如何确定这些因素中何为长板、何为短板，如何让科技传播活动达到预期效果，明确受众定位、围绕目标群体完善活动策划方案是重中之重。

（二）SWOT 分析法

SWOT 分析法原本是企业管理领域的分析方法，企业通过分析自身的竞争

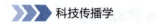

优势（strength）、竞争劣势（weakness）、发展机会（opportunity）和存在威胁（threat），从而结合公司资源和外部发展环境，在竞争态势下制定适合的发展战略。从某种角度来说，SWOT 分析法是一种系统分析方法。

同样，制订科技传播活动策划方案也可以运用 SWOT 分析法。开展一场线下的科学技术普及活动，开设科技传播网站，建设一个图书馆，刊发一本科学技术普及期刊——这些科技传播活动的方案策划都可以用到这种分析方法。通过分析科技传播活动方案策划的优势（strength）、劣势（weakness）、机会（opportunity）和威胁（threat）达到最佳效果。

美国公共图书馆协会 1998 年制定了《公共图书馆战略规划指南（第三版）》，在《第二版》的基础上专门增加 SWOT 分析方法，作为公共图书馆内外环境扫描的工具。约翰逊提出："利用 SWOT 方法分析公共图书馆外部的政治、经济、社会变化和用户需求来判断图书馆正面临的机遇或威胁；通过分析内部的馆舍、员工、资源等判断图书馆优势或劣势。[1]"

在我国科技传播工作发展中，曾有研究人员运用 SWOT 分析法对我国地质图书馆科学技术普及计划进行分析。21 世纪以来，全球地质灾害性事件频发，造成的生命和财产损失重大，民众对地质灾害和防灾知识需求增大，中国地质图书馆肩负着地质学知识的传播和普及重任。研究人员用 SWOT 分析法对当时我国地质图书馆科学技术普及工作的现状进行了优势、劣势、机会、威胁分析，分析结果表明，目前中国地质图书馆科学技术普及工作的优势在于内部扎实的理论研究基础、外部良好的生存发展空间等，而劣势在于理论研究有断层、科学技术普及辐射面窄等。根据这些分析得到的实际情况，给地质图书馆科学技术普及工作未来发展计划提供建议[2]。

（三）需求分析法

在策划科技传播活动方案的过程中，除了运用以上传播领域和企业管理领域的分析方法外，还可以运用营销领域的一些方法。由于当今社会经济、政

① JOHNSON H. Strategic Planning for Modern Libraries［J］. Library Management，1994，15（1）:7–18.

② 章茵. 运用战略规划 SWOT 技术为图书馆科普规划服务［J］. 图书情报工作，2014（S1）：171–173.

治、文化等社会各领域的全面发展，分众传媒时代的到来，大众对科学技术普及活动的数量需求日益增加，对科学技术普及活动的主题、展现形式、实现效果的需求呈现多样化、差异化，所以，在进行科技传播活动的设计和策划时，营销领域的需求分析理论也会给我们提供重要启示。

市场营销的关键环节之一就是进行消费者需求分析，这既是产品设计的第一步，也很大程度上关系着营销的成败。在全媒体时代，科技传播活动的目标也许不再局限于"传播"本身，它在满足大众获取科学技术普及知识、提升科技素养的基础上，还能促进相关媒介产业的发展。因此，无论是立足于"实现最佳传播效果"的角度，还是立足于"促进媒介产业发展"的角度，需求分析理论都能起到重要的启示作用。

在市场营销领域中，应用于消费者的需求分析理论不止一种，包括马斯洛的层次需求理论、Kano 模型等，其中马斯洛的层次需求理论在营销领域中应用最广。1943 年，美国心理学家亚伯拉罕·马斯洛在《人类激励理论》一文中提出需求层次理论，他将人类需求从低到高分为五个层次，分别是：生理需求、安全需求、社交需求、尊重需求和自我实现需求。后期，马斯洛在 5 个层次基础上，在尊重需求和自我实现需求中间增加了认知需求和审美需求，形成了 7 个层次。

在科技传播活动的设计和策划中，对传播受众或活动体验者进行需求分析直接影响科技传播活动的效果和目标实现。2016 年，一些学者对上海市科学技术普及场馆参观者的体验和需求进行了相关分析研究，通过拦截调查的方式，在上海市 5 家科学技术普及场馆随机选取了 300 名参观者进行调查。在统计问卷后发现，大部分参观者的年龄在 20 ~ 45 岁，学历在大专及以上；在科学技术普及展览的所有因素中，大多数参观者最关注的是展览主题和内容，其次是展览的地理位置、交通条件和门票价格。最值得关注的是，参观者的年龄、文化程度等基本情况的差异，导致其对展览内容的理解和欣赏能力完全不同，在这种情况下，增加科学技术普及场馆内的讲解员、利用多媒体演示、采取更多的互动活动就显得更为重要①。

① 刘慧琳，杨建军. 上海市科普场馆参观者体验及需求分析［J］. 健康教育与健康促进，2016（3）：173-177.

也就是说，不同的参观者具有不同方面和不同程度的需求，在进行科技传播活动设计和策划时，前期可以对目标受众进行访谈或问卷调查，针对受众的需求差异设计不同的应对方法，完善策划方案。

（四）定位理论

营销领域除了需求分析理论外，定位理论同样也为科技传播活动的设计和策划提供思路。定位理论的开创者是艾·里斯和杰克·特劳特，这是一种全新的营销思维模式。他们强调，"定位就是让品牌在顾客的心智阶梯中占据最有利位置，使品牌成为某类或某种特性的代表品牌，当顾客产生相关需求时，会将该品牌作为首选"[1]。

1991年，定位理论被引进中国，广泛应用于业界，甚至跨越到营销领域之外的其他领域；该理论同样在学术界获得了大量关注，一些国内的研究学者围绕定位理论进行了大量的拓展和创新，使其更为深刻、完整和与时俱进。国内关于定位理论的研究方向之一是着眼于实践，目前已有学者提出企业营销战略中定位的流程，认为"定位的起点是确定自己的竞争优势所在，在市场中找到自己的位置；让产品在投入市场前就有准确定位，从而确定产品价格策略、销售策略等定位；通过广告等传播手段向消费者传达品牌定位"[2]。

综上可以看出，定位理论应用的目标更侧重于品牌的建立，通过营销过程中每个环节的精准定位，增加消费者的品牌满意度和忠诚度。在科技传播活动的设计和策划过程中，我们也应该受到定位理论的启发，在宏观上，我们可以策划和建立主题系列活动，打造独立的科学技术普及品牌，在受众心中形成品牌印象；在实现方式上，我们可以借用企业营销中定位的流程，科技传播活动的主办者先明确竞争优势所在，再根据自身优势确定活动的主题定位、内容定位和受众定位，从而确定活动的时间、空间、展现方式和价格，再加以媒体报道、广告宣传等传播手段全方位地呈现给受众，增加活动影响力，提升活动品牌效应。

---

① 艾·里斯，杰克·特劳特. 广告攻心战略——品牌定位［M］. 刘毅志，译. 北京：中国友谊出版公司，1991.

② 金琳. 定位理论国内研究综述［J］. 当代经济，2009（1）：156–157.

目前，我国已经形成了一些较为成熟的品牌科学技术普及活动，形成了显著的传播效果，获得了较好的社会反响，"生态科普校园行"便是其中之一。"生态科普校园行"由中国生态学学会创办，旨在向青少年学生传播生态知识和生态文明理念，增强广大青少年保护环境、珍惜资源的理念，激发他们探索自然的兴趣，每年"生态科普校园行活动"会在全国多个省市的学校开展。

三、科技传播活动的主题设计

科技传播活动的主题策划是整个活动策划中最重要的环节，它是整个活动的灵魂所在。当代科技传播活动的设计和策划也越来越强调通过利用活动主题的设计和策划，来整合传播活动的其他内容，引导公众的认识，并表达科技传播活动的特色内容。

对科技传播活动的组织者而言，往往需要通过确定的主题来表达将要传播的思想，组织要传播的多种内容，安排传播形式和传播渠道，使之形成有机整体，并引导公众形成整体性的认识；对公众而言，可以借助明确的主题从整体上把握和理解活动的内容，领会活动所传达的基本思想。

当今，相对于社会公众个体，群体、社会组织、国家发展对科技传播的需求更大，而大型公众性科学技术普及活动则是满足这一需求的实现方式之一。在大型科技传播活动中，主题的设计和策划显得更为重要。一般情况下，科技传播活动的主题设计通常要结合主办者自身的特点和优势资源情况来加以考虑；而大型公众性科学技术普及活动的主题设计在考虑自身特点和优势的基础上，还需要在时代发展、社会需求、引导公众等方面找到很好的结合点，远远高于其他类型的科技传播活动的主题设计要求。

当然，科技传播活动主题策划应把握一些原则：顺应时代发展的潮流，反映社会热点或公众关注的社会需求；有积极的舆论导向，传递正确的社会价值观；做到主题明确，简洁明了但又不缺乏深度和力度，能够引发公众的思考；在传播科学知识，传递科学技术普及观念的同时，注重树立良好的活动品牌效应，通过完善活动内容品质、相关服务和持续的媒体报道，形成良好的品牌形象①。

---

① 孙小莉，钟琦. 科普活动主题策划需把握的原则与建议 [J].科技导报，2014（35）：12.

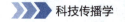

2016 年，我国已成功开展很多主题科学技术普及活动，既反映当下社会热点，也契合公众需求，在传播科学知识，传递科学理念，引导社会舆论方面都起到了积极的作用。中国科学技术协会主办的全国食品安全宣传周主题活动便是其中之一，活动主题是"食品安全"，系列活动包括食品安全进社区、进网络、进工厂等。不同活动的实现方式完全不同，食品安全进社区主要采取科学技术普及展览宣传、专家互动、播放科学技术普及视频等形式宣传相关知识；食品安全进网络主要通过打造线上节目；食品安全进工厂则主要组织消费者走进食品生产车间，亲身看到食品的加工生产过程，了解食品安全。

由于近几年来，我国食品安全问题层出不穷，引发公众对食品安全的质疑和一定程度的社会恐慌，所以从 2011 年开始，由国务院食品安全办确定每年 6 月举办食品安全主题的科学技术普及活动，该科学技术普及活动主题的确定契合当下社会热点和公众需求，既宣传了科学技术知识，又缓和了社会矛盾，用科学合理的方式引导社会舆论向积极的方向发展。

第三节　科技传播活动方案的细化和组织实施

一、科技传播活动的方案细化

科技传播活动设计方案的进一步细化，需要细致地考虑各方面因素，贯穿活动准备、活动项目启动、活动执行、活动结束等整个活动流程的所有环节。

活动准备期间，活动方案细化需要提出明确的活动内容，确定每项内容需达到的要求，考虑资源配置、人员调配等问题；活动启动和活动执行期间，活动方案细化需要分解出活动的详细步骤，对活动实施过程进行监督管理，考虑活动执行整个过程中的前后环节是否能衔接一致，预测执行中可能出现的突发状况，以及制定处理突发状况的应对策略等。活动结束后，方案细化需要对整个活动进行全面总结，制定科学的标准对活动效果进行评估，对活动各环节在内的所有任务及目标进行详细的分解，寻找问题，加以改善，同时还需要特别注意跟进活动的宣传、推广，制定基本策略建立活动品牌形象，设计和细化科技传播活动的"营销"方案等。

在进行所有类型科技传播活动的方案设计和细化时，更需要细致考虑活动的内容、方式和效果。内容上，科技传播活动需要重视内容的科学性、普及性和启发性，让公众能有所收获，受到启发，引起思考；方式上，科技传播活动需要重视方式的创新性、趣味性和参与性，以增加对公众的吸引力，激发公众参与科学技术普及活动的热情；效果上，科技传播活动需要重视活动效果的时效性、提升性，以及后续效应，如品牌效应等，提高公众的理解和科学技术普及观念，促进公众对科学技术普及活动主题相关问题的关注和思考。

二、科技传播活动的组织实施

科技传播活动的组织实施需注意很多关键性的环节和任务，包括活动实施前的各项准备工作、活动过程的有效组织、实施过程中的严密监控、活动结束后的全面总结、对社会组织和公众的广泛动员、联系媒体进行活动全面报道、利用全媒体进行广告宣传等环节。

同时，科技传播活动组织实施过程中要尤为注意对活动过程的监控，密切注意活动的进程，掌握活动的进展状况，随时收集各类参与者对活动组织的意见、建议以及各类反馈信息，必要时能根据当时情况及时灵活地调整活动方案。活动结束后的分析总结需要对科技传播活动进行系统、全面、认真的总结，目的是总结经验和发现不足，为今后提高工作水平提供科学的经验性指导。

对于大型科技传播活动来说，由于活动包含多项复杂的工作任务和活动环节，组织实施过程往往更困难，需要注意的事项更多。组建得力的工作团队，保证各类资源合理配置，满足活动开展的一切条件，实现各环节良好衔接，确保各项工作按时完成，以上均是组织实施大型科技传播活动需要满足的条件。

由于大型科技传播活动会有较大规模的参与者，包括公众个人、群体、社会组织等，所以在活动的组织实施过程中，需要营造良好的环境和氛围，落实并布置活动场所，包括活动举办场所，以及满足大规模参与者生理和精神需求的场所等，准备相关材料，调试活动所用的设备，妥善安排代表性参与者如专家、各方代表、相关领导等，在时间和空间上严密有效地组织科技传播活动的开展。

第八章
科技传播活动的监测和评估

科技传播活动的监测评估工作具有重要的评价功能、导向作用和指导作用，可以通过有效的监测和传播效果评估，分析工作成效、总结以往经验、发现存在的问题、强化绩效与效果观念，引导并指导下一步传播工作的改进。

第一节　科技传播活动的监测

一、监测的定义

监测，通常指的是通过系统收集和分析特定指标的数据，就正在进行的项目、正在采取的措施或某方面工作的开展状况，分析实际进展情况、目标实现程度等。监测的主要职能：对发展状态进行动态的跟踪、分析和判断，发现问题、反馈信息、制订措施。监测工作具有动态性、持续性的特点。

二、科技传播活动的监测意义

建立科技传播活动监测体系是保证科技传播活动有效进行的重要手段，它能动态反映科技传播活动的运行状况，既服务于政府科技传播决策的需要，也能满足企业、事业单位和社会团体的需要。显然，这些问题仅仅依靠公众科学素养调查和常规的科学技术普及统计工作是不能解决的。只有通过对科技传播活动全过程的跟踪监测，才能了解传播活动开展的真实情况，并及时地发现问题和解决问题，最终提高传播的效果。具体地说，开展科技传播活动监测工作，并最终建立监测信息系统，有以下几个方面的作用和意义。

（1）可以动态跟踪活动的实施进程、状态和目标的实现程度，及时对相关策略的实施效果进行监督、监测和预测，以判断相关策略的正确与否、合理与否，以及是否向预定的目标迈进。随时发现工作进程中出现的问题，以便尽快采取措施而"防患于未然"，同时也为相应的科学决策和有效的管理提供有力技术支持。

（2）为科技传播研究工作和国家的科技传播决策提供基础数据。

（3）方便社会公众了解我国的科学技术普及工作状况和科技信息。

（4）便于先进科技传播工作经验的推广。监测系统将及时发布各活动的动态信息，开展较好的活动内容、传播方式也可以在互联网上发布，便于其他同行和机构学习和借鉴，以促进各项传播事业的繁荣发展。

（5）有利于督促各地各机构扎扎实实搞好科技传播。

三、科技传播活动监测的内容

科技传播活动的监测体系在我国似乎还处于探索阶段，需要从初步的指标设计、网点布控、数据收集、信息分析等方面一步步做起。科技传播活动的动态监测指标体系，反映的是科技传播活动的动态进展情况，这类指标一般是比较分散且不易统计的指标。

科技传播活动动态监测应包括以下几个方面的重要内容：科学技术普及设施运营状况、媒体科技传播状况、科学技术普及节日活动状况、中小学科学技术普及活动状况和农业科技传播状况。科学技术普及设施是指以向社会公众传播科学技术知识为本职工作的事业单位，它包括各类博物馆（包括自然科学博物馆、专业科技博物馆、天文馆、水族馆、设有自然科学部的综合博物馆、历史博物馆）、科技馆和青少年科技活动中心、青少年科技馆（站）等。因科学技术普及设施的面积、人员和经费状况都已包含在统计指标体系内，监测的内容主要包括科学技术普及场馆开放时间安排、接待参观者的数量、展览的内容

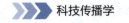

和方式、效果等几个方面。

媒体是社会公众获得科学技术相关知识的主要渠道，是科学技术普及工作的前沿阵地。现代媒体主要包括电视、广播、报纸、杂志、互联网5大类。科学技术普及宣传的内容、数量，以及受众（读者、观众、听众、网络用户）数量是监测的主要内容。

科学技术普及节日是对社会公众集中进行科学技术知识普及的重要举措。比如，国际抗癌联盟（UICC）于2000年发起，定于每年的2月4日的世界癌症日，旨在倡导新的方法促进各组织间的合作，加快癌症研究、预防及治疗等领域的进展，为人类造福。科学技术普及节日开展活动的内容和形式多种多样，我们应该重点监测两项内容，宣传材料的内容和数量，每堂科学技术普及讲座的时间、内容和听众人数。

我国的《中华人民共和国科学技术普及法》特别规定各类学校及其他教育机构，应当把科学技术普及作为素质教育的重要内容，组织学生开展多种形式的科学技术普及活动。在对中小学的科学技术普及工作监测中，我们可以选择两项主要内容：一是与科学技术普及有关的课外活动，二是举办科学技术普及专题讲座情况。

农业科技传播是我国科学技术普及工作的重要内容。我国农村人口占总人口的一半，大量农村人口科学文化素质普遍低下，这已成为制约我国农村经济社会发展的主要因素，加强对农村的科技传播刻不容缓。我们可以从这两方面去见监测农业科技传播：农村"三下乡"活动和农村科学技术普及培训班。

四、科技传播活动监测指标体系构建原则

在监测指标体系的构建过程中，需要坚持以下原则。

（1）科学性。指标体系的构建要能反映传播的运行规律和时代发展的特点。在具体监测指标的选择过程中，不仅考虑它目前的存在状态，还要考虑未来发展的趋势，充分发挥指标体系对传播工作的引导作用。例如，在媒体的监测中，选择的科学技术普及网站方面的监测指标，就是考虑随着互联网的普及，科学技术普及网站将在普及科学技术知识方面发挥越来越重要的作用。

（2）简洁性。为保证项目切实可行，减少监测工作的工作量，用尽可能少

的指标来说明地方科学技术普及工作的状况。例如，在中小学科学技术普及工作中，仅选择了科技冬（夏）令营和科学技术普及讲座两项有代表性的科学技术普及工作进行监测，这并不是不承认中小学其他方面的科学技术普及工作，而是考虑到这两项内容最具有代表性，基本可以反映一个学校的整体科学技术普及工作状况。

（3）可操作性。指标的选择要有可操作性，实施起来比较容易。例如，在科学技术普及场馆和非专职科学技术普及场馆的科学技术普及工作监测内容中列举了参观者满意度的指标，对来馆参观的人进行抽样调查，比较容易操作；而在媒体科学技术普及工作由于对象难于确定，就没有设置观众（或读者）满意度指标。

五、科技传播活动动态监测指标体系

根据科技传播活动监测工作的特点，我们将科技传播活动监测的指标体系分为5大类，即科学技术普及设施运营状况、媒体科技传播状况、科学技术普及节日活动状况、中小学科学技术普及活动状况和农业科技传播状况。

（一）科学技术普及场地设施运营状况

通过对科学技术普及设施的展览内容、展览形式、开放时间安排、接待人次和参观者满意情况的监测，从总体上了解各个科学技术普及设施的运行状况、运行效率和存在的问题，为将来改进科学技术普及设施的运营状况提供政策依据。

（1）科学技术普及设施名称。包括各类博物馆（包括自然科学博物馆、专业科技博物馆、天文馆、水族馆、设有自然科学部的综合博物馆、历史博物馆）、科技馆和青少年科技活动中心、青少年科技馆（站）等。

（2）科学技术普及展览内容类别。展览内容分为：文、理、工、农、医5大类。可以根据实际情况多选。

（3）科学技术普及展览的形式。科学技术普及展览的形式分为展览式、展览＋讲解、放映式、互动式4类。

（4）科学技术普及展览内容的更新周期。一般用日计算，从一个展览开始

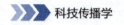

日期到结束日期为一个周期。

（5）门票价格。

（6）工作日开放时间安排。指正常工作日的开馆时间和闭馆时间。

（7）节假日开放时间安排。指节假日、双休日的开馆时间和闭馆时间。

（8）工作日平均接待人次。

（9）节假日平均接待人次。

（10）参观者满意度：对参观者进行抽样调查，对总体情况满意的人数占总样本的比例，即为满意度。

（二）媒体科技传播状况

通过对电视台、广播电台、报纸、杂志和科学技术普及网站的科学技术普及状况的监测，主要了解各地区各类媒体对科技传播的重视程度和实际投入的工作量，为进一步搞好媒体科技传播提供政策依据。

1. 地方电视台科技传播

（1）电视台名称。

（2）科技节目播出时间安排，说明周几，几点到几点播出。

（3）科技节目的内容分布。内容分为：文、理、工、农、医、生活常识、实用技术7大类。可以根据实际情况多选。

2. 地方广播电台科技传播

（1）广播电台名称。

（2）科技节目播出时间安排，说明周几，几点至几点播出。

（3）科技节目的内容分布。内容分为：文、理、工、农、医、生活常识、实用技术7大类。可以根据实际情况多选。

3. 地方综合类报纸科技传播

（1）报纸基本情况（报纸名称、发行周期、发行量）。发行周期：属于周报、日报、月报的哪一种。

（2）科技文章篇数。

（3）科技文章内容分布。内容分为：文、理、工、农、医、生活常识、实用技术7大类。可以根据实际情况多选。

（4）科技宣传报道篇数，指关于科技动态和科学技术普及活动报道的数量。

4. 地方综合类杂志科技传播

（1）杂志基本情况（包括杂志名称、发行周期、发行量）。发行周期：说明杂志属于周刊、双周报、月刊、双月刊、季刊的哪一种。

（2）科学技术普及文章篇数。

（3）科学技术普及文章内容分布。内容分为：文、理、工、农、医、生活常识、实用技术7大类。可以根据实际情况多选。

5. 地方科学技术普及网站运营状况

（1）科学技术普及网站名称。

（2）主要科学技术普及内容。内容分为：文、理、工、农、医、生活常识、实用技术7大类。可以根据实际情况多选。

（3）日平均点击率。月点击率除以该月天数。

（4）日平均更新条目数。

（三）重大科学技术普及节日活动状况

通过对各地科学技术普及节日活动的监测，了解各地科学技术普及节日活动的主要内容、活动形式和活动参加人数，为进一步开展好科学技术普及节日活动提供政策建议。

（1）科学技术普及节日名称。科学技术普及节日包括国家科技周、地方科技日、世界环境日、世界地球日、世界水日、世界艾滋病日、世界卫生日、无烟日等科学技术普及节日。

（2）开展日期。某月某日至某月某日开展科学技术普及活动。

（3）科学技术普及展版面积。

（4）科学技术普及展板的内容。展板内容分为：文、理、工、农、医、生活常识、实用技术7大类。可以根据实际情况多选。

（5）举办科学技术普及讲座的时间。某月某日几点至几点举办科学技术普及讲座。

（6）科学技术普及讲座的内容。讲座内容分为：文、理、工、农、医、生活常识、实用技术7大类。可以根据实际情况多选。

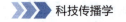

（7）科学技术普及讲座参加人数。

（8）开展科学技术普及咨询活动的时间。某月某日几点至几点开展咨询活动。

（9）科学技术普及咨询活动的内容。科学技术普及咨询活动内容分为：文、理、工、农、医、生活常识、实用技术7大类。可以根据实际情况多选。

（10）科学技术普及咨询活动参加人数。

（四）中小学科技传播活动状况

通过监测中小学的科技冬夏令营和科学技术普及讲座两项主要的科学技术普及工作，了解学校对科学技术普及工作的重视程度，以及科学技术普及工作开展的实际效果，为下一步指导中小学更好地开展科学技术普及工作提供政策支持。

（1）中小学状况（学校名称、在校生人数）。

（2）科学技术普及夏（冬）令营活动日程安排，某月某日至某月某日举行。

（3）科学技术普及夏（冬）令营活动的主题，主题内容分为：文、理、工、农、医5大类。可以根据实际情况多选。

（4）科学技术普及夏（冬）令营活动参加人数。

（5）举办科学技术普及讲座的时间，某月某日几点到几点举行。

（6）科学技术普及讲座的内容，内容分为：文、理、工、农、医5大类。可以根据实际情况多选。

（7）科学技术普及讲座的参加人数。

（五）农业科技传播状况

通过对农村"三下乡"活动和农村科技培训班的监测，了解各地农村科学技术普及工作开展的概貌，发现农村科学技术普及工作中存在的问题，为进一步搞好农村科技传播提供政策建议。

（1）"三下乡"活动的时间。

（2）"三下乡"活动的地点，准确到某县某乡某村。

（3）"三下乡"活动的内容，分为：科技、文化、卫生三大类。并对内容进行细分，科技类分为：文、理、工、农、医、生活常识、实用技术（注明实用技术名称）7大类。文化分歌曲、舞蹈、戏曲、小品等；卫生分各类专门性疾病防治与护理。可以根据实际情况多选。

（4）"三下乡"活动的方式，活动的方式根据内容的不同，有演出式、讲解式、散发宣传资料、义诊等方式。

（5）"三下乡"活动参加人数。

（6）农村科技培训班举办时间，写明某年某月某日至某年某月某日举办，以及每天几点到几点上课，总学时是多少。

（7）农村科技培训班举办地点，准确到某县某乡某村。

（8）培训的内容。培训的内容主要是农村实用技术，请注明实用技术的具体名称。

（9）培训班参加人数。

六、科技传播活动动态监测工作实施办法

（一）制度建设

逐步建立科技传播活动监测体系自身制度的建设，把科技传播活动监测纳入各传播机构的常规工作，采取有效的制度和手段。

上报制度。将所有监测、评估数据依据统一格式与要求，上报到科技传播监测中心，实现数据汇总。

反馈制度。数据汇总后，必须制定相应的针对性反馈意见，依次下发到各地上报部门。除提醒其工作进度与质量情况外，还应报告其他相关地区与机构的参照数据与结果，以鼓励竞争，发挥协同作用。

巡查制度。科技传播监测中心组织专家，定期或不定期对各地监测、评估工作进行抽样检查。

考核制度。发挥科技传播监测中心的领导作用，所有监测结果都应参加最终考核，以改善自身工作。

（二）机构和队伍建设

在全国科学技术普及联席会议的指导下，设立三级工作机制。全国监测中

心整体负责数据的整理分析和监测网络的运行，完成监测评估报告；省级监测中心上报数据，完成全国监测中心下达的监测任务；监测点实施监测内容，收集各种数据。

1. 监测协调小组

国家科学技术普及联席会议组织和领导协调全国科学技术普及监测工作，各级科学技术普及联席会议配合本地区的监测工作，并提供所需的监测经费，保证监测工作的顺利开展。其主要职责包括：对科技传播活动监测进行宏观协调与监督管理，协调各方关系，就重大问题进行研究，下达任务。

2. 监测中心

设置全国科技传播监测中心一个；每个省（自治区、直辖市）设立省级监测中心一个。

（1）全国科技传播监测中心主要职责。

组织监测方案和指标体系的起草、论证和完善，为省级监测中心提供技术指导。组织对全国各省级监测中心和监测点专业技术人员的培训。

负责全国监测数据的收集、整理，定期对数据进行分析、反馈。

负责组织专家定期对全国科学技术普及监测系统进行督导、评价。

每年组织召开全国科技传播年度工作总结研讨会，向协调小组汇报工作，提供决策支持。

（2）省级监测中心主要职责。

根据全国监测方案和指标体系，培训本省的监测点人员，并组织实施。

定期收集监测数据，向全国监测中心汇报。

定期对本省监测点的工作进行督导与评价。

3. 监测点

每个省级监测中心下设 5 ~ 7 个监测点。在每一个省份，城市和乡镇，发达地区和落后地区都要布置监测点。监测点具有一定的工作基础，能够承担并完成监测任务。根据变化情况，可适时调整监测点。

监测点根据监测的具体主题和任务，招募临时性监测数据收集人员，发放问卷，回收、上报数据。

科技传播活动监测是一项比较烦琐和复杂的工作，第一线的信息监测员是这项工作成败的关键，在选定信息监测员的人选之后，应该集中到总中心进行必要的培训。

（三）数据采集与处理

由于科技传播活动动态监测的内容多、范围广，监测的实施准备分阶段分重点进行。初步考虑，2 月份和 8 月份为学生寒暑假期，在这两个时间段重点监测中小学科学技术普及活动状况；3 ～ 4 月份，是我国科技活动节日相对集中的时间，在这段时期，重点监测科学技术普及节日活动状况；5 ～ 6 月份，重点监测科学技术普及设施运营状况；7 ～ 11 月份，可以监测媒体的科技传播活动状况。12 月至次年 1 月份为农闲季节，重点监测农村"三下乡"科学技术普及工作状况。

监测数据一般是通过信息监测员对开展科技传播活动的单位进行实地调查和亲自参加科学技术普及活动两种方式来获取。数据采集的详细说明如下。

1. 科学技术普及场馆运营状况

通过地方政府科技部门或科协了解当地科学技术普及场馆的数量及其地址，这里所指的科学技术普及场馆包括科技馆、博物馆、图书馆、天文馆、文化馆、少年文化宫、动物园、植物园。通过实地调查科学技术普及场馆和抽样调查参观者，获取所需要的数据，并按照规定的格式填写调查的信息。

2. 媒体科技传播状况

信息监测员可以通过宣传、文化、广播电视、出版等部门了解当地电视台、广播电台、杂志、报纸的数量。科技部提供经费，为信息监测员订阅本地区的报纸和杂志。信息监测员可以通过广播电视报以及其他报纸杂志和互联网了解媒体的科技传播活动。因各地的杂志和报纸数量较多，可以选择 2 种影响较大的报纸和杂志。

3. 重大科学技术普及节日活动状况

通过地方政府科技部门或科协了解当地一年内将要开展科学技术普及活动的科学技术普及节日数量及主办单位，这里科学技术普及节日包括国家科技周、"地方"科技日、世界环境日、世界地球日、世界水日、世界艾滋病日、世界卫生日、无烟日、和平日等科学技术普及节日。信息监测员应密切关注这些

科学技术普及节日的活动状况，亲自参加科学技术普及节日活动，并通过访问科学技术普及节日的主办单位了解科学技术普及节日的科学技术普及活动情况。并记录调查到的信息。

4. 中小学科技传播活动状况

通过地方教育主管部门了解当地中小学的数量及其地址。由于中小学的数量比较多，可以通过抽样调查的方式来了解这些中小学的科学技术普及活动状况，填表，并注明抽样调查的比例。

5. 农村科技传播状况

通过当地政府主管科技、文化和卫生的部门，了解农村"三下乡"活动的信息，在可能的情况下，亲自参加"三下乡"活动。因为农村数量多，面积广，也应该有根据的选择几个乡镇进行监测。将掌握的信息完整记录并且存档。

（四）数据汇总和发布

在每个月的月底，信息监测员应该通过互联网及时将本月重点监测项目的监测结果发送给中国科学技术信息研究所，分析后再上报科技部的主管部门。

第二节　科技传播活动的效果评估

一、科技传播活动的效果及效果评估类别

（一）科技传播活动的传播效果

传播效果是一切传播行为的归宿。在传播过程中，必须注意信息反馈，了解传播效果。传播效果具有两重含义：一是指传播者的传播行为在受众身上引起的心理、态度和行为的变化；二是指传播活动尤其是传播媒体的活动对受众和社会所产生的影响和结果。

传播活动的效果如何，涉及多方面因素，如传播主体、传播内容、信息载体、传播技巧、传播对象等。根据学者们大体一致的看法，传播效果依其发生

的逻辑顺序或表现阶段可以分为三个层面：外部信息作用于人们的知觉和记忆系统，引起人们知识量的增加和知识结构的变化，属于认知层面上的效果。作用于人们的观念或价值体系而引起情绪或感情的变化，属于心理和态度层面上的效果；这些变化通过人们的言行表现出来，即成为行动层面上的效果。从认知到态度再到行动，是一个效果的累积、深化和扩大的过程。上述 3 个层面既体现在具体的、微观的传播过程中，也体现在综合的、宏观的社会传播过程中。以报刊、广播、电视为代表的大众传播的社会效果的 3 个层面如下。

1. 环境认知效果

在现代社会，我们对周围世界的知觉与印象在很大程度上依赖于大众传播媒介。大众传媒是以传递信息、报道事实、提示社会上发生的事件为己任的，但它们并不是有闻必录的。传媒报道什么、不报什么、从什么角度进行报道，都在影响着我们对周围环境的知觉与印象。这种效果，传播学中也称"视野制约效果"，换句话说，大众传播制约着我们观察社会和世界的视野。

2. 价值形成与维护效果

大众传媒在报道的新闻和传达的信息中，通常包含着是与非、善与恶、美与丑、进步与落后的价值判断。大众传媒提倡什么、反对什么，客观上起着形成与维护社会规范和价值体系的作用。这种作用是通过传媒的舆论导向功能发挥出来的，它通过舆论引导形成新的规范和价值，又可以通过舆论监督来维护既有的规范和价值。

3. 社会行为示范效果

大众传媒的影响并不仅仅表现在认知和价值取向的领域，它还通过向社会提示具体的行为或行为模式来直接、间接地影响人们的行动。

大众传播具有"地位赋予"的功能，一种行为如果得到广泛报道和传播，往往会成为一般人学习或效仿的对象。只要我们观察一下现代社会中的流行现象与大众传播之间的关系，这一点是不难理解的。

无论是社会主义制度还是资本主义制度下的大众传媒，都具有上述 3 个层面的社会效果。不过，由于它们制度基础的不同，两者向人们揭示的世界、倡导的价值和行为模式的内容是有本质区别的。

对传播效果的研究，早期有著名的"子弹论""魔弹论""皮下注射论"，这些都过分夸大了大众传播的力量和影响，忽视了影响传播效果的各种社会因素，也否定了受众对传媒的选择能力。后又有"传播流"研究、"有限效果论"等。这又对大众传播的效力有所贬低，忽略了大众传播在人们的环境认知过程中的作用，也忽略了整个传播事业日常的、综合的信息活动所产生的宏观的、长期的、潜移默化的效果。20 世纪 70 年代以后，又出现了"适度效果"理论（包括"议程设置"理论，"使用与满足"理论、"创新与扩散"理论、"文化规范"理论等）、"沉默的螺旋"理论、"知沟"理论、"涵化理论"和"编码和译码"理论等。这些研究主要是以大众传播为对象进行的，其中适用于科技传播的有"议程设置"理论、"创新与扩散"理论、"使用与满足"理论、"知沟"理论等，我们来认识一下这些理论。

"议程设置"理论是在李普曼的"拟态环境"以及拉斯韦尔关于大众传播的"环境监视功能"概念的基础上，通过实证研究提出的一个理论假说。它包含以下 4 个观点。

（1）大众媒介往往不能决定人们对某一事件或意见的具体看法，但是可以通过提供信息和安排相关的议题来有效地左右人们关注某些事实和意见，以及他们对议论的先后顺序，新闻媒介提供给公众的是他们的议程。

（2）大众传媒对事物和意见的强调程度与受众的重视程度成正比，该理论强调：受众会因媒介提供议题而改变对事物重要性的认识，对媒介认为重要的事件首先采取行动。

（3）媒介议程与公众议程对问题重要性的认识不是简单的吻合，这与其接触传媒的多少有关，常接触大众传媒的人的个人议程和大众媒介的议程具有更多的一致性。

（4）不仅关注媒介强调哪些议题，而且关注这些议题是如何表达的，对受众的影响因素除了媒介所强调的议题外，还包括其他因素，这些影响包括对态度和行为的两种影响。"议程设置"理论从考察大众传播在人们环境认知过程中的作用入手，重新揭示了大众传媒的有力影响，为效果研究摆脱"有限论"的束缚起了重要的作用。这个理论中所包含的传媒是"从事环境再构成作业的机构"的观点，重新提出了大众传播过程背后的控制问题，对我们详细考察传媒的舆论导向过程具有一定的启发意义，也为人们认识传播与社会提供了一个新的角度。但是，它只强调了传播媒介"设置"或形成社会议题的一面，而没有涉及反映社会议题的一面，尽管"议程设置"功能是强大的，也不能把它的效果绝对化。

"创新与扩散"理论是传播效果研究的经典理论之一，是由美国学者埃弗雷特·罗杰斯（E. M. Rogers）于 20 世纪 60 年代提出的一个关于通过媒介劝服人们接受新观念、新事物、新产品的理论，侧重大众传播对社会和文化的影响。创新扩散的传播过程可以用一条"S"形曲线来描述。在扩散的早期，采用者很少，进展速度也很慢；当采用者人数扩大到居民的 10% ~ 25% 时，进展突然加快，曲线迅速上升并保持这一趋势，即所谓的"起飞期"；在接近饱和点时，进展又会减缓。整个过程类似于一条"S"形的曲线。在创新扩散过程中，早期采用者为后来的起飞做了必要的准备。这个看似"势单力薄"的群体能够在人际传播中发挥很大的作用，劝说他人接受创新。在罗杰斯看来，早期采用者就是愿意率先接受和使用创新事物并甘愿为之冒风险那部分人。这些人不仅对创新初期的种种不足有着较强的忍耐力，还能够对自身所处各群体的意见领袖展开"游说"，使之接受以至采用创新产品。之后，创新又通过意见领袖们迅速向外扩散。这样，创新距其"起飞期"的来临已然不远。罗杰斯指出，创新事物在一个社会系统中要能继续扩散下去，首先必须有一定数量的人采纳这种创新物。通常，这个数量是人口的 10% ~ 20%。创新扩散比例一旦达到临界数量，扩散过程就起飞，进入快速扩散阶段。饱和点（Saturated Point）的概念是指创新在社会系统中一般不总能 100% 扩散。事实上，很多创新在社会系统中最终只能扩散到某个百分比。当系统中的创新采纳者再也没有增加时，系统中的创新采纳者数量（绝对数量表示）或创新采纳者比例（相对数量表示），就是该创新扩散的饱和点。罗杰斯认为，创新扩散总是借助一定的社会网络进行的，在创新向社会推广和扩散的过程中，信息技术能够有效地提供相关的知识和信息，但在说服人们接受和使用创新方面，人际交流则显得更为直接、有效。因此，创新推广的最佳途径是将信息技术和人际传播结合起来加以应用。

"使用与满足"是站在受众的立场上，通过分析受众对媒介的使用动机和需求获得满足来考察大众传播给人类带来的心理和行为上的效用。同传统的讯息如何作用于受众的思路不同，它强调受众的作用，突出受众的地位。该理论认为受众通过对媒介的积极使用，从而制约着媒介传播的过程，并指出使用媒介完全基于个人的需求和愿望。但是，也有学者认为对使用与满足模式的批评主要是：认为它过分强调个人心理因素及个人主动性和理性，忽视人们使用媒介的无目的性或习惯性，忽视个人需求与社会系统的联系（帕姆格林已部分修正了这一点）。

"知沟"理论，由美国传播学家蒂奇诺等提出，"由于社会经济地位高者通常能比社会经济地位低者更快地获得信息，因此，大众媒介传送的信息越多，这两者之间的知识鸿沟也就越有扩大的趋势"。蒂奇诺认为，除了接触媒介和学习知识的经济条件等因素外，造成"知沟"扩大的原因如下。

（1）传播技能上的差异。获得关于公共事物和科学的知识，需要一定程度的阅读和理解能力。

（2）已有知识储存量的差异。知识储存越多，对新事物、新知识的理解和掌握越快。

（3）社交范围的差异。社交范围越广，人际交流越活跃，越能加速获得知识的过程。

（4）信息的选择性接触、记忆和理解的因素。生活水准、层次与媒体的内容越接近，对媒体的接触和利用程度就越高。

（5）大众传播媒体的性质。传播有一定深度的关于公共事物和科学知识的媒体主要是印刷媒体，其受众主要集中于高学历阶层。

无论是哪一方面，社会经济地位高的阶层都处于有利的状况，这是造成社会"知沟"不断扩大的根本原因。与"知沟"理论相反，美国传播学者 J. S. 艾蒂玛和 F. G. 克莱因提出了"上限效果"理论，认为个人对特定知识的追求并不是无止境的，达到某一"上限"（或饱和点）后，知识的增加就会减速甚至停下来。社会经济地位高者获得知识的速度快，其"上限"到来也快，而社会经济地位低者虽然知识增加的速度慢，但随着时间的推移，最终能够在"上限"上赶上前者。事实上，个人对特定知识的追求过程存在着"上限"，但人一生的追求是无止境的，对某些知识领域达到"饱和"，但又会开始对新知识的追求，结果是知识总量的增加。即使社会经济地位低者在某个"上限"赶上了社会经济地位高者，由于存在着知识老化和更新的因素，他们所获得的知识的实际价值也有所降低。认为通过大众传播的"知识平均化"效果可以消除社会的"知沟"是不现实的。

如在市场经营中，了解用户满意程度至关重要。同样，科技传播工作者也要设法了解传播效果怎么样。1998年3月，美国国家科学基金会发表了委托COSMOS公司对自己的非正规科学教育计划实施十年来的成效所做的评估报告。美国电气电子工程师学会（IEEE）组织了一些人对科学技术普及场馆进行非正式评估。他们的评估方法，一般是派IEEE的一位会员作为"专业评判员"，带孩子（有时还带孩子的同学或朋友）去参观科技场馆，孩子们担任"青少年评判员"。参观后，专业评判员与青少年评判员共同完成一份简短的评审报告。报告内容包括：对展览内容的简单描述；展览所针对的对象是谁（广大公众还是特定的目标群体）；去是否来参观过；展览的哪些内容最好；哪些地方有待改进；展品的物质状况（如有没有破损，图片是否清晰，有没有开关失效的情形等）；信息准确程度；信息的新颖程度；展示效果；展览是否有性别偏向；成人对展览的评价意见；孩子们对展览的评价意见；愿意不愿意向其他人介绍推荐这一展览等。

一方面，应研究科学技术普及场馆的科学技术普及效果；另一方面，还应研究不同媒体的科技传播效果有何差异。在科学技术普及方面相当活跃的美国斯隆基金会正在研究商业电视、广播、电影、书籍、光盘、交互式媒体和互联网等各种媒体在科学技术普及方面的相对有效性。英国公众理解科学委员会专门编写了关于如何评价科技周之类活动的小册子。他们认为，在常用的问卷调查、口头询问调查和特定群体讨论会这三种方式中，在科学技术普及活动举行场所的出口处进行口头询问调查的效果最好。研究科技传播的效果，需要及时收集反馈信息，适时做出调整，以收到更好的效果。

科技传播的目标或者预期效果是，通过有效的传播提高广大公众的科学素养，使社会公众充分了解和理解现代科学技术，特别要正确理解科技的本质和特性，了解科技的投入、产出和发展过程，注意科技对个人和社会的各种影响（包括正面影响和负面影响、器物层面的影响和精神层面的影响）等。科技传播是开发和利用科技信息资源的一种活动，目的是实现科技知识、信息的交流和共享，并使之增值，使全社会特别是决策者获得关于人类社会发展的一种整体性观念，使科技发展服从国家和人类社会的可持续发展需要。因而，开展科技传播活动要越出专业性、区域性的狭窄眼界，要以人文关怀为目标，以人类社会的可持续发展为判断的依据，以形成高度的科技文明。科学技术日益向高、精、尖方向发展，而与人们的日常经验有很大距离，由于社会分工和知识基础的不同，科学家和工程技术专家与普通人对科技知识的理解和技巧的掌握存在明显的差距。科技传播就是为了尽可能地消除科技前沿与公众之间的距离，弥合科学理论与日常经验之间的隔阂，缩短科技人员与公众之间的距离，在其中架起一座桥梁。事实上，科技成果在传播过程中增值的大小，除成果自身固有价值的因素外，为其架设的传播与扩散渠道的状况及其传播的速度、频率与覆盖范围的状况是至关重要的因素。

经济合作与发展组织（OECD）在《以知识为基础的经济》报告中指出："知识经济的标志之一，是承认知识的扩散与知识的生产同等重要，这使得'知识传播网络'和'国家创新体系'更加受到重视。"

知识传播系统，不仅包含教育和培训系统，也包括大众传播媒介。在知识传播过程中，传播者和受众共同作用，并且，政府行为、市场机制以及个人的选择因素都不能忽视。很多有重要价值的知识不是在学校而是通过多种途径学到的，传播媒体就是一个重要的途径。不仅要培养人才（需要经过基础教育和专业培训），而且要向社会大众传播有用的知识和有效的信息，提高人们的科学文化素质。知识传播系统的任务是通过传播知识和信息，使科学知识和方法扩散、普及，使科学精神深入人心，使先进的生产技术从研究开发部门扩散到生产部门。它是把科学技术转化为现实生产力的中介环节，是连接知识创新、技术创新和应用的桥梁。知识传播系统不仅是知识的创新和应用之间的桥梁，也是知识创新和技术创新的中坚力量。有效的知识传播系统，可以把创新快捷地转变为应用。知识的有效分配也取决于对培养发现和掌握有用知识技能的投入，以及起桥梁作用的单位或中心的建立。这样，需要在科学知识的生产和扩散应用能力两方面的投资间做出选择。

科技传播在人类文明进程中承担了不可缺少的重要作用。必须在适应需求、综合创新的基础上全面传播、适度选择，以达到适时控制、有效应用的目的。

目前，包括我国在内的世界主要国家都在开展公众科学素养调查，而且大都借鉴美国国际公众科学素养促进中心主任 J. D. 米勒教授提出的科学素养三纬度模型作为成人科学素养测量的基础。米勒教授提出的科学素养测量纬度包括：对重要科学术语和概念（即科学知识）的了解、对科学原理和方法（即科学本质）的了解以及对科技的社会影响的了解。那么，在科学技术普及效果评估中是否可以完全采用米勒定义的纬度进行评估呢？答案是否定的。因为米勒的科学素养测量模型着重于了解公众（而且只是成人公众）具备基本科学素养的情况，而非具体一项科技传播计划或项目所获得的效果。而且，由于米勒的模型是为公众科学素养调查设计的，出于操作目的，目前只侧重于测量公众对一些基本的科学知识、原理和方法的掌握以及对科学技术发展、科技组织的态度和看法，内涵还有限，不能包容丰富多彩的科技传播活动的多样化效能，而且没有体现层级性。

目前，美英国家在进行科学技术普及效果评估时，基本上采用科学学习的效果测量模式，借鉴布鲁姆的教育目标分类学和社会学方法，按照认知域、态度域、行为域 3 个纬度，采用多种数据收集方法进行效果评估（与科学素养的 KAP 模式相似）。

从逻辑上讲，认知、态度和行为包含了科技传播活动的 3 个层级效果。认知应当是传播活动达到的第一级效果，在认知的基础上如果受众的情感态度发生了变化，传播活动就产生了第二级效果；如果认知和态度的变化还外化为行为，科技传播活动就产生了第三级效果。而且，各层次还可以根据从低级到高级的水平进一步细分，比如认知域可进一步分为简单的知识记忆以及知识领会运用等较高级的思维能力。因此，就科学技术普及评估而言，认知、态度和行为目标分类比米勒的科学素养测量三维模型更能获得对科学技术普及活动的全面效果评价。

（二）评估的产生与发展

为了在对传播效果进行评估时，对"评估"这一概念有一个清楚的认识，我们先来简单地回顾一下评估的产生与发展历程，对科技传播的效果评估进行界定。

尽管评估的历史可以追溯到 17 世纪，但系统的评估研究则是 20 世纪的事情。根据美国评估研究专家彼得·罗西、霍华德·弗里曼和马克·李普希等人的观点，评估是一项实践性很强的社会活动，是社会科学研究的一个分支。评估的兴起和真正发展时期是 20 世纪后期，随着社会研究方法的进步，研究技术尤其是计算机的发展，以及政治民主、意识形态的变迁等而发展起来的。因此，评估研究的兴起具有较强的政治、经济背景和技术环境。

最早对社会项目进行系统评估的领域是教育和公共健康。在西方，尤其是美国，第一次世界大战以前，随着科学技术的发展，带来了第一次产业革命。但是，大众的受教育水平还比较低，科学文化素质也不高，还不能使科学技术的力量得到充分发挥，这样政府面临的最大任务就是通过扫盲和职业培训提高人们的科学文化素质；同时，通过实施公共健康项目，来降低死亡率、减少流行病对人类的威胁。这些项目实施的效果就需要通过评估才能了解。20 世纪 30 年代，社会科学家就致力于用一些严格的研究方法对社会项目进行评估，此后系统的评估活动变得越来越频繁。在美国，比较有影响的评估研究就有列文的"行为研究"、著名的"霍桑试验"，即对工人的劳动生产率进行试验评估等。其中，有些是对实施广泛的社会项目进行的评估（如多德的对中东地区把开水作为改善村民卫生条件措施的评估），以及对政治、政策进行的评估（如阿肯色州的一位社会学教授对罗斯福新政进行的评估研究）。

第二次世界大战期间，由于军事和宣传的需要，评估研究经常用于评估军人的士气、宣传技术的效果，媒体宣传在改变美国人生活习惯方面的效力，价格控制的效果等。在英国和其他一些地方，社会科学研究方法也被用来对社会项目、社会发展情况进行评估。第二次世界大战以后，为了满足城市发展、房产发展、技术和文化教育、职业培训、预防疾病等的需要，各国实施的社会项目越来越多，同时，还有一些国际项目致力于家庭计划、农村发展、健康和营养，由于这些项目都花费巨大，项目投资方和项目管理者都需要知道项目实施的结果。到了 20 世纪 50 年代以后，对社会项目进行评估变得十分流行，也成为必要。评估研究也十分活跃，社会科学家们热衷于一些公益事业、公共项目的评估研究，并把这些评估活动深入到社区、家庭。其他一些国家，也仿效美国、英国的做法，开始重视社会项目的评估工作，评估研究风靡世界。渐渐地，亚洲的家庭计划、拉丁美洲的营养和健康、非洲的农业与社区发展等，都成为评估研究的重要内容。20 世纪 90 年代以来，资源紧缺日益严重，要求选择一些优先考虑的资助项目，评估就显得尤其重要。同时市场机制要求对那些成效不大的项目进行减缩，对社会资助项目进行慎重选择，这样，评估就成为减缩与否的依据。即使是保留项目，在选择的压力下，也要求项目的运行更加高效并要求节省资源。在经济全球化的情况下，竞争迫使那些高福利国家缩减社会项目的开支，以保持在国际市场上的竞争力。发展中国家面临发展的压力，也增加了对社会项目评估的需求。

目前，评估呈现出本土化和全球性并存的发展趋势。本土化指评估研究在许多国家都得到了发展，用他们自己的设施、发展自己的理论和方法；全球化指世界上某个地区的发展，常常会影响到其他地区的人、机构和项目，同时评估的问题和项目常常要超出某个国家、某个大陆，甚至某个洲。譬如，环境保护问题、发展中国家的问题、妇女社会地位问题，还有我们现在所研究的科技传播问题。在我国，评估行为虽然早已有之，但把评估作为一门学科开展研究，并运用到社会事物的评估方面，则是 20 世纪 80 年代后期的事。当时，中国社会科学院社会学研究所成立以后，有关研究人员开始关注社会发展情况，并对社会发展的水平进行评估。他们采用系统的综合评分评估方法，对不同的国家或地区的社会发展情况进行评估和比较。这项工作受到政府领导的重视和支持，从而成为一项连续的研究项目，由此拉开了社会事物评估研究的序幕。当时，他们采用的评估方法主要是社会评价指标体系法，即通过系统反映社会发展状况的指标体系，采取综合评分的方法，表现各国家和地区的社会发展情况。到目前，这种评估方法被广泛运用到现代化研究、城市竞争力、企业竞争力评估等各个方面。但在科学技术普及领域，至今还没有一个部门把这种评估方法运用到科技传播效果评估的实践上。从 2002 年开始，中国科普研究所、科技部科技情报研究所的有关研究人员开始对科学技术普及效果评估进行理论上的探索，并开始对国外相关领域的评估理论和实践进行译介。

评估通常是指通过系统收集和分析特定指标方面的数据和情况，分析项目或工作达到的状态、成效和产生的影响，更强调对结果和结果达到的水平做出分析和判断。评估对象一般是具有周期性的项目或具有阶段性特点的工作。科

技传播活动的效果评估，是评估在科技传播领域的应用。它具有一般意义的评估所具有的特点，即时限性、系统性、规范性和科学性、学习性。

评估与检测的区别在于：评估是一定时限内的工作，根据具体情况，可以有选择地进行，比如针对一个或几个项目、计划或政策进行评估；评估不仅可以利用监测的数据，通常也需要进行一些项目、计划或政策以外的数据做对比；评估主要通过阶段性的座谈、考察或问卷调查等方式向服务对象了解工作的效果、效率、影响和持续性。

就我国科技传播活动而言，监测主要是针对科技传播活动的各个层面，通过监测，考察科技传播活动的进展情况，分析其中存在的问题和不足，提出改进的措施，以便更好地推进传播活动的进展。科技传播活动的效果评估则主要是针对传播活动的评估，评估的目的是对活动的效果、绩效进行分析和评价，通过评估总结经验、发现不足、提出建议，帮助组织者和传播者在今后改进工作。

评估作为一种管理手段，具有品评鉴定、激励、导向、诊断、改善传播过程等多种功能。要真正有效发挥评估的上述作用，必须坚持高质量的评估工作。为保证评估的质量，评估标准分别是效用的标准、可行的标准、正当的标准及精确的标准。科技传播效果评估是指对科学技术普及政策及所要达到的目标、科学技术普及组织、计划或活动、科学技术普及需求和影响等问题，通过科学的方法进行调查和研究，系统地收集、整理和分析有关的数据资料，根据评估的基本原理，判断优劣、绩效大小、存在问题及影响因素，并提出改进的行动建议，以促进科技传播顺畅健康发展的过程。

（三）评估的类型

根据不同的标准，可以将评估分为多种类型。按照活动组织实施的不同阶段划分，评估可分为预评估、形成性评估和总结性评估；按照评估者的来源和评估方式划分，可分为内部自我评估、外部专家评估和参与式评估；按照评估内容，则至少可分为活动项目评估、活动计划评估和执行机构的评估。按照活动评价的内容范围划分，可分为综合性评估、专题性评估。在科技传播活动中，还有一种按照项目属性划分，可以分为科学技术普及展览展示评估、科学教育项目评估、公众性科学技术普及活动评估等。

1. 预评估、形成性评估和总结性评估

预评估是指项目或计划开始实施之前所进行的评估，也称事前评估。形成性评估是指在项目或计划开始后到完成前的任何一个时点进行的评估，也称事中评估。总结性评估是在项目或计划结束后进行的全面、系统评估，也称事后评估。预评估、形成性评估和总结性评估在评估时间、评估目的、评估主体上互有差异。在理想状况下，一次全面的项目或计划评估应当包括预评估、形成性评估和总结性评估3个阶段，但在实际评估工作中，由于经费和时间的限制以及评估目的的不同，经常有选择地进行。

2. 内部自我评估、外部专家评估和参与式评估

内部自我评估即项目或计划的实施者进行的自我评估。专家评估是指项目或计划的实施机构聘请外部专家进行的评估。参与式评估是吸收受评对象（如项目执行者）和项目受益者（科技传播的受众）参与评估实施过程的评估。在实际工作中，选择何种评估类型，将取决于评估的目的和具体的情况。

3. 项目评估、计划评估和执行机构的评估

项目评估、计划评估和执行机构的评估是指评估人员利用科学的方法，系统地收集相关信息，评估计划的内容、实施过程、实施结果的一系列活动，目的在于提供选择、修正、持续或终止规划或计划所需的信息。项目评估要确定的是，目标是否符合国家科学技术普及事业的使命和愿景，是否因应了国内外环境的变化，是否具有战略性和前瞻性，是否全面考虑了中国科学技术普及的现状和问题，具有宏观性（战略目标的涵盖面要广）和可操作性（具备执行规划或计划的条件和能力）；计划执行过程中都采取了什么举措，这些举措是否切实有效；计划执行中是否具备高效的组织管理和协调机制；实施计划取得的实际效果（实现目标的有效性）及影响（预期的或非预期的），社会有关方面的满足程度；计划中哪些目标未能实现，是何原因，应采取什么改进措施，是否需对计划进行调整。

4. 其他评估

另外还有综合性评估、专题性评估、科学技术普及展览展示评估、科学教育项目评估、群众性科学技术普及活动评估等。

（四）评估的内容

科技传播活动评估的主要内容如下。

（1）项目方案评估：任何一项活动正式实施之前都需要进行立项论证、项目策划、方案设计，最后形成一个可执行的具体方案，项目方案评估就是针对这一方案进行评价。

（2）活动内容评估：针对传播活动的具体内容及活动形式进行评估。

（3）活动方式评估：针对科技传播活动项目采取的活动方式进行评估。

（4）组织实施评估：对科技传播活动的组织实施过程进行评估。

（5）科学技术普及效果评估：从参加活动的公众受到实际影响的程度、社会各界对活动的满意程度等方面加以分析评价。

（五）科技传播活动的评估类别

1.科技展览项目的评估

（1）各种类型的展览评估。

①预评估（事前评估）。预评估是指在策展的最初阶段进行的评估。通过预评估，我们能了解观众对一项拟议中的展览主题有的兴趣与感觉，知道什么，不知道什么，存在什么误解，对展览有何期待等。预评估还有助于纠正展览策划人员的某些错误认识。

②形成性评估（展览制作过程中的评估）。形成性评估是指在展览的开发和设计过程中所做的评估，其目的是发现展览的不足之处和可改进之处，以对其开发和设计过程进行改进或修改，完善和提高展品的价值。对展览策划人员来说，形成性评估是最为重要的评估，因为它吸收观众参加到展览开发过程之中，以观众的眼光判断展览需做哪些改进和完善。

在形成性评估中，一般采用观察法和面对面访谈法，先观察观众利用展览样品时的情形，在其利用后再进行访谈。作为调查的项目，主要有如下五项：吸引力、保持力、说服力、传递力、感染力。

③总结性评估。总结性评估是指展览制作出来并在展馆展示后所进行的评估，它有助于我们判定展览是否达到了预期的目标，了解观众通过参观学到了什么，获得了怎样的体验，其目的是衡量展览的展示效果与推广应用价值。评

估主要是评判展览质量和展览效果与影响两个方面，重在评判展览效果与影响。

例如：展览总结性评估指标框架

一、展览展示质量

展览内容方面：科学性与教育性、趣味性与参与性（主要针对含交互性展品的展览）、易理解性和易学性（比如对复杂的展览主题，是否采取了必要的阐释说明手段）

展览展品方面：展品的安全性、展品的可管理性（如是否耐用和易于维修及布展）、展品的可获得性（观看或操作一项展品是否需要排队，等候的时间会不会太长）

展览环境方面：展览环境是否舒适宜人、是否人多时显得拥挤，休息座位的提供、对展厅工作人员服务的满意度（是否安排了足够的场馆工作人员，工作人员的服务态度和水平）

二、展览展示的效果与影响

有多少观众参观了展览？

观众都参观了哪些展品，驻留时间有多长？

通过参观，观众有没有学习收获？有哪些收获，对科技的认识和态度是否发生了变化？展览对观众会产生什么长期影响？

（2）与展览评估相关的观众调查研究。

这里，我们大致看一下与上述四种展览评估相关的观众调查研究。就实施展览评估和在展览开发中灵活运用展览评估结果而言，无论是观众调查还是观众研究都是不可或缺的。

（3）博物馆开展展览评估的建议。

博物馆进行展览评估，可以促使博物馆从观众的角度策划开发展览，这对展览的成功至关重要。

美国布鲁克林儿童博物馆展览部的工作人员在制定新的展览开发过程时提出加入评估步骤，这里选择其中较为重要的4条，以供人力财力资源同样不宽裕的我国博物馆学习借鉴。

附　美国布鲁克林儿童博物馆的评估经验

先从小的方面做起：

观众研究和展品评估可繁可简，博物馆不可能一开始就进行这类烦琐的工作。先从简单的预评估或总结性评估开始，比如弄清楚观众对展览主题知道些什么，是否明白某一小展品的说明性标签内容等。

力求简单：

展品评估不需要搞得很麻烦或很花钱。事实上，预评估和总结性评估很容易纳入展览开发过程，我们几乎没有什么理由不去做它。评估不一定是经过严格组织的很正式的过程，它可以搞得很简单，如让 10 位观众朗读展示说明，如发现他们在同一地方犯结巴，或者不能用自己的话解释其意思，那么这一展示说明应予以改动或重写。

清楚自己最想了解哪些东西：

通常，我们无力做到对一项展览的各个组件都进行测试评估，因此，确定哪些组件是最需要测试评估的就很重要。评估不过是又一种解决问题的方法而已。它能决定一样东西在概念或机械结构上是否可行，某一概念是否过于抽象，或者某一字词是否令人难以理解。这些都是具体的要评估的方面。

获取专家的帮助：

如果条件允许，最好聘请专家指导整个评估过程，因为他们清楚评估从哪开始做以及如何做，而且善于拟定要评估的问题（这是评估的难点）。如果负担不起聘请专家参与整个过程，可以让专家协助你制订评估计划，并教你去做。有时花上几个小时的咨询时间就会使你对评估的关键方面了然于胸。如果你连专家咨询也负担不起，可以阅读有关的文献。这方面的文章书籍已有不少，有些甚至提供你一步一步做评估的步骤。

2. 媒体项目的评估（以电视科技节目为例）

在电视行业，对节目的评价主要从节目收视率和收视质量两个维度进行衡量，节目收视质量是指观众收看节目后的综合心理反应。

对科学技术普及节目来说，由于其所担负的公益性科学技术普及教育的社会责任，单凭收视率高低评判节目的成败显然不可取（有的专家甚至反对使用收视率），而欣赏指数因能考核节目是否满足受众需求而显得更为重要。我们认为，科学技术普及节目的评估指标应包括节目内在质量、收视效果和宣传外延工作 3 大方面。

（1）评价节目内在质量的指标。主要包括：节目选材是否适合目标观众的需要，内容是否够优秀（如节目内容的科学性、节目的起承转合、内在的逻辑、语言的味道、故事的节奏）、表现形式和手段是否具吸引力，等等。

（2）评价节目收视效果的指标。根据传播效果的层级性，衡量节目效果的综合指标应包括如下几个层次：衡量节目作用于观众感觉、知觉层次的指标；衡量节目作用于观众思维层次的指标；衡量节目作用于观众态度及行为层次的指标；衡量观众对节目欣赏程度的指标。

（3）衡量节目宣传与外延工作的指标。宣传推广和面向学校、社区的外延工作是增加观众对节目的认知度、扩大节目教育影响的重要手段。国外有影响的科学技术普及节目大都开展了相应的宣传和外延工作，并把外延作为科学技术普及节目的一个重要组成部分，这种做法很值得我们国内的电视媒体借鉴效仿，我们认为有必要将此作为一项衡量指标，以激励我国电视科学技术普及节目在深入学校社区上有所创新和作为。

3. 科学技术普及活动项目的评估

科学技术普及活动项目的评估指标框架可以包括以下内容：基础条件和能力；组织实施过程；产出；效果与影响；满意度。

4. 执行机构能力与绩效的评估

（1）政府科学技术普及管理部门能力与绩效的评估。政府科学技术普及管理部门能力与绩效评估的目的，在于提升各级政府科学技术普及管理部门的能力和水平、提高政府工作的效率和效果以及确保国家在科学技术普及事业上的投资取得最大收益，故政府科学技术普及管理部门的能力与绩效评估应从管理机制和过程、能力条件建设、绩效结果三个维度来衡量。同时为强化责任意识，施政绩效的评估应以结果为导向，并建立鼓励创新改良工作的机制。

（2）科学技术普及执行机构能力与绩效的评估。在我国，承担科学技术普及使命或活动的机构有很多，既有科技博物馆、青少年科技活动中心这样的专门科学技术普及机构，也有众多挂靠在大学、研究机构的科学技术普及教育基

地。这些机构是我国科学技术普及事业的主要力量，其组织能力和工作绩效直接关乎着整个国家科学技术普及工作的兴衰成败。开展对科学技术普及执行机构的能力绩效的评估，有助于增强我国科普机构的使命感，解决我国科学技术普及机构能力长期欠发达的问题，促进我国科学技术普及机构组织效率的提高和不断成长。这里，我们以科技馆为例，阐述科学技术普及执行机构评估须考虑的内容和方面。

科技馆实施评估的目的有 3 个：①评估观众的满足度，旨在了解科技馆的教育效果；②考察科技馆内部运作的方式和效率，以了解其运作是否符合科技馆的使命和目标；③衡量科技馆付出的人力、物力等代价是否符合服务的效果，以知悉科技馆的运作效益是否平衡。因此，科技馆评估的指标框架应包括：目标与使命、组织与运作、展览教育活动（包括外延教育活动）的开展情况、运作效益等方面。

二、科技传播活动效果的评估方法

（一）评估的指标框架

建立科学合理的评估指标框架是评估的关键。评估指标框架是根据评估目标所选定的评估对象的一组属性。评估指标框架确定后，对评估对象的评估就转化为对这些可以直观、具体衡量的属性的考察。

构建评估指标框架一般遵循如下原则：

①体现导向性，能引导传播活动的发展方向；

②突出重点，指标力求少而精；

③评估应侧重于效果评估，指标的设置应抓住关键；

④综合运用定性定量指标；

⑤动静结合。

（二）评估程序与评估方法

1. 评估程序

通常，评估者在进行正式评估以前需要草拟一个评估的方案与步骤，这是进行评估工作的必要程序。然而，评估程序并不是固定不变的，而是根据具体情况可以灵活调整。一般而言，战略规划或计划的评估、重大活动或项目的评估以及科学技术普及管理／执行机构的评估的程序都不完全相同。但也有其共性的一面。本节着重介绍评估的程序或步骤。

评估程序通常包括以下几个步骤：①确定评估的目的。无论进行何种类型的评估，这都是评估者首先需要明确的问题；②确定评估的重点与关键性问题；③选择评估指标；④确定评估的方式；⑤编制执行计划；⑥处理与分析数据；⑦撰写评估报告；⑧交流评估结果并制订后续计划。

2. 评估的目的

评估的目的是评估工作首先需要确定的问题。它有助于我们进一步思考所提议的评估工作。如果评估的目的明确，那么往往能够取得事半功倍的效果；反之，如果评估的目的不明确，那么评估就缺乏明确的方向，其结果不仅是浪费了资源，而且也起不到评估应有的作用。

3. 确定评估的重点与关键问题

在明确了评估的目的之后，接下来的工作就是要确定评估的重点与关键性问题。通常，摆在评估者面前的问题非常之多，且杂乱无章。这时，评估者需要冷静地思考哪些是需要重点评估的、哪些是一般性的、哪些是次要的，甚至可以忽略不计的。

评估者在确定评估的重点与关键问题时，需要考虑以下 3 个问题：①根据评估的目的决定评估的重点；②根据评估的经费与人力决定评估的重点与关键问题；③考虑不同的利益群体已经了解了什么，不了解什么，还需要了解哪些重要的信息。

一旦评估的重点与关键性问题已经明确，那么接下来的任务就是选择具体的测度指标。指标是指反映总体现象的特定概念和具体数值。任何指标都是要说明一定社会总体现象的某种属性或特性。通过一个具体的统计指标，可以认识研究现象的某一特征，说明一个简单的事实。如果把若干有联系的指标结合在一起，就可以从多方面认识和说明一个比较复杂现象的许多特征及其规律性。

正因为如此，评估指标的选择也就变得较为复杂与困难。具体来说，每一个关键性问题几乎都可以列出许多测度指标，而评估者既可以采用一个指标来

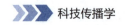

测度某一现象，也可以采用一系列指标来反映某一现象。因此，在选择评估指标时，需要经过认真仔细的研究。一方面必须遵循构建评估指标体系的原则，另一方面也可以由评估者进行初步筛选，然后请一些同行专家进行评议，或采用其他科学的方法选择评估指标。

4. 确定评估的方式

当以上所有问题都清晰以后，就可以确定评估的方式。通常，可供选择的评估方式或者说数据收集的方法包括文献法、问卷法、访谈法、观察法等。需要注意的是，节俭是中华民族的美德，评估工作应尽量本着节俭的原则。因此，在选择评估方式时，应尽量选择成本低的方法。

（1）文献法是评估方式中成本最低的方式。因此，如果能够通过文献法收集到信息（包括查阅有关文件、档案、年度报告、申请报告、监测数据和政府有关部门的统计资料等），就不必采用其他成本更高的方式，这样可以降低评估调查的时间、人力与资金成本。

（2）在评估调查中，采用抽样调查的方法比普查有更高的效率。因此，在不必要的情况下，尽量避免进行普查。

（3）在需要的情况下，可以采用定量与定性相结合的方法，采用文献法、访谈法、观察法等相结合的方式。

5. 编制执行计划

写出评估的执行计划，即构成整个评估过程的各个部分。包括：组建评估小组；分派任务；安排日程；预算。

6. 处理与分析数据

在收集了数据信息后，就进入了关键的数据信息分析阶段，并依据分析结果写出初步的评估报告。

通常，数据处理分析可以分为数据处理并制表、对制表结果进行讨论与分析、对评估的再评3个阶段。

对评估结果的再评估有助于评估人员通过评估实践深切体会和掌握评估知识。这不仅有助于增进评估人员的评估能力，也有助于总结评估经验，发现评估中存在的问题，从而提高科学技术普及评估者的评估能力和评估工作的质量。

7. 撰写评估报告

在完成以上步骤后，评估小组就需要编写评估报告，全面、系统地反映评估目的、内容和结果。通常，评估报告由内容提要、报告正文和附录 3 部分组成。当然，评估报告的格式并不是固定不变的，评估小组可以根据具体情况确定评估报告的格式。

8. 交流评估结果并制订后续计划

评估报告的完成并不意味着评估工作的结束。在完成评估报告之后，还需要进一步发挥评估报告应有的作用，交流评估的结果并制订后续计划，主要有交流评估结果和制订后续计划。

（三）评估调查方法

在评估调查的所有操作过程中，一个关键的问题就是如何收集相关的评估信息与数据，即采用何种方式进行评估调查。评估调查是指以评估为目的的社会调查方式，属于社会调查的一种特殊的情况。通常，评估调查的方式有很多种，包括文献收集的方法、问卷调查方法、访谈法、观察法等。

（四）评估分析方法

同其他领域的评估一样，传播活动的效果评估中也存在定量与定性两种分析研究方法。定性与定量方法各有其适用范围，互有短长，将二者结合起来，可对科学技术普及现象做出客观全面的评估。

1. 定量分析

定量分析也称量化分析，就是采用数学的方法，对评估对象的可以量化部分从数量方面进行描述、分析和评价，取得数量化的分析结果。定量分析有一套完备的操作技术，包括抽样方法（如随机抽样、分层抽样、系统抽样、整群抽样）、资料收集方法（如问卷法、实验法）、统计方法（如描述性统计、推理性统计）以及模糊数学方法。定量分析的资料比较客观可靠，统计分析比较科学准确，具有较高的客观性和可靠性，缺点是难以研究科学技术普及过程中大量存在的不可量化的主观现象。

对比法是评估活动中最常用的定量分析方法之一。对比法就是通过比较发

现差异与成效的方法。对比法有很多类型，其中主要有：前后对比法、有无对比法和综合对比法等。前后对比法看上去非常简单，但在实际操作时，也需要注意一些问题：①缺乏前测值；②前后对比法本身存在局限。有无对比方法也有一个较大的局限，即它假定试验组和控制组的基线值相同，而实际生活中，这一假定条件往往并不存在。尤其是当试验组和控制组基线值相差较大时，采用有无对比方法有较大的误差。这时，则可以采用另一种对比法，即综合对比法。需要注意的是，虽然综合对比法相对准确，但由于综合对比法既需要项目实施组与控制组的前测值，也需要项目实施组与控制组的后测值，对评估经费与评估时间的要求更高。

2. 定性分析

定性分析是相对于定量分析的一种分析研究方法。所谓定性分析，就是采用非数量化方法，对评估对象的不可量化的因素从性质的角度进行描述、分析和评价，做出定性的结论。定性分析能够处理科学技术普及过程中那些难以用量化方法描述的因素，从而从总体上掌握研究对象性质的基本情况或确定引起某一现象变化的原因及过程。

传播效果评估强调运用定性分析方法的原因在于：①传播活动的目标是促成人对信息的接受，它是以人为主体的，而人的心理活动和行为极为复杂，无法完全以自然科学的定量实证方法予以解析。②传播活动的因果关系不像自然科学那样有明确的界定。③定量方法来自稳定性、一致性高的自然科学领域，而对变动性大又存在异质性的传播领域则不很适用。④科技传播活动除了要增进人们的科技知识，更大的目标是要提高人们的科技兴趣、态度、价值行为上的素养，这些非智力因素很难进行定量测量，大多需要采用定性的方法。⑤传播效果评估的目的决定了定性分析的必要性。传播效果评估主要是为了促进传播工作的改良和发展。

定性分析最鲜明的特点是：①对特定问题的研究能达到相当的深度，能抓住问题的本质；②信息更真实、生动和相近，尤其是人们主观性的信息（如兴趣、动机、满意度等）；③能发现和界定传播过程中复杂模糊的问题和现象。当然，定性分析也有其局限性，最大的局限性是主观性较强，对评估者的要求相当高，所以其效度受到一定的影响。

提高定性分析可靠性和有效性的另一方面是采用三角互证法，即在研究某一问题时使用不同来源的资料或用多种方法收集资料，而后比较不同来源的信息，以确定他们是否相互证实。

3. 定量定性分析比较

定性方法与定量方法在功能和分析方法上存在差异，它们在数据收集方法上也各有倚重。另外，定性分析的数据抽样也不同于定量分析中的数据抽样。定量分析的样本要能全面准确地代表总体，而定性分析的抽样重在典型，重在有分析的余地，能提供很多深层信息，说明很多问题。常见的定性抽样方法有：极端抽样、普通抽样、配额抽样、滚雪球式抽样。

定量分析与定性分析的区别是显而易见的，但它们之间的关系并非矛盾对立、水火不容。而应该是互为补充、互相支持的。在传播效果评估中，常常是两种方法结合使用，主要表现为以下几种方式：①对定量资料给出定性的解释，比如在进行电视科技节目收视率调查时，评估人员可以进一步了解观众的收视动机和行为，由此获得对节目收视状况更丰富、更深入的了解；②对某些定性资料进行量化分析。比如，在调查博物馆观众对展览的教育性、趣味性等的看法时，可以让观众按照语义差异量表打分，获得一种数量化的评估结果；③将定性分析作为形成假设的途径，进而通过定量实验来检验这种假设；④同时收集定性与定量资料，两种方法互补使用。

因此，正确地运用定量分析与定性分析，以多元的方法进行科学技术普及评估，应该成为我们的基本原则。

（五）评估调查分析中应注意的问题

在评估的过程中，评估人员应秉持评估的意义。评估是应用研究，评估的最终目的是结果能得以"应用"；评估是一个过程，它是传播过程的一系列反馈环；评估有助于决策的科学化；评估有助于促进组织"省思"和学习。

传播效果评估人员必须走出评估的误区：评估不是统计，不是给项目或机构评判等级优劣。评估的主要目的不是证明，而在改进。评估没有所谓"正确的"方法可循。采用何种评估方法完全取决于你评估的目的是什么、评估结果意欲何为以及所能获得的评估资源等因素，要视具体的情况酌定。设计评估

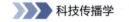

的过程中，艺术性与科学性同样重要，要富于创造性，尽可能全面获取调查数据，但不一定需要大样本量。

传播效果评估的目的决定了其指标数据收集要尽可能全面，这样才能够得出具有普遍意义、相对准确的结论。对于"全面"通常存在一种误解，认为大样本是使结果具有代表性和准确性的最好办法，其实并非如此。较大的样本的确能减少抽样误差（即样本的推论统计和实际母体群统计之间的误差），然而相比其他两种影响抽样结果的因素：抽样偏差和响应偏差，抽样误差是影响全面性最小的因素。抽样偏差是指由于所选样本群中有些样本受某种因素的影响，不能提供样本信息而产生的统计误差。而响应偏差是指答案不能反映回答者的真实态度和行为，如错误理解问题或刻意隐瞒事实时所造成的误差。抽样偏差和响应偏差更能够影响结果的准确性。因此，在资源（经费、时间等）一定的情况下，应优先考虑尽量减小抽样偏差和响应偏差，而不是选择更多的样本空间。

要减小抽样偏差，需要从时间、地点多方面仔细构建样本空间，尽量不遗漏样本单元。在这方面，国外一些科学技术普及项目的评估做得很好。比如英国课外教育（Education Extra）基金会为"地铁中的科学"所做的评估，评估小组采用观察法来考察地铁乘客对车厢内卡通科学技术普及招贴画的兴趣。他们通过精心设计观察时间段，构建了比较全面的样本空间：选择工作日上下班时间定位普通的地铁上班族，选择放学时间来了解儿童的反应，还考虑到周末乘客构成的改变而选择周末时间进行观察。美国儿童科学技术普及系列片"比尔·奈科学人"的评估中，为获得"该节目是否改变了孩子们的科学态度和科学意识？"的有关数据，评估人员除了直接从孩子那儿获得数据外，还将教师、家长都纳入了样本空间。要减小响应偏差则需要在数据收集方法的使用上下功夫，精心设计问题防止误解和误导、选择训练有素的访谈者都是有效的途径。

第九章
科技新闻的采访与写作

第一节　科技新闻人物的采访与写作

一、科技新闻人物采访

（一）采访的特点与难点

采访是新闻工作者为新闻报道而进行的了解客观情况的活动，它实质上是一种调查研究工作 ① 。

科技新闻人物的采访，实际就是与专家学者的学问的对话。对专家学者的采访与对官员、企业家、军人等其他对象的采访不同，专家学者的自身特点加大了采访的难度。

（1）专家学者往往科研工作繁忙、科研压力大，无暇抽身接受媒体的访问。

（2）许多专家学者往往以"淡泊明志"作为自己的信条，认为应当潜心科学研究，而不该"抛头露面""追逐虚名"，所以会对接受社会媒体的采访有一

① 梁一高. 现代新闻采访学教程［M］. 北京：中国广播电视出版社，2012：84.

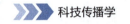

定抵触情绪。

（3）出于对科学的严谨态度，专家学者担心由于记者自身科学经验的制约，会在报道中出现偏差和失误，带来严重的后果或引发不必要的麻烦。

（4）专家学者从事的工作专业技术性极强，专家学者本人知识渊博、思想深邃，虽侃侃而谈却难以被记者理解接收，同时记者可能对基本术语也知之甚少，会提出一些令专家学者啼笑皆非的"傻瓜式问题"，双方无法建立有效的沟通，很容易出现"鸡同鸭讲"的尴尬局面。

（5）专家学者长期专注于科学事业，较之其他社会人士往往不善言谈，更不擅于将艰深晦涩的科学知识"翻译"成能为记者和普通大众接受的"大白话"。

（二）采访的流程与要求

1. 精心积累，不打无准备之仗

采访的前期准备包括短期准备和长期准备。

短期准备工作指的是从确定采访选题到前去采访之间的时间需要做的准备工作，包括基本的物质准备和至关重要的知识准备。物质准备指出行交通工具的安排、出行路线的选择、采访工具如纸笔、录音笔、摄像机的准备。知识准备至关重要，是影响一场采访成败的关键因素，包括了解该领域相关专业知识、基本学术术语阅读采访对象的专著、论文、科研成果，若有条件还应了解其生平、性格特点等，最终明确自己的采访主题、采访形式，并拟定一份脉络清晰、详细可行的采访提纲。这份提纲不仅可以帮助记者争取到采访机会，更可以提高采访效率与质量。

长期准备则需要科技记者在一直以来的从业过程中不间断的努力与积累。包括留心关注科技前沿资讯、阅读专业书籍、浏览科技论坛、与对口的行政和科研机构的人员保持联络等。只有这样，才能培养对科技新闻的新闻敏感，在第一时间捕获新闻线索，确定采访对象，得到采访机会。同时，也方便准备时间不足的情况下（如重大或突发事件）第一时间掌握采访资源，把握采访走向。

以屠呦呦获诺贝尔奖为例，2015 年 10 月 5 日，中国中医科学院中药研究

所终身研究员兼首席研究员屠呦呦与来自日本、爱尔兰的两位科学家共同荣获2015 年度诺贝尔生理学或医学奖，宣布获奖情况时已是 10 月 5 日夜晚，经过10 月 6 日一天的采访、写作、编辑、印刷，10 月 7 日《光明日报》便刊载了题为《屠呦呦：希望中医药成果更多》人物通讯，内容翔实，质量上乘，现摘录稿件的部分片段如下。

"我也怀疑自己的路子是不是走对了，但我不想放弃"

屠呦呦说，为了发现青蒿素，自己和疟原虫"斗"了一辈子。

疟疾是世界性传染病，每年都有数亿感染者，并导致数百万人死亡。20 世纪 60 年代以来，美、英、法、德等国均花费大量人力和物力，寻找有效的新结构类型化合物抗击疟疾，但始终没有获得满意的结果，而原有常用治疗疟疾的药物——通氯喹或奎宁已经失效。

1967 年 5 月 23 日，出于军事需要，我国启动了举国体制的抗疟新药研发——523 工程，全国 60 多个单位的 500 名科研人员，组成了抗疟新药研发大军，协同攻关，其目标就是找到新型有效的抗疟疾新药。也是各种机缘巧合，39 岁的屠呦呦临危受命，作为研究课题组组长，成为该项研究的关键人物。长期从事中药学研究的屠呦呦决定带领科研团队从历代医学典籍、本草和偏方入手，进行实验研究。380 多次实验、190 多个样品、2 000 多张卡片……最终，屠呦呦和课题组以鼠疟原虫为模型，发现了中药材青蒿提取物对疟原虫具有很好的抑制作用。但大量试验发现，青蒿提取物抗疟效果并不理想，其他几家科研机构也得出了类似的结论。

……

"呦呦鹿鸣，食野之蒿"。这句来自《诗经》的名句正是屠呦呦名字的由来。宋代朱熹曾注称，蒿即青蒿。这种坚韧扎根于山野间的平凡野草，似与她有着平生不解的缘分。

"执着、坚韧"，采访中，这正是屠呦呦的老同事们对她提到最多的赞赏。

1955 年，屠呦呦毕业于北京医学院（现北京大学医学部）药学系，并被分配到卫生部中医研究院（现中国中医科学院）中药研究所工作。

据她的老同事、中国中医科学院中药研究所原所长姜廷良回忆，1967 年开

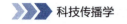

始这项科研攻关之时，正值中医研究院初创，特殊年代，条件艰苦，实验室连基本的通风设施都没有，实验却要反复操作。

……

为了加快药物研发进度，屠呦呦和团队成员有时甚至以身试药。由于各种化学溶液在实验室翻腾，老伴儿李廷昭回忆，那时候屠呦呦每天回家都是一身酒精味儿。

……

"屠呦呦对科学的追求有着超乎常人的执着，她是我们这一代科学家的佼佼者。"她的老同事、中国中医研究院中药研究所药理室主任廖福龙向记者感叹，"国家当时正值艰难时期，以屠呦呦为代表的科学家们完全凭借着对国家对人民的一腔热爱和对科学事业的执着追求，勇于发现，勇于创新，这是最令人感佩的地方。"

……

报道中既阐明了屠呦呦获得诺贝尔生理学或医学奖的基本新闻事实，也阐述了其科研成果——青蒿素的功用和科研过程的艰苦，还引用了屠呦呦的同事、老伴以及其他专家的回忆与评价，全面、翔实、客观，想要拥有这种在短时间内快速出手、写出佳作的能力，势必要进行长期的积累与磨炼。

2. 因人制宜，营造和谐交谈氛围

一次成功的采访一定要有一个和谐融洽的交谈氛围。

第一，记者的采访态度应该是谦逊而亲切的，因为面对的采访对象往往是学术界、业界领军人物，他们广博的知识和深邃的思想值得我们的尊敬，他们对社会发展、人类进步做出的贡献更值得表彰。但采访中，记者也要做到不卑不亢，保持基本的质疑求实的态度，对有疑惑或争议的地方及时、积极追问，不能不懂装懂，不能对采访对象一味附和盲从。

第二，面对不同领域、身份、性格、爱好的采访对象，要因人制宜地采取不同的采访策略。如农业方面的科学家可能更关注自然与民生，军事方面的科学家往往拥有更深沉的爱国情怀，选择在家中接受采访的科学家可能比较随和亲近，不苟言笑的科学家可能不愿意谈及个人的情况等，这些都需要记者进行

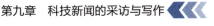

灵活的把握，营造令采访对象感觉最为舒适的交谈氛围，让他们放松戒备、积极配合提供报道所需素材。

3. 主动驾驭，紧扣主题展开采访

做科技新闻人物的采访，除了需要采访到采访对象所做的科研活动本身，还需要挖掘采访对象身上的珍贵品质与独特故事，因此，采访的要点除了科技，还能延伸出许多方面，那么在采访中可能会出现的一种情况是被采访对象牵着鼻子走，任凭采访对象大谈特谈无关的细节，把一次采访变成了琐碎的闲聊，采访得到的素材更没有办法整理成一篇完整而深入的通讯稿件。另一种可能出现的情况则是采访对象不善言谈，记者不能充分地调动采访对象的积极性，彼此找不到话题，则容易出现相顾无言的冷场局面，事后写出的稿件也只能是流于表面、空洞乏味的。

因此需要记者明确自己的报道主题和采访思路，在采访过程中积极主动地驾驭采访、控制节奏，设置详细的问题帮助采访对象打开回忆、打开思路，让采访对象积极主动地分享他的科研经历和个人故事，又能很好地把话题控制在采访所需的范围内，不被采访对象绕远。如何礼貌得体地控制驾驭采访也需要讲求说话的艺术，不要生硬地打断采访对象的讲话，可以在采访对象停顿的间隙对他所讲的无关的话题一个正面的回应，接着表示对之前提到的某个话题比较感兴趣，自然而然地将话题拉回来。在话题难以拉回正轨时则可以礼貌地表达自己的报道思路和采访需求，请求采访对象多说一些与报道内容相关的话题。

同时值得注意的是，采访对象"绕远"的话题中也许隐藏着极具新闻价值的点，遇到这种情况则无须执着于之前的采访方案，可以顺着话题进行深入的挖掘，尝试一下能否收获新的报道角度和丰富素材。

4. 多面采访，打造立体人物形象

采写科技新闻人物稿件，除了采访专家学者本人之外，也可以采访他的领导、亲人、同事、同学、学生，在不同人的眼中看到他在生活和工作中不一样的面貌，使报道对象的形象更加立体丰满、生动情趣、使人信服。尤其是在因种种原因无法采访到报道对象本人的情况下，采访他身边的人也是一个不错的选择。

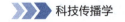

面对不同的采访对象，提问要有针对性、始终围绕一个中心，要明确自己需要从采访对象这里获得哪方面的信息、得到什么样的素材，以免得到的素材太过杂乱，反而在后期写作过程中无从下手。

5. 保持联络，发展成固定联络人

在采访结束后，要注意保存好采访对象的联系方式，工作单位电话、邮箱、微信等，一方面便于后期的资料补充和核实，另一方面，记者应积极主动与采访对象保持联络，逢年过节多声问候，将采访对象沉淀成自己的人脉资源，也有利于进行请教学习和日后的采访安排。

这一步骤在很多记者看来可有可无，在具体实践中也较难把握，但是，为了让自己成长为专精某一领域的科技记者，做到这一点将会获益匪浅。

（三）采访的方法与技巧

在对科技新闻人物的采访活动中，常用的获取新闻报道的基本材料的采访方法有3种：搜集法、访问法和观察法。这3种方法往往相互结合、彼此配合。不仅在采访前要搜集大量材料做采访准备，在采访中谈到或观察到的新的具有新闻价值的亮点也要继续做材料的搜集；在交谈中要留心观察采访对象的每一个细节；在观察中看到疑惑的地方也应当及时地询问。

1. 搜集法

搜集法，就是对新闻材料进行搜集，指记者在采访过程中搜集和查阅与采访对象、采访主题相关的现有材料的过程。

对于科技新闻人物的采访，需要搜集的资料一般包括：采访对象的生平资料、科研成果介绍、采访对象所在的科研领域的基本术语、过去对采访对象的新闻报道、总结材料等。

与其他类型的新闻采访相比，科技新闻人物的采访更需要重视材料搜集法的运用。首先，因为采访对象往往研究的领域艰深、思想深邃，记者如果没能做好前期的材料搜集，很难与采访对象顺畅地沟通。好的开头是成功的一半，完备的资料搜集将帮助记者拟定出一份切实可行的采访提纲，对采访能否顺利进行起到很大的影响作用。其次，人物采访本身就是一个从不认识到认识、从一般了解到深入熟识的过程，这个过程离不开大量的资料收集与分析，提前的

资料搜集有利于帮助记者对采访对象形成一个初步的认识，减少陌生感，为采访的顺利开展助力。最后，优秀的科技新闻人物背后往往有着许多丰富而不寻常的故事，广泛搜集、阅读资料可以拓宽思路，在搜集资料中发现新的、更有价值、有意义的新闻线索、新闻亮点或报道角度，有利于记者提炼采访主题、明确采访思路，也更容易写出精品稿件。

搜集法益处良多，但尽管是对现成资料的搜集，这一过程也并非是轻而易举的。在实践中该如何高效地搜集到有价值的资料，则需要不断地探索、积累，形成适用于自己的搜集网络。笔者在此提出几点可供借鉴的搜集方法。

（1）积累重在日常。作为一名专业的科技新闻记者，在日常的工作生活中，要注重随时、随地积累自己所需的素材，将散布在各处的资源有意识地进行集中、归纳、整理，建立属于自己的资料库、资料地图并不断完善。

（2）多看、多学、多问。珍惜每一个参加学术论坛、成果发布会、科技实践报道的机会，虚心求教，不断夯实自己的知识基础。

（3）要充分利用人脉资源获取素材资源。如借助相关政府部门、业内好友等获取自己难以搜集到的资料。

2. 访问法

访问，又称访谈、口头采访，是指记者在某种目的的制导下通过交谈的方式向采访对象获取新闻素材的过程，是新闻采访中最常用的获取事实的方法之一。美国新闻学者杰克·海敦在《怎样当好新闻记者》一书中写道："大约有 99% 的新闻是部分或全部以访问——也就是向人提问题——为基础写成的。"

对于科技新闻人物的采访而言，不通过与采访人物的面对面的交谈互动，就难以捕捉到生动、典型、翔实的事实材料，亦无法刻画出立体、饱满、富有人情味和个性特征的人物形象。一次成功的采访能够使记者和采访对象一见如故、知无不言，后期的稿件写作也自是水到渠成。那么，如何进行高效率、高质量的访问呢？

（1）要选择适宜的访问场所和访问时间，把握最佳访问时机。采访科技新闻人物，最佳场所就是他的工作室、研究室。因为尽管是采写人物通讯，围绕的中心始终是他的科研经历、科技成就，在他工作的地方采访便于记者直观地

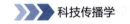

了解采访对象的科研内容，有一个更为准确的把握，也能更好地发现新线索、提出新问题。如果采访对象从事的工作保密性较强，外人无法或不便进入，访问地点也可以选择在家中、科研机构的接待室、茶楼等，满足整洁、清静、舒适的环境需求即可。关于访问时间、时机的选择与把握，一般来说，科技新闻人物的采访对时效性没有太高的要求，但如果出现了民众广泛关注的重大科技事件（如诺贝尔奖、载人航天器），对其背后的科技新闻人物的采访报道则是越快越好。因此，在访问时间的选择上，需要在以采访对象的时间安排为先的基础上争取时效性。

（2）掌握提问的艺术。善于提问，是一个优秀记者的必备素质。美国哥伦比亚大学教授麦尔文·曼切尔（Melvin Mencher）在《新闻报道与写作》中将记者的提问分为闭合式提问和开放式提问两类。这个分类方法科学、明确、简洁。闭合式提问就是指答案只能是"是"或"否"的提问，开放式提问指提出比较概括、广泛、大而化之的问题，对回答的内容限制不严格，采访对象的回答有很大的自由发挥的空间。闭合式提问有利于围绕焦点话题，直接获得所需的新闻素材，易突破，常用于深入追问或查证、核实，以及转换话题，但多了容易影响交谈的氛围，也不利于引导采访对象说出更多记者没有想到的但具有价值的内容。开放式提问有利于缓和交谈的氛围，营造轻松愉悦的聊天气氛，充分、广泛的回答也能给记者提供更多的素材与灵感，但如果把握不好则容易聊"跑题"或只是停在表面的泛泛而谈，由于松散和自由，难以深挖。因此在实际访问中应该把二者结合起来，这既需要记者对采访提纲的准备和把握，也需要随机应变的临场掌握能力。提问的方法也多种多样，包括正问法、侧问法、反问法、迂回法、诱导法、设问法、激将法、错问法、插问法等。

（3）需要记者认真聆听，做好笔记和录音，同时对自己感兴趣或存疑的地方进行积极反馈。在科技新闻人物访问中，记者应当坚定质疑求实的态度。科学是严谨的，科技传播中的误传很可能造成巨大的损失，因此在访问中不要得过且过、不懂装懂，而应该拿出刨根问底的科学态度，扫清疑点，对于采访对象的话如果存在质疑也应该多找专家多方求证核实，力求报道的准确无误。

3. 观察法

观察法，即现场观察、用眼睛采访，指记者通过对客观事物的观察来采集资料。观察法也是记者采集新闻的基本方法。

（1）观察法能够帮助记者获得第一手材料，最为直观、真实，同时还可以通过观察法验证其他第二手、第三手材料的真实性。

（2）观察法能够使记者产生最直接的心灵触动，获得鲜活的细节材料。观察法是人际间的互动的重要方式，通过面对面的、现场的细致、透彻的观察，实景才能最大限度地触动记者的真情，捕捉到鲜活的、动人的细节。这样才能写出生动的细节描写、情感传达才更富有感染力，更好地用文字为读者还原真实的人物和生动的故事。

（3）观察有利于记者增强对采访对象和采访内容的理解，进行准确、深入的报道。对于科技新闻人物的采访，记者如果对人物没有细致的观察，就很难捕捉到人物最灵动的品质，就无法把人物写活，同时，记者如果对人物的科研实践没有直观的观察，就很难想象和理解艰深的科学逻辑，容易在报道上产生偏差。

对于人物的观察，不仅需要观察人物的言行举止，也需要关注人物的周围环境，以及通过察言观色，读懂采访对象未能言明的内心。

新媒体时代，许多网络媒体、自媒体最为人诟病的一点就在于没有脚踏实地的现场观察与访问，只有凭空想象的揣测和点评。对于科技新闻人物的报道来说，要争取在访问和观察上做到尽善尽美，才能将人物写活，挖掘科技人物人性的闪光点，最大限度地发挥报道的作用——赞美卓越成就、树立先进典型、增强科技自信、倡导学术新风、呼吁关注科技、引领科技进步。

二、科技新闻人物写作

在科技新闻报道中，科技人物报道占据着一个突出的位置。较之充满专业术语的科技实践、科技成果的报道，发生在科技新闻人物身上的富有人情味的故事更容易吸引人、打动人、影响人。

科技新闻人物的写作与其他人物通讯相比，既有共性，亦有个性。共性在于都是对人物的刻画与塑造，个性在于专家、学者往往比普通人的故事更有传奇色彩——性格特征更为明显，人物经历更为丰富，做出的贡献更为突出。

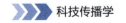

（一）写作对象的常见类型

科技人物报道中最常见的两种类型分别是对热点人物的报道和对典型人物的报道。

1. 热点人物

科技新闻中的热点人物指在具有重要性、显著性的新闻事件中涌现出来的人物或团队，他们是因为新闻事件而被凸显，与该事件有着密不可分的联系。

如钟南山曾因在 2003 年的 SARS 之战中一战成名，受到民众的广泛关注，2013 年 2 月 4 日，《广州日报》发表《非典十年后重访钟南山》，回顾了钟南山在十年前那场没有硝烟的战争中的抗非战绩，介绍了十年来钟南山坚持不懈地在食品安全、医患关系、养生等方面所做出的努力以及对上述问题的评价和建议。

2017 年 1 月 9 日，中国科学院物理研究所研究员、中国科学院院士赵忠贤获得 2016 年度国家最高科学技术奖。1 月 10 日《人民日报》发表《赵忠贤：半世纪研磨超导体》，介绍了赵忠贤近半个世纪以来持之以恒地在高温超导体领域的艰苦研究和他所取得的卓越成绩。

2. 典型人物

典型人物是指新闻媒体报道的，在科技界内能够代表时代潮流、反映科学家、科技界精英的群体风貌的人物，也可以看作是对做出突出科技贡献的先进人物的一种表彰宣传。如《科技日报》2014 年 4 月 16 日刊发了《施一公：揭示细胞凋亡 研发抗癌新药》的人物通讯，以施一公获得 2014 年爱明诺夫奖，成为首位获得这一国际大奖的中国科学家为新闻由头，回顾了施一公在生物学领域做出的突出贡献。

开创中国生物医药企业发展新模式的俞德超。2015 年 11 月 9 日，《中国高新技术产业导报》发表了题为《俞德超：做百姓用得起的高端药》的人物通讯，2015 年 11 月 14 日，《科技日报》发表了题为《俞德超："重组"中国生物制药新格局》的人物通讯。

（二）写作的重要环节

1. 确定写作体裁——消息、通讯

科技新闻人物的报道体裁主要有科技新闻人物消息、科技新闻人物通讯两种。

科技新闻人物消息：就是以消息的形式宣传优秀的、典型的、受大众关注的科技工作者，以表彰起先进事迹、科学精神和在科学界做出的卓越贡献，起到普及知识、树立榜样、凝聚共识、鼓舞向前的作用。

科技新闻人物通讯：就是以通讯的形式报道具有新闻价值的科技界人士，反映他的行为、事迹以及他的精神境界、人生轨迹，从而达到教育启迪民众、弘扬高尚情操、砥砺同行前行的作用。

这里的消息和通讯尽管都有许多共性，却也有着明显的区别：一是消息比通讯更注重时效性、篇幅也较短，而通讯比消息的内容更为丰富、更具有故事性，因此可以说，消息重在"快而精"、通讯重在"全面丰富"；二是消息主要侧重于基本事实的阐述，即谁、在哪里、做了什么事、产生了什么影响，通讯则重在精神、情操的传达，富有感性色彩。

2. 梳理写作素材、确立写作脉络

美国哥伦比亚大学教授麦尔文·曼切尔将记者搜集到的采访素材分为三个层次：第一层是消息来源提供的材料；第二层是记者通过目击、调查、挖掘得到的材料；第三层是阐明和解释性材料[①]。一篇完整、客观、丰富的科技人物报道离不开这三方面的素材。

梳理写作素材，首先记者本人要先消化、理解手中掌握的材料，厘清材料的主次、顺序。采访对象对自己过去的故事、科研的经历不一定是按照准确的时间顺序或因果的逻辑顺序叙述的，这就需要记者在采访记录中梳理出故事的先来后到、事件的前因后果。采访中涉及的专业术语、理论原理等，记者也要认真琢磨理解，形成规范且通俗的表达。

在素材的梳理过程中，写作脉络也会自然而然地变得清晰。根据采访所得，可以确定哪一部分的内容最为精华，理清材料的主次顺序，从而确定采访

---

① 麦尔文·曼切尔. 新闻报道与写作［M］. 北京：广播出版社，1981：144-168.

主题，确定稿件要分别说明哪些方面的问题。

3. 精心设计标题与导语

新闻标题就是新闻的题目，是对新闻内容的高度概括、是新闻精髓的集中体现。标题作为一则新闻的眼睛，直接影响着新闻的传播效果。一般来说，科技新闻人物报道的标题中或是体现人物突出的科技贡献，或是表彰人物的科学精神。

一则优秀的新闻标题应当做到准确、醒目、有吸引力。准确，不仅指对科技事实的准确表达，也指对该新闻报道主题的准确把握；醒目则主要体现在标题的形式、结构上，如疑问句、对偶句等；有吸引力，首先表现在对科技内容的通俗化翻译，不让读者对专业术语望而生畏，也表现在采用比喻、拟人等修辞手法来虚写标题，引起读者的好奇心和阅读兴趣。

导语是消息体裁特有的内容，是将新闻内容的结论、精华或高潮部分放在正文之前，以期概括新闻事实、吸引读者注意。美国新闻学者赫伯特·黑德曾说："导语是新闻的生命所在。[1]"

科技新闻人物消息在进行导语写作时应注意，导语必须要点明最主要的科技事实，要言之有物；将最重要、最新鲜、最有趣、最具有吸引力的内容写作导语；力求简短精练、优美生动。

4. 完成正文与结尾的写作

正文是新闻报道的主体、躯干，要求进口新闻主题，对科技新闻人物及其主要科研经历、科技成果做出详细、准确的介绍说明。

科技新闻人物报道常用的正文结构有：倒金字塔结构、顺序结构、横向结构。

倒金字塔结构是新闻报道最常用的结构，首先将最精华的部分说出，既能突出中心、点明主题，也能帮读者把握重点。

采用顺序结构来进行人物报道，可以清晰地展现新闻人物的人生历程和科研经历，或展现人物负责的科研项目从启动到成功的完整历程。需要注意的是：采用顺序结构写作必须要有明确的报道主题、中心思想，否则容易沦为"流水

---

[1]　洪天国. 现代新闻写作技巧［M］.北京：中国新闻出版社，1986：46.

账"之流。

横向结构不受时间顺序的影响，围绕一个主题，将各类相关的情况有机地整合在一起，从点到面地塑造一个立体的人物。

人物报道的结尾有三种常见的类型：点明主旨、深化主题；给予评价、表彰鼓舞；有感而发、自然抒情。对科技人物的报道，在结尾部分要注意客观评价，不要过度赞美、假意抒情，将人物"神化"，坚持真实、客观、自然。

5. 巧用背景材料

心理学研究表明，人们有时对事实本身并不怎么感兴趣，而对产生这个事实的背景却有着很深的好奇心。巧用背景材料，可以很好地吸引受众对报道的兴趣。背景材料常常放在正文开头或结尾处，以吸引读者注意或作为补充材料，增加阅读趣味性。

尤其在科技新闻报道领域，大多数受众对于科技领域的专业知识是陌生的，而其背后的背景材料对受众而言更有亲近性，背景材料若运用得当，也可以帮助读者理解深奥的科技知识。

（三）写作的要求与技巧

1. 写人写物，但以写物为主

科技新闻人物报道的报道对象虽然是人，但写人物报道不是写小说，报道对象是因为他的科研经历、科技成就、科学精神才被选择成为报道的主角，因此科技新闻人物报道写作中应当写人、写物，但以写物为主，通过他的事迹、成就塑造人物形象，而不只是单纯的人物素描。

《广州日报》2017年3月21日刊载的《港珠澳大桥岛隧工程总工程师林鸣：我不走老路 人生需要新的天花板》的人物通讯，将写人与记事糅合起来，通过记叙港珠澳大桥岛隧工程的设计、施工、遇挫等过程，分成了"'菜鸟'开始建海底隧道""'离岸岛'灵感来自东京""为省十亿自主创新""曾劳累过度鼻腔出血"四个小结，重点突出林鸣在技术匮乏的条件下艰苦开创、工程中的一大亮点——离岸岛——的设计、林鸣的自主创新精神与孜孜不倦的敬业精神，在记事的过程中穿插着对人物的语言描写、细节描写，使林鸣这个总工程师的形象逐渐饱满、深刻，自然而然地在事件中引出林鸣的科研精神：不走老路，

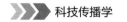

超越天花板。报道内容如下：

今年是林鸣的本命年，他给自己准备了一份特别的礼物。

如果顺利的话，就在下月，千呼万唤的港珠澳大桥海底隧道将迎来贯通的关键时刻。"如释重负？"林鸣瞪大眼睛反问了一句，"现在是最紧张的时刻，即将完成海底隧道沉管最终的接头。很多工程就是卡在这一环很长时间。"空气变得有些凝重。林鸣先笑了起来，看着办公室墙上挂的"平安是福"四个字，眼神灼灼，还有什么"险山恶水"是他没有跨过去的？

林鸣，港珠澳大桥岛隧工程总工程师。这是他在工程项目上的第七年。在他的带领下，这个团队解决了世界级的难题，创造了无数个世界第一，他们正在完成一个世纪工程。

"菜鸟"开始建海底隧道

从2010年担任港珠澳大桥岛隧工程的总工程师以来，唯有现在，林鸣才能把过去这七年的经历讲得如此举重若轻。

林鸣是我国著名的桥梁专家，但在接手港珠澳大桥工程前，对隧道工程从无涉足过的他，完全是"菜鸟"。

"我国建海底隧道技术，在外国专家眼里看来，也就是小学生的水平。"接触并考察过世界一些成熟的海底工程后，林鸣不得不接受这一现实。

更让人想不到的是，整个工程到最后几乎都是边勘查，边研究，边设计，边制造装备，边施工，几条工作线同时进行的。"别人以为修隧道是照本宣科，其实，到正式动工时，才发现之前的设计必须全部推倒重来。"从不打无把握仗的林鸣这次也不得不成了"临时主义"。

"离岸岛"灵感来自东京

首先摆在面前的第一道大难关就是：两个离岸人工岛的建设。建人工岛，是为海中隧道和桥梁的转换衔接提供一个"转换器"。

建离岸岛的主意，是林鸣提出来的，"灵感来自东京湾横断公路的一幅图"。于是他给港珠澳大桥设计了两座扁舟状的离岸岛，伫立在水中央，显得娉娉婷婷。

愿望是美的，但到了实操层面，一堆问题就冒出来了。

这两个 10 万平方米的人工岛，如果按照传统抛石填海的方法，不仅工期长，而且在通航繁忙的伶仃岛航道附近水域安排大量船舶施工，必然"堵船"，风险极高。

此外，用这种方法，还需要开挖 800 万立方米的海底淤泥，有统计，其挖掘量相当于堆砌三座胡夫金字塔。加上这里正好是中华白海豚的家园，一旦开挖，对它们生存环境的污染将不可避免。

种种弊端，逼着林鸣必须另辟蹊径。

林鸣又"突发奇想"地提出"快速成岛法"："何不将一组巨型钢圆筒直接插入并固定在海床上，然后再填砂形成人工岛。"事实上，这一想法并没有经过太多波折，就很快"落地"。

筑岛用的钢圆筒直径为 22 米，截面面积相当于一个篮球场；高度为 50 米，差不多是 18 层楼高；单体重约 550 吨，体量类似于一架 A380 空中客车。

把这样一组庞然大物，制作、运输并固定到设计位置，其中每一项对中国工程师来说都是第一次。

2011 年 5 月 15 日，这是一个重要的时刻，第一个钢圆筒被稳稳插入海底 30 多米深处。

对于工程的每一个重要时间节点，林鸣都记得很清楚。就这样，被国外专家预计要两三年工期才能完成的人工岛，被林鸣的突发奇想，在短短七个月时间就完成了。

"那么多反对和质疑的声音，我们坚持下来了。"谁也体会不到，当初林鸣是顶着怎样的压力。

为省十亿费用自主创新

人工岛的速成，让林鸣增添了不少信心。

接下来就到了另一个大难关——外海沉管隧道的修建。

港珠澳大桥沉管隧道目前是当前世界上唯一的深埋沉管隧道。而且外海沉管隧道核心技术和话语权一直掌握在少数几家外国公司手里。

一开始，林鸣为稳妥起见，寻求外国公司的力量。

林鸣曾带着工程师到韩国釜山考察。但国外施工单位不允许他们登船，只拍到一张远景照片。本来兴致勃勃的取经之行，成了灰心丧气的"海湾七日游"。

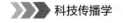

随后，他们又请了欧洲一家顶级沉管隧道技术公司的专家到现场，在听到需要增加一年工期和十多亿元人民币咨询费用后，林鸣决定自己干。

"人生处处都是坑。"林鸣觉得这句网络用语再贴切不过地表达了他当时的无助和沮丧。从那时起，他打定主意："谁都靠不住，只有靠自己。"在港珠澳大桥深埋沉管隧道技术被他们突破后，当时开出天价咨询费的欧洲公司又特意邀请林鸣去做交流，并在公司升起了中国国旗，这些就都是后话了。

曾劳累过度鼻腔出血

港珠澳大桥这段 50 多公里长的海底隧道，是由 30 多节沉管连接完成。林鸣给它们标上了序号。从 E1 到 E33，每一节都有自己的故事。在林鸣眼里，这些就像他的每一个孩子。

2013 年底，在筹备他第八个"孩子"——E8 沉管安装的关键时刻，林鸣因劳累过度，鼻腔大出血，四天内实施了两次全麻手术，醒来第一件事，就是了解沉管安装的准备情况。身体还未恢复，他就急匆匆回到工地上，经历昼夜连续施工的全过程，知道沉管顺利沉放对接，林鸣才下船复查身体。

在林鸣看来，命运最曲折的是安装第十五个"孩子"——E15。

沉管的安装，是一个相当复杂的工程，要从工厂把这个重达 80 000 吨的"大家伙"通过船运到施工地点，然后再精准沉放到指定位置，并与前面的沉管对接。每一次都需要几百人共同的力量。光是从工厂拖到施工点，都需要好一阵折腾。

由于异常情况的出现，E15 不得不经历两次被拖回工厂，第三次浮运之后，才顺利完成了安装。

"几乎每一节沉管都有故事"，从 2013 年 5 月的第一节到 2016 年 10 月的最后一节，三年时间，林鸣总算是顺利送走了每一个"孩子"。

在报道的后半段，记者则直接采用了对话实录的形式来介绍这位"千亿工程背后的总工程师"，不仅在形式上使读者对问题的把握更加清新，在内容上更大程度地"无损"还原林鸣的话语与形象，在心理上也更容易使读者产生对话、聆听的感受，增加真实感与贴近性。对话如下。

千亿工程背后的总工程师

广州日报：现在工程到了什么阶段？

林鸣：在做最终接头。本月 7 日，最终接头已从江苏运回珠海。南通 150 个电焊工人在一个 1：1 的模拟舱里进行焊接合龙演练。接头的重量超过 5 000 多吨，我们要用一个 12 000 吨的浮吊将它运回来，正在协调如何把船开进珠江口。

现在最大的挑战是测控问题。系统完成后，完成一系列的测试。细节决定成败。

广州日报：现在是什么感觉？

林鸣：最忙最紧张的时候。这么多年了，我们还没有感到如释重负。前段时间，录制一段纪录片时，我们的一个能干的工程师梁桁说："如释重负的感觉。"但是，我发现他是含着眼泪讲的。

广州日报：您除了研究工程技术和数据，是否还会思考一些更宏观层面的问题？

林鸣：不思考不行。人们经常问，你怎么看这个 1 000 亿元工程？赚不赚钱？值不值得建设？被问多了，就会逼着去想。

港珠澳圆了我的梦

广州日报：您接手项目时，从没涉及过隧道工程，当时是怎样下定决心来做？

林鸣：我不走老路，人生需要新的天花板。工程师就是需要挑战。我做工程师好多年。我做过好多梦。当年我住在武汉，武汉正在建设二桥，我坐在车上从一桥上经过，看着二桥心里就想，人生能在长江上建一座桥就没有遗憾了。后来武汉三桥就是我建的，圆梦了。

后来我有一次去日本看到一幅东京湾横断公路图，那里面有一个离岸岛。当时我就想，将来我有机会建一个这样的岛就完美了。没想到在港珠澳大桥这个工程上实现了。

珠江口将是超级城市

广州日报：您怎么看待港珠澳大桥的未来？

林鸣：我在 2005 年接手这个工程，我研究了很多，包括它的投资方、环

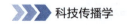

境。我对这一带很看好。在很多人对这个工程建设表示困惑的时候，我坚持认为，要把珠江口当作一个超级城市。现在包括港珠澳大桥和深中通道、虎门二桥、正在规划的伶仃洋大桥，将来东西沟通后，这里会成为一个超级城市，可能会容纳一两亿人。

所以，超级工程不能简单用工程经济指标来衡量，要用社会发展的战略价值去考量。它是在改变格局，改变人的思路，改变城市化的观念。

工程后我想环游旅行

广州日报：现在工程有多少个第一？

林鸣：太多了，我们现在都不把它当作一回事了。（笑）这不是谦虚，是要理性。不要认为第一对你有多重要，不能为了几个第一飘飘然。

广州日报：港珠澳大桥工程完成后，对下个阶段怎样设想？

林鸣：七年来，我从没给自己放过假。工程结束后想旅行。环游中国、环游世界。

广州日报：您怎么看待荣誉？

林鸣：我很高兴，很光荣。但不是为我个人，是为这个团队。

在这里需要提醒注意的一点是，并不是所有科技新闻都适用于对话形式的报道，上文中的采访问题主要涉及的是"感觉如何""如何看待"等与这项工程的科技内容关系较弱的问题，感情色彩大于理性色彩，普通百姓接受起来没有任何难度，反而更感亲切。而面对专业技术性问题，如果采访对象即专家学者的答案过于艰深、抽象则不能简单地把对话"糊上"纸面，必须进行转述，在不影响客观性和准确性的前提下转换成普通百姓能够理解的语言。

2. 写出人情味，拉近距离感

普通大众在日常生活中一般很少接触到科技领域的专家学者，对专家学者也往往有一种神化后抽象化、符号化的刻板印象。在写作中，记者本人首先要打破这种刻板印象，不囿于宣传报道的"主旋律""赞歌式"的束缚，避免落入"造神"的宣传模式，以客观公允的笔调真实地还原报道对象的真实样貌。其次，写出人情味的关键在于从细微之处见真情。最常用的手法是加入人物描写与细节描写，描绘报道对象的音容笑貌、语言、动作、服装等，许多人物报道习惯于在开头部分使用人物描写，生动的描绘使人物形象变得立体可感，让读者感觉到这位成就斐然的科学家其实跟每一个在平凡岗位上默默奉献的普通人一样，都是鲜活的、有喜怒哀愁、七情六欲的凡人。

《科技日报》2015 年 6 月 4 日刊载的《于本水：人如其名的"铸剑"大师》的开头部分是这样描写的。

13 岁时，于本水第一次摸到了枪。

那是 1947 年，于本水的家乡解放。上过三年多小学、识文断字的他被土改工作队看中，成为一名小土改工作队员。种地靠锄、打仗靠枪，热火朝天的生活开阔了他的视野，让个子还没有枪高的他认识到武器对于保家卫国的重要性，在心中播下了梦想的种子。

"我的梦想，就是为国家研制先进武器。"81 岁的于本水说，眉毛一扬。

他用一生追逐着自己的梦想。投身航天事业 56 年来，他为我国几代防空导弹的研制呕心沥血；他主导设计的"近快战法"让一度不可一世的 U-2 飞机闻风丧胆；他著书立人，为祖国航天事业培养出一代代领军人物……在国防领域，防空导弹专家于本水威名远扬。

对公众而言，他却默默无闻。从始至终甘当"幕后英雄"的他，恪守着国家安全铁律，工作的事"上不告父母、下不告妻儿"。

"本"色自然，静若止"水"——于本水人如其名。

在接受采访时已 81 岁的于本水是我国防空导弹专家，报道却从他"个子还没有枪高"的 13 岁与武器结缘的岁月写起，在漫长的岁月中为自己的梦想一生坚守。

又如《科技日报》2015 年 6 月 7 日刊载的人物通讯《冷用斌：用"超级灯光"照亮未知》中有这样两段话。

高中时的一节物理课上，老师手指指教科书上一幅插图："认为这幅图有错误的同学请举手。"全班只有两个人举手，而另一个同学举手的原因，只是因为看到了冷用斌也在举手。就像电影中的桥段，当老师点到他名字的瞬间，冷

用斌已经想到了这幅图错在哪里、如何修改。在学科上的悟性，使同学和老师都理所应当地认为他应该去学物理。

毫无悬念，1990 年冷用斌以云南省第二名的绝对"学霸"姿态冲进了中国科技大学理论物理专业的大门。开学第一天，他在自己所在的近代物理专业遇到了不同省份的 3 名"状元"、9 名"榜眼"，一向不服输的他也在这里遭遇了人生第一次考试"滑铁卢"——入学考试没能如愿进入尖子班。

掌握着尖端科技的科学家冷用斌在中学时代就显露出的卓越天赋自是担得起"天才少年"的称呼，但科学家也不是全知全能的神，他一样会遭遇挫折。这两段介绍既体现了报道对象"天才少年"的传奇色彩，也有起落浮沉的命运感，更真实生动。

3. 拒绝浮夸的追捧和空洞的煽情

报道科技人物，要做到不煽情、不拔高，把握好真实与升华的关系，客观记叙与自然抒情的关系。升华是建立在事实的基础上的，要用科学的事实说话，如果没有感人的、有力度的新闻事实，浮夸的升华不仅没有任何说服力，还会引起读者的反感。感人心者，莫先乎情，而情感何以动人？只有真情实感的自然流露才能打动读者，为抒情而煽情只会适得其反，令新闻报道看起来假、大、空，失去读者的喜爱与赞同，就无法发挥舆论导向作用。

我们一起来看一下《黔南日报》2016 年 11 月 4 日 1 版刊载的人物报道《呕心沥血 20 载"中国天眼"终铸成——记 FAST 项目总工程师兼首席科学家南仁东》。

9 月 25 日，祖国西南，苗岭深处，"天眼"睁眼，我国又添一件大国重器，傲视太空，深探苍穹。它的建成凝聚了无数人的心血和汗水。其中，有一位名叫南仁东的科学家，从天命之年到古稀之年，呕心沥血 20 载，在党和政府，众多科学家的大力支持下，建造出具有我国自主知识产权、世界最大单口径、最灵敏的射电望远镜。

1993 年，在日本东京召开的国际无线电科学联盟大会上，科学家希望在全球电波环境恶化到不可收拾之前，建造新一代射电"大望远镜"。会后，时任中国科学院北京天文台副台长的南仁东提出了建设射电"大望远镜"的设想。那时候的南仁东才回国三年，却已经在国际天文专业领域里小有声名。

1994—2006 年，世界上多了一位名叫南仁东的"勘探者"和"推销员"。寻找一个又圆又大的"坑"，是建造前提。南仁东带人走进贵州山区，看了好几百个"坑"。直到有一天，踏上大窝凼。这是一大片漏斗天坑群，像天然的巨碗。四周的青山抱着一片洼地，山上郁郁葱葱，几排灰瓦的木屋陈列其中，鸡犬之声不绝于耳。南仁东站在窝凼中间，兴奋地说："这里好圆。"村民至今还记得，南仁东追着当地人较真发问的样子——"下雨了会不会有落石滚下来？""这里天气到底怎么样？"回来后，南仁东等人正式提出了利用喀斯特洼地建设射电望远镜的设想。他知道，这种大工程的立项将非常艰难，不立项就没有钱，没有钱就没有团队。为了寻求技术上的合作，他坐着火车从哈工大到同济，再从同济到西安电子科技大学。他的立项申请书上最后出现了二十多个合作单位，有 3 厘米厚。他还设法多参加国家会议，逢人就推销项目。

经历了最艰难的十多年，FAST 项目逐渐有了名气。2006 年，立项建议书最终提交了。在最后的国际评审中，南仁东用英文发言，提前把整篇稿子背下来。评审最后国际专家开玩笑："英文不好不坏，别的没说清楚，但要什么说得特别明白。"2007 年，国家批复 FAST 立项。项目启动，南仁东成为首席科学家。他参与到 FAST 设计的每一个环节当中，成员在做决定之前都要来听听他的意见。

2011 年 3 月，村民搬迁完毕，FAST 工程正式动工建设。开工那天，南仁东在洼地上，默默看着工人们砍树平地，他对身旁的工作人员说："造不好，怎么对得起人家？""我谈不上有高尚的追求，没有特别多的理想，大部分时间是不得不做。"南仁东说。2016 年 9 月，南仁东重新回到"大窝凼"，在二十二年之后怀着不同的心情重新站在山头，目睹经历了漫长岁月的"天眼"正式启用。这项雄伟的工程从此将在此处凝望太空，默默坚守，或许某天，就能接收星外文明发出的第一声啼鸣……

这篇人物报道，做到了写人写物，但以写事为主：在 FAST 工程 22 年来从

立项到动工到启用的事件回顾中塑造人物；写出了真实的、有人情味的南仁东：南仁东追着当地人发问、南仁东的英语不好不坏、南仁东说自己没有特别多的理想；将文学性、感性与科学性、理性有机地融合在一起，作者运用了许多文学性的景物描写、抒情描写，在事实的基础上合理抒情，没有对人物多着笔墨，却将一个呕心沥血、兢兢业业的科学家的形象真实自然地呈现给读者，比起空泛的描写或浮夸的追捧，更能赢得读者的喜爱。

第二节　科技实践、科技成果新闻的采访与写作

因在第一节中对科技新闻人物采访与写作的基本流程、要求、技巧有了比较详细的阐述，因此在本章中，将不再对共通的基本知识进行赘述，而将着重针对不同之处进行详细阐述。

一、科技实践、科技成果新闻采访

（一）采访的特点与难点

科技实践、科技成果新闻采访目的主要是掌握有传播价值的科技信息，以传递给社会大众。他们的采访活动的特点，也是其难点。

首先，相比科技新闻人物报道，科技实践、科技成果新闻报道十分讲求时效性。无论是科技实践活动的进展、新的科技成果的问世，还是关于科技发展趋势的预测，报道的新闻价值都是随着时间递减的，因为随着这些重大科技新闻事件的出现，各家媒体都争先恐后地在第一时间进行采访、发出报道，之后的报道除非能够有更新颖的角度、更深刻的解读、更权威的预测，否则意义不大。因此对这类新闻来说，错失时机，便也失去了报道价值。

其次，对记者的科技敏感提出了更高的要求。记者需要对科技界的新情况、新问题、新变动了如指掌，做到眼观六路耳听八方，能够迅速灵敏地从海量新闻线索中识别价值、发现事实、挖掘意义，这对一个不具备相关专业知识背景的记者来说，科技敏感的培养需要花费很多时间与精力。

最后，科技实践、科技成果涉及领域的广泛性、发生时间的持续性、相关知识的复杂性给记者的采访工作带来了许多挑战。这要求记者具备坚实的相关领域的知识基础，并且在日常的工作和生活中不断学习、注重积累各方面的素材。

（二）采访的内容与形式

科技实践新闻、科技成果新闻的采访内容主要有：科技实践活动的现场情况；科技成果的发明创造与应用；科技发展历程；科技工作经验；科技界的现状与趋势；科技法规与科技政策；受众感兴趣的科学技术普及知识、珍闻趣闻等。

采访的形式主要有：对相关资料的搜集与查阅、参加科技界学术会议、参加专题座谈会、对科技活动的现场观察与采访、对科技人物的个别采访等。

（三）采访中的常见问题

目前的科技实践、科技成果新闻采访过程中主要存在的问题有 3 类。

（1）媒体不重视，记者素质低。科技新闻在许多媒体只占据很小的版面，甚至经常没有科技新闻的报道，对于科技实践和科技成果，媒体的采访意愿不强，不愿意专门派出记者前去采访。同时，记者的科技素质普遍较低，隔行如隔山，尤其采访报道高深的科学研究更是对记者形成了巨大的挑战。

（2）专家不配合，沟通不顺畅。这里的不配合有主观和客观两方面原因，主观上，专家的主动性不高，科学技术普及意愿不强，他们长期潜心学术，两耳不闻窗外事，抵触与社会化的大众媒体打交道；客观上，科学研究之复杂，科技术语之艰深，使得专家学者难以将属于转换为"大白话"与外行进行解释与沟通，科技记者的不专业也使得专家学者没有耐心为记者一一解释，同时也不相信记者能够将复杂的科学知识准确地传达给受众。

（3）公众不爱读，辨别能力差。公民的科技素质平均水平不高，不关注科技动态，其原因一方面在于，许多公民认为艰深的科学世界与自己的普通小日子无关，另一方面，即使想要了解相关科技知识也难找到学习通道，缺乏优秀

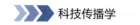

的科技新闻报道为他们注入持续关注、了解的兴趣。

这3类问题并不是互相独立的，他们相互作用，彼此制约，形成了一个恶性循环：媒体、记者不能重视、提升自身的科技素养，就难以与专家学者进行很好的沟通交流，专家学者变得更抵触接受社会媒体的采访，采访难以顺利进行，导致媒体记者也写不出优秀的科技新闻稿件，读者更不爱看，从而媒体更不愿意费力不讨好地去做科技新闻采访。

要克服采访困境，需要媒体、专家、社会的共同努力，而作为记者来说，则需要不断提升自身的科技素质，了解和掌握科技实践新闻、科技成果新闻的采访要求与技巧。

（四）采访的要求与技巧

1. 长期积累、密切关注

发现新闻线索，才能产生采访动机，因此，科技新闻的采访是以捕捉新闻线索为起点的。科技记者在日常生活中要善于留心科技动态，了解科技进展，注重积累科技知识，构建属于自己的"科技地图"。运用自己的科技知识，从报刊、广告、会议寻找中寻找新闻线索，围绕情况，确定报道思想，才能展开深入的调查采访。

同时，由于科技新闻采访专业性强，如果事先毫无准备就匆忙接触，面对高深晦涩的专业知识会显得手足无措，更无法与该领域的专家进行对话，长期以来的关注和积累就显得至关重要。

2. 讲究时效、把握时机

因为科技实践活动、科技成果发布属于时效性很强的新闻事件，因此就对记者的科技素养提出了挑战，要求记者能够在新闻事件出来后的最短时间内完成准备工作和采访任务，有所问，有所得，才能了解科技活动的整体与细节，迅速提炼出主题，完成稿件写作。

3. 深入采访、力求真实

科技实践、科技成果新闻报道的最大特点就是用事实说话，具有严谨的科学性和准确性，同时要以生动而具体的表达向受众传达科学知识、阐明科研过程。因此采访的过程就是一个挖掘科学真相的过程，只有经过认真的询问、仔细的查看、深入的了解才能真实客观地还原。

以往的科技新闻报道曾闹出过"水变油""特异功能"等伪科学的报道，还有大量空洞肤浅、味同嚼蜡的科技新闻，究其缘由，都是因为没有进行深入的采访、缺乏质疑精神、缺乏对真相的执着探讨。

4. 明确主题、掌舵方向

科技实践和科技成果都是复杂的新闻事实，事件背后有许许多多值得挖掘、具有新闻价值的事实，比如科学家的汗水与智慧、实践过程的艰苦卓绝、科技成果的非凡意义、实践活动与公众的关系、对未来生活、产业发展的预测和影响等，面对如此纷繁的信息，这就需要记者在采访中明确自己的报道主题，围绕一个固定的主题进行采访，把交谈的话题控制在主题之内。同时，也要在采访中注意识别是否有更独特、更有意义的素材，然后对其进行采集挖掘。

5. 虚心请教、听懂吃透

采访科技新闻，就是在采访科技知识、采访专业人士的学问。科技新闻的采访过程，也是记者的一次学习过程。记者学习后，还要继续做读者的老师，把自己所学的知识再传授给读者。因此，记者在采访过程中务必做到虚心求教，自己先把知识听懂、吃透，才能扮演好"老师"的角色。

尤其是，在采访的过程中，专业人士习惯于用准确的科学术语，如果有听不懂的地方，一定不能不懂装懂，应当虚心求教，与其一起探讨通俗化的解释、表达方式，将个中知识弄懂、吃透。

6. 突出主体、兼顾群体

在采访对象的选择上，要依据自己的报道主题，选择最合适的人选。如科技政策的解读适合采访政府官员，科技成果的汇报适合采访发明人，科技实践的活动适合采访项目负责人，科技产品的市场化应用适合采访企业相关负责人。

科技活动往往是群体智慧的结晶，但为了叙述的一致性、主题的突出性，采访对象应以某一人为主，同时兼顾科研团队的群体，使素材全面、丰富、立体。

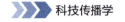

二、科技实践、科技成果新闻写作

（一）科技新闻报道的特点

1. 新闻性

科技新闻报道首先是一则新闻，这就要求其必须具有新闻性，即对科技界的新事件、新成果、新发现、新结论的报道。

2. 科学性

科技新闻报道是对科技事实的报道，科学性是它的首要特性。要求做到事实真实与评价真实，并使用规范的科学表达。事实的真实是科技新闻科学性的基础，为确保事实真实可采用请教多名专家核实、查证国际杂志等方法。评价真实指对科技实践、科技成果的地位做出实事求是的评价，不夸大其词。

3. 知识性

科技新闻本身就是一种知识，它存在的最大价值在于传递科学知识。为了更好地发挥传递科学知识的价值，记者在写作过程中要注意将高深晦涩的科技术语做通俗化处理，使更多的人能够理解，更好地发挥科技知识的教育、导向作用。

4. 权威性

科技报道权威性来自其报道内容和报道对象的权威性。重大科技实践活动一般是由政府机构、科研机构主导进行的，科技成果可以通过实验证明、国际权威杂志报道等方式证明其权威地位，科技新闻的采访对象一般是该领域的专家、学者、政府官员等，他们的身份与地位本身就是一种权威性的象征。记者在报道科技新闻的过程中一定要求真求实、捍卫其权威性，因为普通受众会对科技新闻中提供的信息坚信不疑，如若有假，不仅伤害科技新闻的权威性，还可能给社会或个人带来严重的损失。

（二）写作的基本环节

1. 素材：去伪存真、分类排序

记者要对手上所有的素材进行真假鉴别。主要的辨别依据有：材料来源、材料的形成时间、材料的性质。辨别的方法在于多学、多看、多问、多思。

素材的选择务必严谨，首选准确度最高的素材，辅之具备新闻价值（即时效性、显著性、贴近性、趣味性）的素材，素材选定后，对素材的挖掘应当深入。

将所有素材去伪存真后，为了便于梳理脉络、行文，还应对素材进行分类与排序。如科技实践报道，可以分为现场报道、科学技术知识、人物专访、背景材料等类别；科技成果报道，可分为成果展示、科研始末、科技原理、人物专访、实际应用等类别。紧接着对不同类别的材料进行排序、划分主次，从而形成新闻报道的基本轮廓。

2. 确立主题、组织素材

在对素材进行整理后，还应认真消化理解素材，在理解的基础上找寻最具有新闻价值的点，主题是从素材中提炼、升华而来，而非生搬硬套，同时要紧紧围绕确定好的主题对素材进行筛选和组织。

主题应当立意深刻，好的立意的新闻报道成功的重要因素。科技新闻报的主体确立应以有利于科技进步、国家和社会的发展、民智的启迪、经济效益的增长、人民生活水平的提高为导向。科技新闻报道通常只有一个主题，在多主题的情况下可以分列平行的小主题。

3. 标题与导语的制作

科技新闻标题与导语应点明主要科技事实，让读者只看标题就能对这一科技实践、科技成果有一个大概的认知。

在科技新闻报道中，标题和导语最大的问题在于专业性太强、生动性太弱，令普通读者望而生畏；同时，科学性、准确度不够，科技界同行也不屑一读。

好的标题应该是在说清基本科技事实的基础上，采用更为生动、更具人文关怀的表达方式，兼顾科学性与生动性。如《科技日报》在2016年11月10日发表的关于空间天气预报为天宫二号太空之旅保驾护航的消息，标题为"你负责诗和远方，我负责星途坦荡"。这则标题将天宫二号和空间天气预报做了拟人化的处理，仿拟"你负责貌美如花，我负责赚钱养家"的网络流行语，并且在格律上押韵，不仅在形式上充满意趣、吸引注意，在内容上容易引起读者的好奇心，形象地点明了天宫二号和空间天气预报的关系，令读者看过文章后

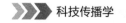
能够会心一笑。

再如科技日报 2017 年 2 月 26 日发表的科技新闻，题目为"孕妈妈得疱疹新生儿会患自闭症？"。这则标题采用了设问的形式，并在副标题中自问自答——虽有致病风险，但患病比例很小，这种设问的方式有利于引发读者的好奇心与思考，在于副标题的自问自答中，紧扣主题、把握要点、简洁明快，有助于读者形成深刻的记忆。

《上海科技报》2015 年 9 月 11 日发表的一篇介绍弛豫铁电 PMNT 单晶体的新闻报道，题目为"一块小晶体折射出的大难题"。这则新闻标题中用了"小"和"大"的对比，能够引起读者的好奇心，让人不禁去想：是什么样的小晶体？有多大的难题？在好奇心的驱使下，读者会带着这个疑问开始阅读。

《现代金报》2016 年 3 月 11 日发表的题为《我是"阿尔法狗"》的新闻报道中用了下面一段导语。

我叫"阿尔法狗"，是一个机器人。提出"机器人三定律"的阿西莫夫，有部小说叫《我，机器人》，用来当我这篇自述的名字，挺好。

确切来说，我的"灵魂"是一套计算程序，"大脑"是一堆处理器芯片。一般时候，我的"大脑"由 48 个 CPU 和 8 个 GPU 芯片组成，这是单机版。我的"完全体"，也就是联网版，则拥有 1 202 个 CPU 以及 176 个 GPU。最近几个月，很多人类都说我进步很快。其实，跟李世石下棋用的是"单机版"。在家学习的时候，用联网版，这样才会提高得更快。赢了李世石两场，我好像红了。号称"人类大脑专利"的围棋，看起来不过如此。不过，我的存在只是为了证明，人脑不能及的领域，电脑可以帮助人类做到。

这段导语用了拟人化、讲故事的表达方式，以"阿尔法狗"自述的方式对其做了一个简短、清晰的介绍。这种方式拉近了读者与"阿尔法狗"的心理距离，这种叙述方式也能帮助读者理解复杂的机器人的运作原理。同时，导语最后一句也点出了作者对"阿尔法狗"的评价以及对人工智能的态度：它们只是人类的辅助工具，不会对人类造成威胁。

《中国科学报》2016 年 12 月 15 日发表的《天眼"觅源"：探寻宇宙的奥秘》

报道中，导语部分如下。

　　仰望星空，我们常会问：我们是谁？从哪里来？是否孤独？

　　在贵州省平塘县克度镇，有一个曾名不见经传的大窝凼，如今，这里已经成为中国仰望星空的新基地。

　　9月25日，500米口径球面射电望远镜（FAST）竣工，这架天文望远镜的建成，标志着中国科学家实现苍穹觅源、寻找地外生命的宏伟志愿又添新的利器。

　　仰望星空，是每一个普通读者都做过的事情，繁星所处的浩瀚宇宙更是神秘而引人遐想，从而自然而然地引出了这架帮助人类探索宇宙奥秘的利器——500米口径球面射电望远镜（FAST），同时也交代了时间、地点、作用与意义。在一句简单的感性描写后，紧接着简单明了、开门见山地点出了这则报道的对象和关键要素。

4. 完成正文写作

　　科技实践新闻、科技成果新闻的报道体裁多种多样，包括：科技消息、科技通讯、科技特写、科技述评、科技调查报告、科技新闻资料等，不同的体裁有时也可以交叉使用。

　　正文部分的写作应该按照体裁的不同"量体裁衣"，如科技消息中，正文应以精简凝练的语言将最主要的新闻事实阐述清楚，并尽可能地采用大众化的语言，以让更多的人理解，才能有效地传递信息、普及知识；科技通讯则需要还原科技事实的全貌，不仅要有全面的介绍，还应包括背景资料的拓展、专业的评价等；科技述评则需要针对某一项技术、某一件成果进行全面、客观、准确的叙述与分析，在读者的选择、应用等决策中起到切实有效的指导作用。正文是报道的主体、躯干，要求准确、客观、鲜明、生动。包括的主要内容有：科技实践的事实性介绍、科技原理的普及、科技成果的研发始末及功用、背景材料、客观评价等。

　　正文写作中有许多值得学习的写作技法，这将在第三小节进行深入的探讨、阐述。

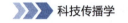

5. 真实性核实

科技新闻报道相比其他新闻报道来说，稿件完成后的"核实"环节至关重要。因为科技领域理论的复杂性、记者本身专业知识的局限性，容易使报道存在数据错误、理论误解、张冠李戴、评价不客观中肯等错误，因此在稿件完成后，应当邀请被采访者或其他专家、官员帮助审核稿件，审核内容包括事实无误和解读公平两个方面。

（三）写作手法与技巧

1. 修辞格的个性运用

科技新闻因其报道主体的深奥复杂性而常常在内容上也变现为晦涩难懂，为了表述的准确性、科学性而使用大量陌生的专业术语，令读者望而却步，影响了传播效果的发挥。为了使科技新闻变得生动、耐读，在不影响精准表达的基础上，合理地运用修辞格增加新闻报道的趣味性便成为行之有效的手段，在科技新闻报道中常见的修辞手法有：比喻、拟人、仿拟、举例、对比、摹状等。

比喻。是用本质不同而又有相似点的事物描绘事物或说明道理的辞格，在科技新闻的写作中，即通过用某种司空见惯的事物来描写或说明与之具有共通点的一项科技活动、一个科技成果或一个科技原理。使用比喻的好处在于能够引发读者的联想，生动形象地阐述清楚要表达的科技事实，深入浅出地把高深莫测的科技知识变得具体可感，以利于读者理解接受。

如《科技日报》2017 年 3 月 8 日 9 版刊载的《"冰箭"的"冷心脏"》这篇报道。

随着《2016 中国的航天》白皮书发布，我国深空探测一期工程计划浮现。作为目前我国运载能力最大的火箭，长征五号无疑将承担起相关计划的发射任务。

长征五号是中国目前研制规模最大、技术跨度最高的航天运输系统工程。其近地轨道运载能力 25 吨，地球同步转移轨道能力 14 吨，能将中国进入空间的能力提升 2.5 倍，并带动牵引中国现役运载火箭动力系统升级换代。

发动机被誉为火箭的"心脏"。长征五号所有的发动机均由航天科技集团六院研制，包括作为助推的 8 台 120 吨液氧煤油发动机、芯一级的两台 50 吨氢氧发动机，以及芯二级的两台 9 吨膨胀循环氢氧发动机。

该火箭副总设计师、六院发动机专家陈建华介绍，长征五号被称为"冰箭"，发动机所用液氢、液氧推进剂的温度分别为零下 253 度和零下 183 度。氢氧发动机与液氧煤油发动机搭配使用，能够最大限度地发挥火箭的性能。

以这两种发动机作为主动力的，国际上只有苏联的能源号运载火箭。

陈建华说，长征五号发动机应用了先进的闭式循环技术、补燃循环技术和膨胀循环技术，使我国称为世界第二个掌握这项技术的国家。其中 50 吨级氢氧发动机，既是国内最大推力的氢氧发动机，也是世界上温度最低的发动机。

长征五号运载火箭在燃料上下了很大功夫，此外，为了防止空气中的水蒸气因低温凝结，火箭设计必须考虑防水设施。液氢还具有极强的挥发性，而火箭发射时尾部火焰温度将达到 3 000℃，如若隔热不当，液氢有可能消耗殆尽。因此，必须通过绝热方式对火箭进行严格控制，需给"冰箭"穿上一件厚厚的"绝热服"，保证火箭不被热量"入侵"。

这篇报道将长征五号运载火箭比作"冷箭"，将它使用的发动机比作"冷心脏"，并在文内解释了之所以称之为"冷箭"，是因为：发动机所用液氢、液氧推进剂的温度分别为零下 253 度和零下 183 度，氢氧发动机与液氧煤油发动机搭配使用，能够最大限度地发挥火箭的性能；之所以称之为"冷心脏"，是因为：长征五号发动机应用了先进的闭式循环技术、补燃循环技术和膨胀循环技术……其中 50 吨级氢氧发动机，既是国内最大推力的氢氧发动机，也是世界上温度最低的发动机。这个比喻既突出了长征五号采用的先进技术，又使读者清晰地认识到长征五号新技术的特点，相比"液氢""50 吨级氢氧发动机"这些专业术语，"冷箭"和"冷心脏"更容易令读者接受、理解。

拟人。就是把事物人格化，将本来不具备人动作和感情的事物变成和人一样具有动作和感情的样子。这种修辞手法赋予了科技新闻的报道对象以浓厚的感情色彩，拉近读者与高端科技之间的心理距离，能够引起读者的情感共鸣，便于理解科技知识、掌握科技动态。

如《中国环境报》在 2017 年 2 月 16 日发表的《厉害了 word 大亚湾》中有一段描述大亚湾的中微子探测器。

从大亚湾核电站的山底一路向下，穿过 3 000 米的隧道，位于实验厅里的中微子探测器正静静"坐"在深蓝色的超纯水中，睁大"眼睛"紧紧盯着来自核反应堆的中微子。

这里对中微子探测器进行了拟人化的处理，把它形容为变成了会坐、会睁着眼睛看的人，这就拉近了读者与这个陌生的"中微子探测器"的距离，产生了亲近与好感，产生了阅读的兴趣，同时有利于读者了解中微子探测器的主要功能是什么。

人民日报 2017 年 1 月 13 日的《看！创新英雄们的风采——2016 年度国家科技获奖项目巡礼（上）》的专题报道中刊载了四篇文章，标题分为是："寻找宇宙'隐形者'""修好移动通信'高速路'""为了让天空'高颜值'""打开最后'一扇窗'"。

这同一专题下的 4 篇文章题目不仅格式统一，也都利用比喻、拟人的修辞格使标题更亮眼、语言更亲民、含义更容易被读者理解。其中，第一则新闻报道的是大亚湾反应堆中微子实验发现的中微子振荡新模式，"隐形者"指的是中微子，由于中微子质量极其微小，不带电也几乎不与任何物质发生作用的特点让它极难捕捉，好像施了"隐身术"一般所以称其为"隐形者"，这个比喻帮助读者对"中微子"这个陌生的名词建立起直观的感受，让读者明白它的最显著特点所在，而且，这也点明了这项研究成果的难度，彰显了这项科技成果的重大意义；第二则新闻报道的是第四代移动通信系统（TD—LTE）关键技术与应用，这个比喻变"移动通信系统"的抽象为"高速路"的具体，利用二者高速便捷的共有特征使读者了解到这项科技为自己的生活带来的切实好处；第三则新闻报道的是浙江大学能源清洁利用创新团队，他们针对煤炭全过程的清洁利用的研究为环境的保护做出了突出贡献，将洁净的蓝天用流行语"高颜值"进行拟人化的表达，更富有贴近性和人情味；第四则新闻报道的是高危非致残性脑血管病及其防控关键技术与应用，将对非致残性脑血管病的干预比作最后

"一扇窗"，指明了这项防控技术的重要意义。

仿拟。仿拟是指仿照人们熟知的现成的语言材料，根据表达的需要临时创造出新的语、句、篇来，在运用时所仿拟的一般是人们所熟知的语言材料，如成语、谚语、名言、警句。这种修辞手法的运用可以使严肃、枯燥的科技新闻的句式变得生动活泼、内容更加意趣盎然，吸引读者的关注，给读者留下深刻的印象。

举例。指表示一种对抽象化事物借用具体的，相对来说较容易理解的实例的阐述。由于科技实践、科技成果、科技知识的理论化、抽象化、不易为普通大众所接近的特质，这种手法在科技新闻报道中常被使用，通过具体的、常见的、事实性的例子帮助读者理解科技新闻。

对比。是把具有明显差异、矛盾和对立的双方安排在一起，进行对照比较的表现手法 有利于凸显事物的本质特征，增强文章的感染力。

如《人民日报》在 2016 年 8 月 22 日发表的《量子通信，中国领跑》中有这样一段话：

"比如利用万亿次经典计算机分解 300 位的大数需要 15 万年，利用万亿次量子计算机，只需要 1 秒。"潘建伟介绍，在大数据和人工智能里，求解一个亿亿亿变量的方程组，利用目前最快的亿亿次"太湖之光"超级计算机大概需要 100 年左右，但是如果利用万亿次的量子计算机，只需要 0.01 秒。

这里用了"15 万年"与"1 秒"、"100 年"与"0.01 秒"的数字进行对比，突出量子计算机运算速度及其之快的特点，不需要过多的介绍和描述，具有强烈对比的数字摆在眼前，具有强烈的冲击力和说服力。

摹状。摹状是一种修辞方式，又叫摹绘、仿拟或摹拟，是摹写人或事物的声音、色彩和情状的一种修辞方式

2. 特殊写作手法

数字的使用与数据解读。在科技新闻的报道中，数字的出现频率很高，有时也常常在标题中出现，回忆一下，一定经常见到类似于"世界第一例""中国仅有的两个""是去年的五倍""高达五千亿"这样的带有数字的标题，数

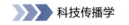

字具有很强的表现力，简洁而直观地亮出新闻点，使报道更加精练、准确、震撼。同时，还可以利用数字的直观对比来增加冲突感，强调新闻价值。

如《人民日报》2016 年 12 月 26 日发表的《科技创新，我们有实力》一文，分别用了以下 5 个小标题，从 5 个方面回顾 2016 年科技创新的卓越成就。

50% 创新动力更加强劲

248.66 亿元基础研究精彩纷呈

12.5 亿亿次大科学工程捷报频传

33 天航天强国步履铿锵

1 337 个创新创业热潮涌动

利用数字做标题，紧紧围绕着"我们有实力"这个主题，用一个个强有力的数据增强对"有实力"的认识，用数字总结回顾的方式也显得井井有条。

有时，对数据的单纯列举是远远不够的，一些较为复杂的、在日常生活中接触不多的数据在许多门外汉看来只是数字本身而已，看不出数据背后所隐藏的变动、趋势，数据本身并不能给这部分读者带来有价值的信息，因此记者在写作中需要对数据进行解读，将其反映的问题阐述清楚，才能为读者所用。

讲故事。记者在写作中运用讲故事的写作手法，可以大大增强科技新闻的可读性，吸引读者的阅读兴趣。故事放在开头，可以减轻读者对科技新闻的畏惧心理，先以轻松耐读的故事吸引读者的注意，引人入胜使读者对接下来的科技报道产生好奇心；故事也可以放在中间，缓解一下阅读深奥难懂的科技知识的压抑情绪，以持续吸引读者的注意，吸引读完整篇报道；故事还可以放在报道的最后，一来可以作为补充材料增加报道的趣味性，二来可以作为辅助手段帮读者理解前文的知识，最后还可以给读者留下一个轻松有趣的印象。

3. 通俗化翻译

一篇优秀的科技新闻报道，不应只停留在事实的陈述、专家话语的引用上，还应该在保持新闻内容科学性、准确性的基础上，尽可能地用普通大众最能够理解、接受的通俗语言来阐释晦涩的科学原理、学术术语，即对学术式的文本进行"通俗化翻译"，以使更多的受众能够有所知、会应用。

科技新闻报道中最常见的问题在于记者没有进行深入的了解和细致的打磨，在报道中堆砌了满满的陌生的专业名词和不知说明什么问题的科学数据、充满了照本宣科式的话语引用，仅仅停留在表面的、枯燥的事实列举上，甚至是根本没有什么对科技本身的解读，只是洋洋洒洒谈了一些无关痛痒的评价，令读者初见望而生畏，细读乏而无味，读后不知其味。

为了避免这种情况的发生，记者要对原始的学术式文本进行打磨加工——通俗化翻译。这首先要求记者要不断提高自己的科技素养，打破学科的界限、技术的藩篱，把自己所要报道的领域、内容弄懂、吃透，如果自己都不能完全地消化、理解，又遑论把这些素材有机地整合在一起、烹制出一道可口的新闻大餐？写出来的只能是东拼西凑的夹生饭。

除了记者要加强自身的科技素养外，在行文写作中如何对科技新闻内容进行通俗化翻译，这里列举了几点建议：

遣词造句通俗化。用字大众化，避免生僻、艰涩的词语；多用实词，少用虚词；多用具体的描绘，少用抽象的概念；多用短小、结构清晰的句式，少用冗长、结构复杂的句式。

深入浅出。在深入地理解后，更容易在解释专业术语时，致力于用最朴实无华的句子，让人们一见明了，发生"互通"反应，并能产生共鸣。

合理运用背景材料。这里的背景材料包括历史背景材料、空间背景材料、知识背景材料。把报道主体放在特定的历史发展进程中去阐述，有利于读者结合当时的历史实际，加深对事实的理解；把报道主体放置在更广阔的周围环境中，有利于读者从整理的角度把握它的功能与意义；适当地引用知识解读做背景补充，有利于扫除读者的知识盲区，帮助读者理解专业术语和新闻内容。

重视描写，增强形象感。在写作中，借助情节、细节和现场描写，发掘富有情趣和人情味的事实，增强科技实践活动的现场感、科技成果的形象感，用细节描写将生硬、枯燥的科技知识变"硬"为"软"，就能够使得报道更富有趣味性与感染力，为读者带来轻松愉悦的阅读体验，留下更清晰的认识和更深刻的印象。

如《光明日报》2017年2月27日刊载的报道《"三龙"探海刷新"中国深度"》中，开头第一段用了这样的一段描写：

热流喷涌形成巨大的"黑烟囱"，温度高达上千摄氏度，一群生物却依靠着这有毒的硫化物生存，还有更多不为人知的物种时隐时现……这不是科幻小说的幻境，而是以"蛟龙""海龙"和"潜龙"为代表的中国潜水器将要探索的未知世界。

一开头，作者就使用一段景物描写把人们的视线拉到了这个水下7 000米的世界，绘声绘色的描写极具情趣，使读者对这个科幻小说一般的水下未知世界产生好奇，从而产生了继续阅读的欲望。

4. 强调贴近性

许多受众对科技新闻兴趣寥寥，一部分原因在于他们认为高大上的科学技术与自己的日常生活相去甚远，关注与否对自己都不会产生大的影响。科技本身是无意义的，科技的意义在于对我们的生活产生的影响、带来的改变。因此，记者在进行科技新闻写作时，应当注重从受众的角度出发，阐发科技与生活的密切联系和重要意义。

即贴近受众的利益和兴趣。从受众的利益出发，要注重报道内容的实用性、针对性、指导性，让读者在阅读后能够对自己的生产和生活有所帮助、有所启示。除了满足读者个人的利益需求外，还应当发挥对社会发展、人类进步的向导作用，对于能为经济、社会、环境发展带来贡献的科技成果，应当积极宣传，吸引民众的关注和社会资本的青睐。而从受众的兴趣出发，则需要满足受众对于拓宽眼界的需求，对于这类报道，可以用故事化、散文化的语言，提升阅读时的愉悦感。

5. 强化服务意识

科技报道中还常常存在服务意识不足的弊病。主要表现在，一方面，在一些科技会议、科技政策的报道中，新闻报道围着领导转，领导的职务、领导的发言占据了很大的比重，而对技术本身浅尝辄止。另一方面，记者没有从受众的需要出发，没有充分考虑到读者需要什么样的科技新闻、怎样写才能让读者弄懂这项技术，而只是站在自己的立场把自己看到的、了解的科技新闻记录了下来。

一篇优秀的科技新闻报道应该就像记者给读者上了一堂精彩的课程一样，老师为了能够准确清晰地将知识传递给学生、调动学生的积极性，使学生有所收获，就应该强化服务意识，利用自己的信息优势，进行充分的选题策划与素材组织，反复锤炼写作技巧，采用多种解释手段、提供丰富背景材料，力求给读者更多的知识与指导。

第十章
国外科技传播实践

首先，根据各个国家的特色，研究在其历史发展中对科技传播扮演重要角色的一部分，总结该国科技传播的背景，包括时间因素、空间因素、环境因素。其次，具体到某一科技传播案例的详细分析。最后，以小见大，整体揭示科技传播的整个过程和意义。通过对各国科技传播实践优秀研究和文献的浏览和梳理，并保证历史资料、时间、数据等的完整性和准确性，所有引用都已在脚注或段落中标出，以便追溯其来源，使读者对本章节的综述有清晰完整的认识。

第一节 美国的科技传播实践

作为目前世界上公认科学技术发展最强大的国家，美国也是最早重视公众科学素养的国家。20 世纪 70 年代后，欧美众多国家开始重视科学技术的普及。美国最早开始将其付诸实践。大众媒介和政府在推广科技的过程中起到了重要的作用。

一、大众媒介在美国科技传播过程中的作用 [①]

多项科技与大众媒介的研究中表明，截至 1999 年，电视、书籍、报纸等均起到了相当重要的作用。电视排在首位，随后依次是书籍和报纸。"据 NSF1999 年的调查，美国每位成年人每年在收看电视方面平均所花费的时间大约为 1 000 小时，其中 42% 的时间被用于收看新闻，而用于收看科技节目的时间占 4%。"这项调查还从美国的观众性别、观看时长、文化层次等方面进行细化的差异性调查。"男性比女性收看科技类节目的时间略多，前者平均为 42 小时，而后者是 38 小时。收看科技节目的时间长短也与接收正规教育的程度相关，教育程度越高，收看科技类节目的时间越长，但差别并不是很明显。"

一直以来美国媒介的言论自由让整个舆论环境具有包容性，大众媒介在美国科学传播的过程中起到了很重要的作用。在一定程度上，美国的媒介教育 [②] 也促使了美国的科学普及。20 世纪 90 年代初，美国为了推动大众媒介教育，在各个地方都建立发展各种组织。

建立于 1953 年的非营利性教育机构"国家电视媒体委员会"（National Telemedia Council）20 世纪 90 年代面向各州的老师、研究人员、图书馆馆员、家长及媒介专业人士举办了各种有关媒介素养教育的研讨会。总部设在休斯敦的"西南媒介替代计划"（SWAMP）不仅在德克萨斯州组织了各种有关媒介教育的宣传活动、讨论会和在职培训计划，还把这些推广到马萨诸塞州、新墨西哥州、俄勒冈州等其他地区。"公民媒介素养"（Citizens for Media Literacy）是一个面向平民的教育与推介的组织，1991 年建立于北卡罗莱纳州的艾西维尔市（Asheville）。西北媒介素养研究所（Northwest Media Literacy Institute）1993 年建立于西雅图，是全国性会议"媒介素养的教育：回顾与掌控"全国性会议中决定建立的。媒介与价值中心（Center for Media and Values）1989 年建立于洛杉矶，随后发展成著名的"媒介素养中心"。其他的一些组织，包括大学中传播系的课程项目（如旧金山的"媒介素养策略"，奥克兰的"国家媒介教育联

---

① 王大明. 美国的大众传媒与科技传播［J］.科学对社会的影响，2003（4）：41—44.

② JZ 爱门森. 美国的媒介素养教育［EB/OL］. 陈国明，译.［2017–03–28］. http://www.cssm.org.cn/view.php?id=21317.

盟""国家媒介素养计划"以及纽约的"媒介教育中心")都出现于 20 世纪 90 年代，并一直积极从事推动媒介教育（Pungente，1994）。

科学技术的发展和美国媒介的发展是相辅相成的，当媒介开始逐渐壮大之时，传播先进思想的渠道也就丰富了。从而促使更多先进的科学技术通过日渐庞大完善的媒介散播。可以说，有了媒介的教育组织、传播机构等形式，为科技传播奠定了厚实的基础。美国的大众媒介在科技传播过程中扮演着重要的角色。

然而，由于当时美国媒介对科技界的信任缺失，缺少沟通和统一，从事媒体工作的人员真正懂科学技术的很少；另外，媒体过度注重"轰动效应"，会忽略科学的真理。因此，美国的大众媒介在一定程度上也成为科学普及的绊脚石。虽然起到了负面作用，但是总体来说媒介起到的传播作用带给社会和科技界的贡献是非常大的。

二、政府在美国科技传播过程中的作用 ①

根据学者宋娴在《美国科学传播体系构建：科学教育和公众传播的双重路径》中的研究，美国政府层面的科学传播主要有两个途径：科学教育和科学传播。教育是实现传播的一个重要渠道，美国在公众科学传播中，政府在科学教育中投入非常多。

1958 年，美国颁布《国防教育法》，掀起了科学教育改革，在世界上是第一次。在教育法中，美国指出，科学教育是一个国家发展科技水平的重要部分。一个国家的科学教育水平，很大程度上反映了该国家的科技发展水平。"美国的科学教育改革目标与措施广泛影响着西方各国的科学教育，成为波及全球的科学教育改革的浪潮。"

1966 年，美国颁布《国家科学教育标准》。这一次，美国政府提出了"科学素养"（Scientific Literacy）作为基本目标，将其定义为"对个人决策、参与公共文化事务以及经济生产所需要的科学概念和过程的知识和理解。"还提出，

---

① 宋娴. 美国科学传播体系构建：科学教育和公众传播的双重路径［J］. 外国中小学教育，2016（11）：25–31.

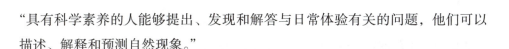

"具有科学素养的人能够提出、发现和解答与日常体验有关的问题，他们可以描述、解释和预测自然现象。"

21 世纪后，还提出了 STEM 教育的理念，即加强美国各个学校的数学和科学方面的教育，鼓励学生选修有关于科学、技术、工程和数学（STEM）的课程 ①。迄今为止，STEM 教育是美国在科学教育方面的最新举措。在 2011 年奥巴马的一项战略中，也提到了 STEM，呼吁各个部门联合起来加强 STEM 教育，加大在此方面的投入和重视。

三、美国科学机构在科技传播方面的实践

（一）美国科学基金会（NSF）通过支持科学教育从而实现科学传播 ②

美国国家科学基金会是美国一个专门从事大众科学普及的机构。成立于 1950 年，是美国独立的联邦机构。它的任务是通过对基础研究计划的资助，改进科学教育，发展科学信息和增进国际科学合作等办法促进美国科学的发展。

在过去的几十年中，美国国家科学基金会支持的基础性研究已经激发许多重要的改革，在刺激经济成长改善人们生活和健康的质量方面起到了至关重要的作用。同时，在人才的培养方面，美国国家科学基金会也持续关注并切实落实。美国国家科学基金会专门设有教育部，就旨在培养相关人才，通过支持科学教育从而实现科技传播。美国国家科学基金会介入学校的科学教育，从高等教育和校园活动两个方面入手。

20 世纪 90 年代，美国国家科学基金会向高校拨款，加大了科学教育的预算。还同美国人文基金会和教育部，一起资助高等教育学校的人文科学；设立"综合研究生教育和研究培训"基金，支持新的科学项目发展，促进科学教育以促进科技传播。2000 年，美国国家科学基金会实施"创新合作"计划，资助一些高校、政府、基金会等创造性合作。

除了在科学教育方面，美国国家科学基金会不断地资助高校等研究机构和扩建，NSF 每年还组织"国家科学和技术周"。每年比前一年的规模要大，足

---

① STEM 是四个单词的缩写：Science（科学）、Technology（技术）、Engineering（工程）、Maths（数学）。

② 宋娴. 美国科学传播体系构建：科学教育和公众传播的双重路径［J］.外国中小学教育，2016（11）：26.

以见得国家对其的重视。国家为了宣传科学和技术周，会散发大量宣传资料，广告内容也十分新颖。NSF 在全国范围内倡导与科学技术为背景的知识和活动，每年都会举办多场相关活动。

NSF 还设立了沃特曼奖（全名"美国国家科学基金会沃特曼奖"），以纪念美国国家科学基金会成立 25 周年，并表彰基金会第一任主席艾伦。T. 沃特曼。沃特曼奖的授奖学科包括数学、物理、医学、生物、工程、社会科学等各个领域。并专门授予在各学科最前沿取得杰出成就的美国青年科学家，奖金只能用于研究与学习。

NSF 除了支持美国的科学教育，也从大众传播方面来促进对科学技术的宣传。

在冷战结束后，美国开始重视在大众传播方面的科技传播。科学家们与公众之间开始"对话"，去掉隔阂。美国国家科学基金会就采取了许多种不同的形式，有展览、科学机构开放日、公众研讨会、舞台剧、竞赛等，全部都围绕着对科学的传播和非正式教育两个方面。同时，美国国家科学基金会还资助新媒体传播和大众传播。在新媒体方面，资助的有新闻类网站、网络视频节目、网站中的新闻版块、网络数据库等；在大众传媒方面，电视节目、纪录片和广播中均有来自美国国家科学基金会的资助。

（二）美国技术传播学会

美国技术传播协会（STC）是一个国际性学术团体组织，成立于 20 世纪 70 年代初。它是由当时一些科技的作者和编辑以及一些专业性的行业学会合并而成。

在现今世界同一领域中，美国技术传播协会是世界上最大的专门致力于研究、促进、发展科技传播理论与实践的专业性团体组织[1]。美国技术传播协会现在的会员人数已达到 20 000 名，会员人员分布在世界各地。协会的宗旨是让会员增强传播科技信息的能力，并促进会员的科技素质。总部设在美国，下设的组织机构也分多个，结构庞大。

美国技术传播协会的目标对象是面向科学院、研究所、高校和高科技以及

---

[1] 李春才. 美国的科技传播团体组织［J］. 学会，1997（12）：33.

计算机等领域，参与的活动涉及世界性的各种学术会议，在美国技术传播协会里的会员可以获得会刊等资料，参与研究项目或出版，也可以在组织内申请奖学金。

作为最大的专业性团体组织，美国技术传播协会还专门拥有学术性会刊《技术传播》（Technical Communication）。有各类科学方面的版块，提供有价值的科学传播文章。相应的，美国技术传播协会还会以年为单位举办国际范围内的科技传播年会。

（三）美国教育传播与技术协会简介

美国教育传播与技术协会（Association for Educational Communication and Technology，AECT）是一个关于教育传播和技术的组织。其主要内容在于教育传播，但由于其多年来始终致力于科学技术的传播和发展，对美国的科学技术传播也有很重要的作用。

美国教育传播与技术协会发端于 1923 年的全美教育协会视觉教学部（DVI），以后逐步演变而成为视听教育部（DAVI），并于 1971 年正式改名为教育传播与技术协会，意即融视听传播和教育技术于一体的学术性组织。它原本属于美国教育协会，但后来从中分离出来成为一个独立的组织，足以说明其科学技术传播的重要性。该协会从教育协会中的分离，标志着"教育技术"的核心从教育观念发展到了新科学和技术的深化和发展。

美国教育传播与技术协会作为该领域的优秀组织，对"教育技术"以及相关的概念进行定义，在国内和世界上都产生重大影响。并从理论的角度，探索教育技术的发展和趋势。

不管是在当时还是今日，美国教育传播与技术协会都囊括了教育技术领先的学者和领袖，出现的著名领袖或主席的人员曾有爱德加·戴尔、芬恩、海涅克、肯普等。还出版了一些著名期刊，如《教育技术研究与发展》《国际教育媒体》《教育技术》《电影、无线电和电视的发展史》，美国教育传播与技术协会的核心期刊是《教育技术动向》。

AECT 同 STC 一样，也会组织一年一度的学术性年会，成为教育技术领域内的一件盛事。来自全世界的教育技术和传播技术学者共济一堂，一起讨论有

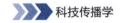

关该领域的热点问题和现象，一同做出引领其发展的方案和举措。以及颁发行业里的法律法规，有效地管理教育技术界的从业人员。

（四）其他科学传播机构 ①

1. 技术传播国际理事会

技术传播国际理事会（International Council for Technical Communication，INTECOM）是一个庞大的组织，其结构和领域包罗万象。主要探讨国际性的科技传播发展与合作的问题，在英国、美国、德国等世界各国都召开过国际传播会议。

2. 译者学会

美国译者学会（The American Translators Association，ATA）是为促进译者的翻译水平和精神物质水平而成立的专业性学会。在科技传播方面也做了不小的贡献。该学会包括美国笔译者和口译者，是美国翻译工作者最大的组织。这个学会与 STC 相近，但是组织规则和章程不同于 STC。美国译者学会还刊发专属的新闻快报，称为《时报》；同时，美国译者学会的科技分部也有专属的新闻快报，分别是《科技部快报》和《高科技学报》。

3. 专业传播学会

专业传播学会（Professional Communication Society，IEEE）是美国电气电子工程师学会（IEEE）下属的二级学会。这个学会是世界上规模最大的科技学术团体，会员人数数十万。这一庞大的学会涉及的领域不仅包括通信、计算机、微电子、航天、电力等活跃的高技术学科，而且包括生物电子、机器人、交通自动化、环境及管理学、科技传播学等。

而专业传播学会就是 IEEE 五十多个下设的专业里面，专门致力于科技传播的二级学会。专业传播学会主要从事科技传播的理论与实践，开发和利用。专业传播学会也有其专属会刊《专业传播汇刊》，内容涉及科技方面的各个领域，包括了科技写作、科技出版和科技教学，成为美国科技传播学的核心刊物之一。

---

① 李春才. 美国的科技传播团体组织［J］. 学会，1997（12）：33–34.

四、美国科技传播在网络方面的实践

作为世界经济技术发展第一强国的美国有很多有关于科学技术普及的网站，这些从事科技传播的网站的主办者，有政府的科技部门、科研机构、高校等，它们都面向公众，开展科学传播和普及。在中国科普研究所，中国的相关专门研究人士对美国的几类科学传播网站做了阐述和研究，以观察美国现阶段的科学技术普及现状，即科技传播现状①。

美国门户网站和媒体在科技传播方面并不是很突出。在 2014 年中国科普研究所的一项研究文献中指出，美国门户网站 Yahoo 有 57 项服务，但是跟科技类有关的栏目只有 4 个，占所有栏目的比重小于 5%；另一个类似的主流门户网站 AOL，关于科技的版块数量更少。而在媒体网站方面，主流媒体 CNN 在科技方面的相关内容占总量的 15%，相比主流门户网站来说比较多，还细化分类以满足不同的需求。

美国一些科学共同体网站也进行了一定的科技传播。其中包括美国化学会（ACS），网站主要以科学传播为主，虽然是主要传播化学学术界的科学知识和前沿动态，但是该网站激发了公众对化学科学的兴趣，发布最新的研究进展，全面开放公共科学资源。美国科学促进会（AAAS）也是一个向公众和媒体开放科学资源的网站，但是对普通公众开放的科学资源较少，主要是旨在通过用户的注册登记来增加网站用户的平均素质。该网站内关于科学传播的内容也十分丰富。

还有博物馆、科技馆、媒介中心的网站，均有不同程度的科学资源和科学技术普及版块。

个人认为，美国的主流门户网站、媒体，与高等教育机构和中心的网络科学技术普及是一个反差，门户网站、媒体等需要"媒体曝光"而不需要科学理论的支撑，因此在科技传播方面的活动较少；而作为科技大国的美国，其高校与科技共同体均对科学传播非常重视，线上结合线下，面向公众传播科学的最

---

① 刘萱，罗晖. 美国网络科普现状［EB/OL］.（2014–11–21）［2019–01–20］. http://www.crsp.org.cn/
xueshuzhuanti/yanjiudongtai/112111K2014.html.

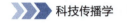

新动态和相关知识。还有科技馆、博物馆等，随着近些年科学的兴起都逐渐面向公众，丰富内容。

五、美国科技传播实践总结

作为世界上科学技术发展最为先进的国家，美国的许多组织、机构和政策都在为科技传播而不断地活跃着。大众媒介在推广科技的过程中起到了重要的作用，许多关于科技的新闻报道和资源也相应在大众媒介上开放。但是，媒介的属性注定它不是美国科技传播的重中之重，虽然科技在媒介里的比重比较小，但也不能阻碍美国媒介对科技传播发展的帮助。

美国政府也通过颁布各种科学教育改革法和科技传播法律法规，来促进公众的科学技术普及。一个国家的科学教育水平，很大程度上反映了该国家的科技发展水平。美国的科学教育也成为波及世界科学教育改革的浪潮。

一些优秀的科学传播组织机构，也通过支持科学教育或举办活动、增设会刊、招揽会员等，广招贤士，致力于科学发展和普及。如，美国国家科学基金会（NSF）通过支持科学教育从而实现科学传播；美国传播协会（ACA）专门致力于研究、促进、发展科技传播理论与实践；美国教育传播与技术协会（AECT）多年来始终致力于科学技术的传播和发展，对美国的科学技术传播也有很重要的作用。

美国各个网站开展面向公众的科学传播服务和科学参与活动，也逐年增加了科学传播占网站内容总量的比例。

伴随着一些政府的科技传播政策，借力于开放的大众传播，和公众逐渐增加的科学兴趣，科技传播活动也非常活跃。一些科技传播组织机构纷纷建立、扩展，公共的博物馆、科技馆等也增加了人们对科技传播的认识。某些组织颁发的科学技术普及奖项也在激励着该领域最前沿的科技专业人士不断研发、创新。通过对科技的传播和普及，引起公众对科技项目、科技资源的关注，最终得到公众支持，从而在科技传播的道路上不断进步。

第二节　欧洲的科技传播实践

欧洲各国对科技传播的关注度和重视度正在与日俱增，尤其是近些年，大众目睹了欧洲各国在科技传播和普及方面的努力。政府不断增加科学家和大众的交流机会和平台，发起多种活动，许多专业性的科学传播组织和机构快速发展，一些传播项目也逐渐被公众认识。在欧洲的科学技术传播实践中，比较出名的有欧洲"科学商店""科学咖啡馆"，以及欧洲科学传播项目协会。欧洲的"兜售科学"概念，引领公众对科学的兴趣和关注，激发了科技影响社会的"批判性反思"。

本节内容为欧洲在科技传播方面的实践，先阐述欧洲整体的科学传播概况，以及基本框架；一些著名的科技传播组织机构、科学传播项目等。"科学商店"是一个具有欧洲特色的一个模式，为公众提供关于科学的各种道具、资料等，其发展模式和运作机制值得其他国家借鉴。然后介绍欧洲一些具有代表性的国家如英国、德国、俄罗斯的科技传播实践，以及从欧盟角度来介绍欧洲的科技传播实践情况。

一、欧洲科技传播概况

（一）重视青少年科技教育

欧洲各国对青少年的科学教育非常重视，为了引起青少年对科学的关注度和兴趣，学校以及学校以外的机构都采取了很多措施，包括校内的科学普及和校外的科学活动。可以归纳为参观、竞赛、社交网站等形式。学校会组织青少年去科技馆、博物馆等科技机构去参观，学习科学知识，定期举办活动，先从"认识"抓起；还在全欧洲范围内举办科技竞赛，小到青少年创意大赛，大到一项科技工程或者机器人；在主流社交网站 Facebook 和 Twitter 上，丰富多样的科学活动邀请信息、投票活动随时发布。

为了吸引更多的青少年投身科学，从事科技传播活动，欧洲各国重视从学

校抓起，加强教育力度。

（二）欧洲大众传播媒介在科技传播中的实践

作为传播的重要渠道，大众媒介在科技传播中的作用不可忽视。欧洲各国在不断地为科技的传播和普及做努力。增加媒介中科学的内容比重和版块等。在一些文献中提到，匈牙利等国家还成立了科学记者俱乐部，会拓展其会员数量，增大其影响力。在这些举措中，我们看到了欧洲大众媒介对传播科学的努力。

但是，不可避免的，欧洲大众媒介在科技传播的过程中还存在一些局限，即记者等媒介从业人员对科学专业知识的缺乏，以及具有专业知识水平的记者数量不够。因为科学家和媒体从业者们缺少面对面的交流，记者们也缺少相关的培训，有一些甚至出现的媒介传播中的"伪科学"，这一点对欧洲科技传播造成了负面的影响。为了解决这一问题，欧洲各国家为这些从业人员提供科学方面的课程，这样一来，提高了媒介从业者的科学素养，也就相应地提高了公众的科学素养，增加科学的普及范围。

在这一方面做得比较好的是英国的文化协会（British Council），这个组织的主旨在于提高学术研究者的科学素养，会定期举办科学传播方面的研讨会，主要分布在东欧一些国家。在欧洲各高校的传播学院，也会增设科技传播技巧方面的课程和学分，以培养出既有科学素养又有媒介从业人员知识的人才。

总之，欧洲大众媒介在科技传播中的作用不可忽视，虽然存在着一些弊端，但是各个组织机构都在为提高媒介从业人员的素养做出努力，开设课程、广招人才、设立俱乐部等。

（三）关于"社会中科学"的探讨

学者尹霖、胡俊平、赵立新、陈玲在《欧洲科学传播概况及发展趋势》中，提出科学传播是欧洲各个国家"社会中科学"的一个部分。由此笔者认为，科技传播这一课题是社会学的一部分，是社会科学的常见主题，都包括了普及科学这一话题。一些研究和计划囊括了与科技传播相关的如下方面：电子教育、争议性技术、信息传播技术和文化参与、技术发展、传统出版和电子出版、创新性科学教育途径、数学和自然科学教育提升、视听科学、社会不平等与环境、科学普及测度的发展、健康传播以及大众媒体的结构性变化等方向。

因此欧洲相较而言可能会更重视社会科学，以从社会发展和传播的角度开展更加深化的科学技术传播活动。

二、欧洲科学传播特殊项目

（一）欧洲特殊公益模式——"科学商店"

"科学商店"这一词最开始出现在荷兰，是 20 世纪 70 年代出现的，由荷兰逐渐拓展到欧洲各个国家。与其说是商店，不如说是一个科技传播方面的理念，或者服务。因为科学商店不是传统意义上的商店，它"运用双向互动的科学传播创新机制，支持科研人员深入社区、拓宽研究范围，为社区居民提供科学和研究服务，为大学学生创造实践和了解社会的机会。参与科学商店研究项目的工作人员、科研人员、市民和其他专业人员都可以从中受益"[①]。科学商店是一个科学和社会之间的互动项目。

科学商店作为一个出售"科学传播理念和服务"的项目或组织，在科技传播中起着重要的作用。通过对《欧洲科学商店及其启示》的归纳和理解，认为科学商店在市民和大学生内分成了两个不同的分支。在市民方面，科学商店是沟通市民和科技的桥梁，首先，它收集市民的不同需求和潜在问题，将这些问题列入科学商店的"库"中，即列入研究的议程；随后科学商店根据这些问题，来寻求现今社会上的科学研究成果。笔者理解为，收集市民的科学方面的问题和困惑，存入"商店中"，根据这些问题来有针对性地做出科学方案和计划以改善市民的生活。而且，不仅市民受益，科学商店的科研人员、专业人员也会受益。科学商店既运用"传统科学传播技巧"，也是"互动科学传播机制"的组成部分。

科学商店的目的是解决科学和社会之间的隔阂，除掉壁垒，因此科学商店在社会学和科学界方面是一座桥梁。当初成立在荷兰，也是为了解决社会和科

---

① 洪耀明. 欧洲科学商店及其启示 [J]. 科普研究，2007（2）：27–31.

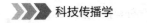

学的交流障碍而设立的。科学商店在欧洲有如下一段历史 ①。

首先是在当时的荷兰，社会和科学界之间存在很大的隔阂，尤其是大学是一个象牙塔，与当时的社会完全脱节。为了解决这个问题，20世纪70年代"科学商店"在荷兰被创造。一些持有意见的专业人员和大学生一起，用他们所学的知识来解决市民的问题，比如用化学知识解决生活问题，并获得了成功。到了20世纪70年代末，几乎全荷兰的大学都建立了科学商店，1979年Ades在《自然》以及1984年Dickson在《科学》杂志上撰文介绍科学商店，在国际上引起了广泛的关注。1998年，荷兰外交部资助罗马尼亚的大学建立科学商店。2000年以来，30多个加拿大研究联盟单位根据加拿大的特点，按照荷兰模式建立科学商店。科学商店的网络"Living Knowledge"在不断发展。2005年，科学商店在荷兰、丹麦、挪威、德国、奥地利、英国、比利时、法国、西班牙、罗马尼亚、加拿大、美国、澳大利亚、马来西亚和韩国得到了积极的发展。在冰岛、爱沙尼亚、芬兰、希腊、土耳其和日本也开始启动建立科学商店的项目。

科学商店能够如此蓬勃的发展，不得不说的是它得益于一直以来服务社会公益。为了满足公众的需求服务于公众。正因如此，得到了政府和一些企业的帮助和经济上的支持。另外，科学商店这一模式将"经济"与"社会"融合，将公益服务"价格化"，一定程度上融合了市场机制。而且，科学商店的模式非常灵活，形式也很多变，不是传统意义上的商店，而是线上和线下，虚实结合，有网络商店、项目等多种形式。因此一直长久地活跃在欧洲的各个国家。

目前，科学商店正在试图努力地减少或消除科学和社会间的壁垒，以实现"社会的科学"和"科学的社会"这一长远目标而努力。这一模式帮助欧洲变为更加理想的社会，通过"科学商店"的一些科研项目，使公众和科学之间的关系更为密切，不仅引起了公众的广泛关注，也推动了欧洲各个领域如科学文化、管理以及伦理方面的进步。

———————————

① 洪耀明. 欧洲科学商店及其启示［J］. 科普研究，2007（2）：27–31.

（二）"科学咖啡馆"

相较于前者"科学商店"，从欧洲兴起的"科学咖啡馆"相对来说就平民化、娱乐化、草根化一些。科学咖啡馆是一种新型的科学传播模式，可能没有科学商店的科学项目权威，但是在欧洲乃至流传到欧洲以外的各国之后，也产生了不小的影响。

科学咖啡馆的这一概念源自1998年的英国利兹市。这个灵感是科学咖啡馆的创办人由法国"哲学咖啡馆"启发而生的。创办人为了让大众可以在碎片化的时间内接受科学的传播，向市民打广告，号称"花一杯咖啡或一杯酒的价钱享受科学[①]"的口号，定期举办一次关于科学的活动，请来科学家们发表演讲，并和听众互动。最初的活动地点是在一个酒吧里，长期以来这项活动取得的效果不错，于是许多地方和发起人纷纷效仿，带动了整个英国乃至整个欧洲的"科学咖啡馆活动"。

科学咖啡馆有着这样的理念："在休闲氛围中传播科学、讨论科学、体验科学，让科学平易近人。[②]"而科学咖啡馆也并不局限于咖啡馆这一地点，也不一定与咖啡有关，为了让科学更贴近公众的生活，科学咖啡馆取名如此象征着科学随处可见。当初的目的是普及科学，现如今，在更广阔的世界范围内，科学咖啡馆已经上升到了"公众参与科学"和"公众理解科学"这一境界。

目前科学咖啡馆的规模逐渐壮大。在英国，2001年，建立了英国科学咖啡馆联盟，这一个联盟受慈善组织的帮助。随着这些政府、组织、企业的帮助，英国的科学咖啡馆根据前人的计算，已经超过了60家，"欧洲其他地区有30多家，主要集中在法国，南美洲10家，亚洲非洲澳洲等不超过10家。"随着欧洲这一项目的兴起，也影响到了美国，美国也相应建立了美国科学咖啡馆联盟，美国科学咖啡馆的数量甚至已经超过了英国，已经有200多家。但由于科学咖啡馆是在欧洲起源并传至其他国家，因此在本章中不再赘述美国的科学咖啡馆现状。

关于欧洲"科学咖啡馆"的特色，笔者浏览了国内数篇文献，其中中国学

---

①②　党伟龙，刘萱．论欧美"科学咖啡馆"的实践及其启示［J］.科普研究，2013（1）：39.

者党伟龙、刘萱对欧美科学咖啡馆的特点的概述最为全面和准确。科学咖啡馆具有四个鲜明的特性，表现在以下几点。

（1）草根性。因为科学咖啡馆的发起源自于酒吧、咖啡厅等地方，是非官方的组织，"自下而上"的发起，发起者和参与者也都是没有官方身份的知识分子、高级科技人员等。可以说是一个民间自发的活动。这样一来，可以参与科学传播的人员门槛降低了，增加了公众接触科学的层面和数量。另外，建立科学咖啡馆不需要太多的资金，因此这是一项低成本的项目。一些对科学感兴趣的人士自发地交咖啡或酒水钱，就能听到关于科学的最前沿最完整的知识和资讯，这也引起一些慈善组织或企业或个人的资助，以便维持科学咖啡馆的低成本。

（2）公益性。作为一个非营利的组织，科学咖啡馆的目的不是盈利而是"教育"。其注重的是让普通人和科学爱好者可以具体到一起参与科学活动的机会，让他们没有门槛就可以获得知识，提升科学素养。科学咖啡馆注重整个社会的社会效益，将科学爱好者凝聚到一起，是一个具有公益性的模式。

（3）平等性和灵活性。参与科学活动的科学家和听众们讲究互动，他们互相尊重，而不是科学家高高在上，向下面的人一味地灌输思想。在科学咖啡馆有非常平等和愉快的交流气氛。科学咖啡馆的地点选择也非常灵活，可以在酒吧、咖啡馆、剧院、书店、教堂等地方，也可以不用"咖啡馆"命名，可以是酒吧、科学世界等。

由欧洲兴起的科学咖啡馆，是继科学商店之后一种新兴的科技传播模式，具有草根性和公益性等，取缔了科学家和普通公众之间的桥梁，科学的爱好者和专业人员们聚集到一起，在交流的过程中进行各种的思想碰撞。作为一个新生的模式和新生力量，科学咖啡馆有很大的前景，也流传至欧洲以外的其他国家，甚至影响到了中国。在中国的上海，现如今也有很多科学咖啡馆。欧洲的科学咖啡馆对整个世界的科技传播都具有深远的意义。

三、英国

英国政府非常重视科技传播，曾颁布法律法规以加强国家的科学普及工作。在1993年发表过《实现我们的潜力》的科技白皮书，明确提出：要增强公众对科学、工程和技术重要性的认识。白皮书阐述了英国政府科技发展的总体战略，并将促进公众对科技的理解作为科技发展战略之一。为此，贸工部（DTI）下的科学技术办公室（OST）成立了公众理解科学技术与工程（PUSET）领导小组，指导全社会公众理解科学活动、管理公众理解科学计划。根据科技白皮书的要求：英国政府在面向公众的科学普及中要实现两个目标：①通过科学技术普及活动，激发青少年对科学、工程和技术的兴趣，吸引更多的优秀青少年追求科学、工程和技术职业；②提高公众了解科学、工程和技术知识的水平，使公众能就科技领域产生的一些公共议题进行更有效的公开辩论，从而强化民主决策[①]。

以上是英国对于科技传播的一些国家政策，同时，英国作为一个非常重视科技发展的国家，有许多科技组织和科技社团，在社会上运作，也支持国家的科技普及、教育和传播，如英国科学学习中心、英国科学教育协会、英国科学促进会、英国皇家科学研究会、威康信托基金会等[②]。通过这些组织或机构，提高专业人士的科研水平和素质，也通过这些组织的活动增加公民对科学的认识，实现全民科学。

四、俄罗斯

对于俄罗斯的科技传播实践情况，国内最为全面且准确的是中国科普研究所的学者赵连芳的研究《俄罗斯科学普及概况》[③]。俄罗斯是一个科技大国，不管是解体前的苏联还是现如今科技蓬勃发展的俄罗斯。

俄罗斯的科学传播和普及伴随着这些伟大的科学成就，也蓬蓬勃勃地开展起来。各类学术机构、科学传播组织和活动如雨后春笋般地在俄罗斯各地出现，直至进入 21 世纪。俄罗斯的知识普及史是一部进步学者为最广泛地宣传对自然界真正科学观点而不断进行斗争的历史。

---

① 张香平，刘萱，梁琦. 国家创新体系中科学传播与普及的政策设置及路径选择——英国研究理事会的科学传播政策与实践的案例研究［J］. 科普研究，2012（1）：5–10.

② 万兴旺，赵乐，侯璟琼，等. 英国科技社团在科学传播和科学教育中的作用及启示［J］.学会，2009（4）：12–18.

③ 赵连芳. 俄罗斯科学普及概况［EB/OL］.［2019–01–20］.http://www.docin.com/p-317863826.html.

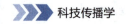

......

俄罗斯之所以能在各个科学领域取得辉煌成就并在世界上享有盛誉，是与其国家对科学普及工作的重视，科技工作者对科学技术普及工作的热心参与以及大众对科学技术的理解分不开的。十月革命以后，传播和普及科学也曾经是当时苏联共产党活动的组成部分。1927年，苏共中央曾向人民发出了"发展军事工业、给部队提供新飞机和坦克……"的号召。并要求人们踊跃加入"国防航空化学建设协会"。俄罗斯有很多社会团体和非政府、非营利性组织机构从事科学技术普及工作，还有其他一些科学技术普及机构和民间团体。

一些俄罗斯著名的科技传播团体或组织如下：① 1947 年 6 月成立的俄罗斯"知识"协会，传播各种科学知识，以及普及科学教育。②科学世界，为了普及科学研究成果的非营利性组织。③天文学会，专门普及天文科学知识。④俄罗斯"王朝"基金会，也是一个非营利性组织，颁布各种奖学金，以奖励科学家和在科学界有贡献的学者们。⑤俄罗斯基础研究基金会，遍布了各个学科各个领域。⑥莫斯科社会科学基金会，募集资金支持各种与科学或社会科学有关的研究项目。

同时，俄罗斯设立各种科研院所和科研机构，有专门的奖项、科技周或科技节，以及科学技术普及方面的科技馆和博物馆。一些大众媒介如广播电台、报纸、通讯社等都有参与到科技传播的活动中来。可以说俄罗斯的科技传播活动是比较全面的，也比较早。

一些欧洲的其他国家，如德国、瑞典、荷兰等，都或早或晚有科技传播方面的实践活动，但欧洲最为著名乃至影响世界的还是科学商店。"兜售科学"的概念从科学商店这里诞生，带来深远的意义。

五、欧洲科技传播发展趋势

欧洲的科技传播发展趋势，学者赵立新、陈玲、尹霖、胡俊平在《欧洲科学传播概况及发展趋势》[①]中已经做了细致的总结，笔者认为已经非常全面和准

---

① 尹霖，胡俊平，赵立新，等. 欧洲科学传播概况及发展趋势 [J]. 科协论坛，2014（12）：22-23.

确，可以归纳为以下几点：

（一）欧洲对科学的关注普遍在上升，力度也在提高

"MASIS 报告显示，欧洲大部分国家在科学传播方面的努力和关注度正在上升，面向青少年人群的科学传播尤其如此；政府发起的旨在加强科学家与公众交流的活动很多，非政府参与者发起的活动数量也在增加；大学、政府机构、非政府组织、专业和私人组织在科技传播中发挥主要作用；传播形式不断更新，新参与科技传播的人员也在增多。"

（二）科技传播重视度提高因素多种多样

"一些国家的报告声称，财政危机是一个动力因素；另一些国家则强调，青少年对科技职业兴趣严重缺乏是重要因素之一。为增强青少年对科学的兴趣，各国开展了多种形式的实践项目，包括科学节、儿童大学、学生科学竞赛等。"

（三）网络媒体等新媒体的作用日益加强

"过去五年中，绝大多数国家的网络媒体变得越来越有影响。这种趋势在欧洲东南部尤为明显，中西欧和中东欧稍逊。新媒体重要性的增强明显影响到了科技信息的获取性。许多国家的报告表明，公众获得科技信息的机会的确增长了，但与此同时，科技信息的获取并不意味着知识和兴趣的培养，因此，存在着信息过量的风险。如果大多数公众不能从众多的科技信息源中做出正确选择，这种可获取性付出的是清晰度和质量的代价。[①]"

总的来说，欧洲各国对科技传播的关注度和重视度正在与日俱增，大众目睹了欧洲各国在科技传播和普及方面的努力。政府不断增加科学家和大众的交流机会和场合，专业性的科学传播组织和机构也快速发展和扩招，著名的"科学商店""科学咖啡馆"，将"兜售科学"这一概念曝光给大众，激起了一场世界范围内对于科技传播的批判性的反思。

---

① 尹霖，胡俊平，赵立新，等. 欧洲科学传播概况及发展趋势［J］. 科协论坛，2014（12）：22-23.

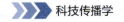

第三节　日本的科技传播实践

日本，作为亚洲科技发展领先的国家，其科技发展水平节节攀升。日本科技传播的发展离不开日本科学技术振兴机构（Japan Science and Technology Agency，JST）。JST 是日本国立的科技传播机构，也是科技中介组织，它隶属于文部科学省，是"根据日本《独立行政法人科学技术振兴机构法》成立的独立行政法人组织"①。JST 通过对国家一些基础研究的资助以及实施，促成日本"科技创新立国"这一目标的实现。

除了日本科学技术振兴机构这一组织在科技传播方面的努力，日本作为经济科学技术及其先进的国家，其"高科技"的传播也领先地排在世界各国的前列。悉数日本的高科技产业，从电子通信领域异军突起的索尼"黑科技"，到结构与材料领域中稳扎稳打的日立智能，再到奠定世界家庭汽车基础的丰田汽车，据世界数据库统计，在日本高科技创业和研究领域每年都在以多倍于前一年的速度增长，在相当的一段时间之内，日本的高科技行业是以指数型成长的。

在日本，公司资产的贴现率是和产品更新换代速度是息息相关的，而决定产品更新换代速度的重要指标便是科技传播的力量。在科技传播方面，日本科技行业发展中 3 个指标始终保持世界第一：①科研经费占国民经济 GDP 总量的比例为世界最高；②各大中小企业自主进行的科研经费占总企业负债的比例为世界第一；③日本核心科技专利价值占 80% 以上，这一数字至今未有很大的变动，这样相对恒定的状态是其他国家所无法比拟的②。

日本不占据先天发展的资源优势，但是却可以走在世界科技时间的前沿，这种结果的收益很大程度上是源于科技传播的支持。从科学技术普及到科研，

---

① 马场炼成，王蕾. 日本科学技术振兴机构与科学传播事业［J］. 科学，2012（3）：59-62.
② 日本科技如何成为独步天下的"隐性王者"？［EB/OL］（2016-03-16）［2019-11-01］. http://mt.sohu.com/20160316/n440638607.shtml.

再从科研到专利，进而专利转化成生产力，这里面的每一步都是"惊险的跳跃"，从日本的明治维新到现代东方的科技黑洞时代，每一次跳跃都是科技传播的结果，每一次都会是日本科技传播学的盛世，而这一点值得我们很多人去借鉴和反思。接下来将从日本的文部省、科技传播的广大参与者和日本各大中小企业等三个主体出发探讨日本科技传播的特色和成果。

一、日本的文部省是日本科技传播的有力推动者

日本文部省诞生之初是承接源源不断流入日本的外来文化"舶来品"和民族文化的融合，相互依存，相互发展。取外来文化之精髓的文部省分门别类地将文化和知识积极引入日本本土文化，也正是这种分类的出现有力地促进了日本科技传播的发展。信息爆炸之后，科技作为上游的"舶来品"不断凝聚在日本民族的文化里，久而久之，日本便从一个被动的接受者变成了主动的创造者，这种转变很大程度上得益于日本的科技传播。

为了科技传播的有利发展，日本文部省做出了以下的努力——日本科技周概念于1960年初步拟定和实施，时间则将每年的4月18日定为日本"发明日"。在此期间，丰富多彩的活动竞相开展，面向全体国民的有：科技讨论会、研究成果发表会、科技电影展、各种科学技术普及展览大会等；发明咨询活动、技术咨询活动；研究机构、科技系统工作室、博物馆和工厂等实行科学技术普及外放。为了青年一代的发展，日本文部省逐步推出：科学教室、发明课堂、天文教室、动手实验教室、科学报告会、科技电影展、参观博物馆及科技展览等，以培养青少年崇尚科学与热爱科学的精神。此外，各种表彰活动也是科技周戏份最多的步骤。日本文部科学省要求全国各地的科技馆、博物馆、大学、试验研究所等都要在科技周期间举办演讲会、展览会、电影放映会、座谈会，以及开放各种设施。

热切推崇，辅以严格质量把关，双向互动地将科学传播到每一个潜在的科学之人，正因如此，科技传播在日本备受推崇，尤其是在经济全球化的浪潮之下，此将日本推向了世界科技的最前沿。由此可见，文部省为日本的高科技领域的发展立下了汗马功劳，也因此，日本的文部省是日本科技传播的有力推动者。

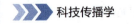

二、日本的广大高素质人才是日本科技传播的有效参与者

日本政府在 2016 年启动实施的第五期《科学技术基本计划》中指出，培养和留住具有专业知识且不拘泥于常规思维的人才，不断夯实产生卓越知识的基础，与此同时，跨越专业、组织、部门、国界等阻碍，促进人才流动，建立人才、知识和资金的良性循环体系，推动国际环境下的知识融合和技术转移。这一政策的出台很好地解决了青年难题，各领域的人才相互交流，相互切磋，竞相在科技时代茁壮成长，进而成为一种"上通大学、下达个人"的双向良性循环。

外部科普环境的良性过滤促使广大高素质人才成为日本科技传播的有效参与者。日本民间自发组织的科研小队相互交叉，平均每 50 人里面就会有 1 个人来源于两个相互交叉的科研组织，暂且不论每一个小队或者对应组织所进行的科研活动，仅仅就每个组织提出的问题来看，日本每天都在上演"十万个为什么"和"十万个解决的为什么"。一分耕耘，一分收获，截至 2015 年，日本已经有 25 人摘得了"诺贝尔"科技领域的桂冠。

20 世纪 60 年代，为了培养高素质人才和进一步促进战后科技传播的迅猛发展，日本政府积极推广"科技立国"的文化政策，日本筑波科学城应运而生，经过近 20 年的发展日本筑波科学城名噪世界，吸引了众多科技工作者和传播者纷纷拜访，也正是如此而今遍布世界各地的科学院、产业园和高新技术产业开发区都沿用了相关模式。另外，被誉为"现代科技乌托邦"的筑波模式也迅速在日本本土扩散，一波接着一波的高素质人才借由先进的模式在日本茁壮成长，日本的科技传播由点及面地声势不断扩大。在一定的哲学意义之下，科技传播在日本的扩展和高素质人才在全国范围内流动传播是系统与要素的联系，互相萌荫。

三、日本的各大中小企业是本土科技传播的坚定拥护者

在日本文部省和高素质人才集聚效应的双重铺垫之下，日本的各大中小科技企业纷纷迅速发展，众多已经走到了世界的前沿。夏普的 IPS 高晶显示屏、索尼的游戏产业和影视摄录机产业、日立的机械制造业、丰田庞大的汽车产业

等都是产业的前端领头羊，每年都不断有所突破和创收，业绩喜人的同时，这些高科技企业丝毫没有收紧科研投入的预算，由此便有了很多日本大学里面冠名的学院、科研基地甚至是科技院校。作为坚定的忠实者和拥护者，日本的各大中小企业不断推动科技传播的发展，进而与之协同的日本文部省和高素质人才共同组成科技传播的生态圈，自然而有效地让日本的科技实力稳居世界前列。

第四节　其他国家先进的科技传播实践

关于其他国家的科技传播实践活动，国内目前已有的研究并不是很多。较受关注的有澳大利亚的科技传播活动、加拿大的科学技术周和网络科学技术普及活动、韩国的科学节活动、新西兰科技传播组织等。本节拟撷取国内已有的对其他国家科技传播实践的研究，选取较为优秀的实践经验，总结归纳为以下几个国家。

一、澳大利亚的科技传播实践情况 [①]

澳大利亚曾经作为英国的殖民地，自从 1770 年英国来到澳大利亚起就受着英国的影响。澳大利亚的科技传播不可避免地受英国影响。

（一）澳大利亚科技传播背景

在 19 世纪 50 年代，澳大利亚经济科学技术等开始快速发展，这时是澳大利亚开始走向繁荣的一个阶段。在这之后的 19 世纪 80 年代以后，众多澳大利亚的科学组织和机构就开始成立并发展了。最早的澳大利亚科学传播组织应该是 1888 年的澳大利亚与新西兰科学促进会（ANZAAS），这个形式称为"科学

---

① 石顺科. 澳大利亚科学普及情况［EB/OL］.［2017–04–10］. http://www.docin.com/p-44378876.html&uid=36634935.

结社"。由于澳大利亚曾经是英国的殖民地，英国科学促进会于 1914 年也在澳大利亚召开了一次年度会议，为了发展科学传播并推动科学的普及。在英国的影响下，澳大利亚还成立了科学工业顾问委员会，到后来变成了"澳大利亚联邦科学与工业研究组织"，是该国最大科学研究的机构，其目的也是为了普及科学，推动科技传播。

根据中国科普研究所学者石顺科的研究，澳大利亚开始重视科技传播是在 20 世纪 80 年代。具有标志性的就是 1988 年成立的澳大利亚国家科技中心（Questacon）。"这是澳大利亚也是南半球第一座互动式科技馆，现在已经成为澳大利亚科学技术普及活动、科学教育的标志性场所。澳大利亚从 20 世纪 80 年代末开始，逐渐把国家经济建设和可持续发展紧密联系在一起，并最终将其列为国家科技政策不可分割的一部分，从而使科学技术普及在澳大利亚表现得勃勃生机。"

（二）澳大利亚科技传播机构与组织

1. 澳大利亚与新西兰科学促进会

澳大利亚与新西兰科学促进会是澳大利亚年度最久远的综合类科学组织，受影响于英国。为澳大利亚的科学家们提供交流的场所和机会，同时，也向澳大利亚的大众宣传科学方面的知识。

2. 澳大利亚科学院

同样也是受英国的影响，澳大利亚科学院受影响于英国皇家学会。这一学会从事各种科研方面的研究和科学教育活动，为了促进国家的科学。

3. 澳大利亚科学传播者协会

建立于 1994 年的澳大利亚科学传播者协会（Australian Science Communicators，ASC），其第一任会长便是一名著名的科学记者。澳大利亚科学传播者协会的主要工作是从事各种科学传播活动，聚集各地的科学传播者、科学记者等，号召各个会员一起为建设国家的科学技术普及工作而努力。里面的会员包括科学记者、科学编辑、科技教师、科研机构的传播员等。

4. 澳大利亚科学技术学会联合会

建立于 1985 年的澳大利亚科学技术学会联合会（FASTS），是一个包罗万象的组织，是各种学会的结合，和英国和美国的科学促进会比较相似。也在为国家的科技传播和科学普及工作而努力着。

（三）重要举措：澳大利亚高峰会议

2000年，伴随着澳大利亚国家和政府开始增加对科技传播的重视，并颁布了四份相关的文件，2月份全国高峰会议召开。对澳大利亚当前的经济和科技状况做了全面的分析和研究，"审视评估澳大利亚创新体系的优劣态势，谋求改进的办法"。参与此次高峰会议的有来自政府科学界等各个领域的五百多人，并在此之后启动了另一个重要的国家级举措"澳大利亚能力支柱"的计划。在这一项计划中，与科技传播相关的一个重要举措便是启动全新的全国性的科学普及措施，即"国家创新意识战略"。

二、加拿大的科学技术周与网络科技传播

（一）加拿大的科学技术周

据资料显示，每年世界上有三十多个国家举办过超过一百多个科技周或科学节。加拿大在科学技术周这一方面也比较突出。根据中国科普研究所张志敏在2016年9月的《加拿大科学技术周与科学奥德赛》这一研究报告，加拿大关于科技周的活动早在2008年就开始发起了，其全称是全国科学技术活动周（National Science and Technology Week）[①]。加拿大科学技术周是加拿大全国范围内规模最大的科学活动周，每年举行一次，在各地产生了深远的影响。在前人的研究中，加拿大科技周"涉及各个领域，涵盖生物、天文、化学、物理、数学、海洋，等等。而活动形式也是十分多样化的，从讲座、参观、实验室开放、竞赛到舞台表演、实地观测、实验演示、动手制作、网络课程、街头宣传等，可谓应有尽有。"从2008年至今，每年都在火热地开展。加拿大科技周充分地利用了现代科学信息技术，加以高科技的网络平台，加深了科技传播的影响力。

---

① 张志敏. 加拿大科学技术周与科学奥德赛［EB/OL］.［2017–4–10］. http://www.crisp.org.cn/xueshuzhuanti/yanjiudongtai/0Z61D02016.html.

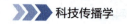

（二）加拿大的网络科技传播

加拿大的科学研究水平，根据中国科普研究所的报告，排名世界第四①。如此的成绩和水平超越了世界上许多科技大国。在网络方面，加拿大也做了许多关于科技传播的举措。

利用现今互联网的资源和优势，在互联网发布各种科学普及的资源和内容，同时，加拿大的一些科技传播组织和机构也为互联网提供支持。

具有代表性的一个组织是加拿大科技意识网络（STAN）。加拿大科技意识网络（STAN）是一个科学技术普及组织的网络组织，建立于2003年，其目的是提高加拿大整体的科学素养，通过互联网，开展关于科技传播的各方面的工作和活动。这个组织的成员人数达到了一百五十人，大多数来源于科技专业人员和科学爱好者，也有来自非政府机构的民间成员。"该组织以提供公众科学素养为目的，其基本目标定位：提高科学技术普及领域的形象和会员的知名度；统一一个声音与政府和工业领域的对话；促进公众加强科技意识；为网络成员提供论坛；开发测度科学技术普及领域的统一标准。目前许多十分活跃的科学技术普及组织都加入进来，如青少年网络组织（ACTUA）、卡尔加里科学网络、加拿大创新基金会、加拿大科学作家协会、加拿大科学传播中心协会、加拿大环境部、自然资源部、'让我们讲科学'，爱德华岛省科学技术意识网站、'全体人的科学'、科学蒂明斯、'科学家在学校'、科学技术促进学会、青少年科学杂志和加拿大青年科学基金会等。②"加拿大科技意识网络相当于一个海量的科技传播资源库，里面包罗万象，各种科学技术知识都包含在其中，在加拿大政府的支持下，加拿大科技意识网络架起了公众参与科技、了解科学的桥梁。

三、韩国的科学节与科学创意盛典 ③

除了拥有先进科学技术水平的日本和日趋强大的中国，韩国也是一个重视科技振兴的亚洲国家。

①② 任杰，钟琦. 加拿大网络科普现状［EB/OL］.［2017–04–10］. http://www.crisp.org.cn/xueshuzhuanti/yanjiudongtai/112111N2014.html.

③ 王玥. 韩国的科学节活动［EB/OL］.［2019–04–10］. http://www.crsp.org.cn/xueshuzhuanti/yanjiudongtai/09121D62016.html.

（一）韩国的科学节

韩国已经迎来了"韩国科技振兴发展 50 周年纪念"，从韩国开始重视科技传播开始，这短短的 50 年间韩国的经济和科技水平经历了巨大的发展和进步。韩国举办各种各样的科学节等活动，这些活动的举办，离不开两个事物，一个是韩国的政府对科技节的支持，一个是韩国重要的科技传播组织"韩国科学创意财团"。

从 1973 年开始，每年的 4 月 21 日是韩国的全国性节日"韩国科学日"，由于韩国非常重视科技的传播，甚至每年一到 4 月开始，各项科学活动就如雨后春笋般的组织了起来，因此，4 月也是韩国的科学月。足以见得韩国对科技传播和科学普及的重视。"在科学日（月）期间，韩国主管科技、教育的相关政府部门（韩国未来创造科技部、教育部等）及科技界会举行各种庆祝、表彰、评奖及科技文化宣传活动；促进科技大众化发展组织、机构（韩国科学创意财团、各级科学馆等）会联合或各自分别举行可供国民参与的各种体验活动，活动内容丰富，参与性强；韩国的大、中、小学校也会在校内举行各类科技庆祝活动，如各类参与体验活动、科技竞赛活动等。另外，在'科学日（月）'期间，韩国各大国立科学馆，以及地方各道、市科学馆都会有一到两周的免费开放时间，供民众免费参观。"类似的科学节日还有家庭科学节、创意体验节等。这两者都是从教育的角度，加强科技教育，以全面的普及科学，来提升全民的科学素养和认知。

（二）韩国的科学盛典

韩国科学创意盛典创办于 1997 年，截止到 2017 年 3 月，已经举办了 20 届韩国科学创意盛典。韩国科学创意盛典是韩国规模最大的科学节，有着非常好的评价，参与的人数众多，规模庞大，涉及的领域也十分宽泛，也是一个国际性质的科技交流机会和平台。

韩国科学创意盛典向韩国的公众展示最新的科技研究成果，提供各种交流平台，也非常重视青少年的参与度，提升科学教育以提升全民的科学素质。韩国科学创意盛典的公众参与度也非常高，据资料显示，第一届的韩国科学创意盛典的参与人数就达到了四十万。而且，青少年在其中的比例也非常高，这足以体现出，韩国对于科技传播教育方面也是非常重视的。作为一个国际性的科学盛典，韩国科学创意盛典广招全世界各领域科学爱好者和专业人员的青睐，

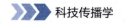

中国每年也有代表参与这一项盛典，交流和讨论，意义非凡。

四、新西兰的科技传播机构组织及活动

大洋洲除了澳大利亚，还有另一处先进科技的聚集地——新西兰，其许多的科技传播活动都是由新西兰皇家学会举办的。新西兰皇家学会作为新西兰最重要的科学传播组织之一，在新西兰的科技传播历史中扮演了重要的角色。

（一）新西兰皇家学会

新西兰皇家学会又称新西兰皇家科学院，从 1992 年起，经过了新西兰政府的整改，新西兰皇家学会的分机构和工作职能变得更加系统、全面。它由新西兰的国家科学和技术研究所、各种科学技术协会、地区协会、研究员和个人成员组成，其研究范围比较广阔，研究的领域涵盖了生物学、地球科学、工程学、数学、物理学、社会科学和技术科学等[1]。新西兰皇家学会致力于挖掘优秀的人才，推动科学发展，加快科学的传播，同时维系新西兰所有科学节，为科学界和公众提供平台，也得到新西兰政府的支持。新西兰皇家学会还非常重视向公众传播最新科学动态。

（二）新西兰皇家学会的主要举措

在新西兰皇家学会成立至现今的几十年间，学会从事或举办的活动或项目有如下内容：设立各种奖项以支持新西兰科技研究，奖励在科技传播界有成就的专业人员；通过一系列的项目来支持青少年的科学教育；支持新西兰与其他国家的科学研究，在国际上，始终与世界保持齐平；开设阿贝尔奖、总理科学奖等，以表彰那些计算科学、数学科学等卓越的人员[2]。同样的，新西兰科学传播者协会（SCANZ）也是一个非常具有影响力的新西兰科技传播组织，同样致力于新西兰的科技传播实践活动和全民科学普及事业。

---

① 新西兰皇家学会科学传播活动概况［EB/OL］.［2019-04-10］.http://www.crsp.org.cn/xueshuzhuanti/yanjiudongtai/0912c92014.html.

② 新西兰皇家学会科学传播活动概况［EB/OL］.（2019-02-15）［2019-02-30］. http://dedo.gov.cn/2019-02-15/964334.shtml.

第十一章
国家创新战略与科技传播使命

第一节　国家创新战略

一、战略背景

创新驱动就是创新成为引领发展的第一动力，科技创新与制度创新、管理创新、商业模式创新、业态创新和文化创新相结合，推动发展方式向依靠持续的知识积累、技术进步和劳动力素质提升转变，促进经济向形态更高级、分工更精细、结构更合理的阶段演进。

创新驱动是国家命运所系。国家力量的核心支撑是科技创新能力。创新强则国运昌，创新弱则国运殆。回顾历史，人类社会已经经历了三次工业（技术）革命：18 世纪的第一次工业革命实现了机械化、19 世纪的第二次工业革命实现了电气化、20 世纪的第三次工业革命则实现了信息化。其间，先后出现了英国、德国、美国三个国家级的世界经济中心和科技中心，在一定的历史时期内引领全球的科学技术创新事业。我国近代落后挨打的重要原因是与历次科技革命失之交臂，导致科技弱、国力弱。实现中华民族伟大复兴的中国梦，必须真正用好科学技术。

创新驱动是世界大势所趋。全球新一轮科技革命、产业变革和军事变革加速演进，科学探索在从微观到宏观的各个尺度上向纵深拓展，以智能、绿色、泛在为特征的群体性技术革命将引发国际产业分工重大调整，颠覆性技术不断涌现，正在重塑世界竞争格局、改变国家力量对比，创新驱动成为许多国家谋求竞争优势的核心战略。我国既面临赶超跨越的难得历史机遇，也面临差距拉大的严峻挑战。唯有勇立世界科技创新潮头，才能赢得发展主动权，为人类文明进步做出更大贡献。

二、创新基础

"十二五"以来，我国自主创新能力显著增强，创新创业环境明显改善，创新型国家建设迈上新台阶。

（一）科技整体水平发生质的变化

科技整体水平正在从量的增长向质的提升转变，已步入以跟踪为主转向跟踪和并跑、领跑并存的新阶段。

我国国际科技论文数量稳居世界第 2 位，被引次数从 2010 年第 8 位攀升至第 4 位，2015 年农业、化学、材料等 7 个学科领域被引次数已升至世界第 2 位。国内专利申请量和授权量分别从 2010 年的 110.9 万件和 74.1 万件上升到的 263.9 万件和 159.7 万件，已居世界第 1 和第 2。国家创新能力排名有望从 2010 年的第 21 位上升至第 18 位。全社会研发支出有望达到 14300 亿元，比 2010 年增长一倍，其中企业研发支出超过 77%；R&D 经费占 GDP 比重预计达到 2.1%。科技进步贡献率预计达到 55.1%，比 2010 年增加 4.2 个百分点。2015 年技术交易总额达到 9 835 亿元。

（二）系统推进科技体制改革取得新突破

科技体制改革向系统化纵深化迈进，资源配置、成果转化、人才发展、生态优化等重大改革举措取得突破性进展。中央财政科技计划（专项、基金）管理改革有序推进，科研项目和资金管理改革取得重大突破，科技资源统筹协调力度进一步加强。市场导向的技术创新机制逐步完善，企业技术创新主体地位不断增强。研发费用加计扣除等重点政策加快落实，2011—2014年高新技术企业累计减免税额3 726亿元，新增上缴税费3.6万亿元，全国高新技术企业总数达到7.9万家。普惠性科技创新政策体系初步形成，《促进科技成果转化法》修订实施，科技成果使用权、处置权和收益权管理改革全面推进，科技评价和奖励制度改革深入推进，院士制度进一步回归学术性、荣誉性本质。重大科研基础设施和大型科研仪器的开放共享制度进一步完善，创新调查制度、科技报告制度初步建立。

（三）基础研究国际影响力大幅提升

取得量子通信和量子反常霍尔效应、外尔费米子研究、中微子振荡、CiPS干细胞、高温铁基超导等重大创新成果。屠呦呦研究员获得2015年诺贝尔生理学或医学奖，王贻芳研究员荣获2016年基础物理学突破奖，潘建伟团队的多自由度量子隐形传态研究位列2015年国际物理学十大突破之首。国家重点实验室达到481个，国家工程技术研究中心346个，蛋白质科学研究、500米口径球面射电望远镜、散裂中子源等大科学装置建设取得重要进展，暗物质探测卫星"悟空"成功升空。

（四）战略高技术显著增强国家实力

载人航天和探月工程成就举世瞩目；天河二号超级计算机蝉联"六连冠"，在生物医药、工程仿真、智慧城市、新材料等领域应用取得显著效益；国产首架大飞机C919成功总装下线，ARJ-21支线飞机成功实现商业销售和运营；北斗导航系统广泛应用，形成一千多亿产值；高分系列卫星成功发射，在国土普查、环境监测等18个行业1 100多家单位得到广泛应用；蛟龙号载人深潜器创造7 062米世界同类潜水器最大下潜深度纪录，带动海洋资源勘探技术和装备实现跨越发展；自主知识产权的"华龙一号"首堆示范工程开工建设，CAP1400全面完成实验验证，高温气冷堆商业化示范进展顺利，快中子实验堆成功并网发电。

（五）科技创新成为经济社会发展的新引擎

TD-LTE完整产业链基本形成，4G用户数超过2.7亿。自主研发的新一代

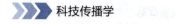

高速铁路技术世界领先，高铁总里程达 1.9 万公里，占世界总量 55% 以上。风能和光伏产能累计装机容量均居世界第一。新能源汽车产销量 2015 年预计超过 30 万辆，居世界第一。2015 年半导体照明产业整体规模估计达 4 245 亿元人民币，较上年增长 21%。

（六）科技创新为改善民生福祉提供有力保障

农业科技进步贡献率达到 56% 以上，有力支撑粮食生产"十二连增"。"渤海粮仓科技示范工程"各项技术推广应用 1 700 余万亩，2015 年实现增粮 34 亿斤。全球首个生物工程角膜艾欣瞳上市；全球首个基因突变型埃博拉疫苗境外开展临床试验；阿帕替尼、西达本胺等抗肿瘤新药成功上市。

（七）大众创业、万众创新为经济社会发展注入新活力

全国各类众创空间已经超过 2 300 家，与现有 2 500 多家科技企业孵化器、加速器，11 个国家自主创新示范区和 146 个国家高新区，共同形成完整的创业服务链条和良好的创新生态，在孵企业超过 10 万家。

（八）创新人才呈现竞相涌现、活力迸发的新局面

我国科技人力资源总量已超过 7 100 万，研发人员超过 535 万，其中企业研发人员 398 万。"千人计划"、"万人计划"、创新人才推进计划、长江学者、中科院百人计划、杰出青年科学基金等人才计划有力促进高端人才引进和培养，近 5 年回国人才超过 110 万，是前 30 年回国人数的 3 倍。

（九）科技创新成为区域转型升级的新抓手

国家自主创新示范区和高新区成为区域转型升级的核心载体，研发投入占全国企业的 39.7% 以上，新产品收入占全国产品销售收入的 32.8%，单位 GDP 能耗比全国平均水平低 30%。新技术、新业态、新产业、新模式等新因素对地方经济发展的贡献日益增强，创新型经济格局正在逐步形成。

（十）中国在全球创新版图中占据新位势

我国研发支出占全球比重上升到20%，居全球第二。国际科技论文占全球比重从9.9%上升到20.2%，居全球第二。创新对话成为中国与世界主要国家在科技创新领域战略沟通的重要机制，与156个国家和地区建立了科技合作关系，加入200多个政府间科技合作组织，200多位中国科学家担任国际合作组织的领导职务。积极参与国际大科学计划和大科学工程，在国际地球观测组织等国际机构中发挥领导作用。全球创新要素加速集聚，跨国公司在华投资设立研发机构达1 800家 [①]。

三、面临形势

改革开放以来，中国经济实行出口导向型和投资拉动型发展战略，实现了长达30多年的高速增长。但随着国内外发展条件的变化，这种依靠要素投入的粗放型增长模式难以为继，在人口红利逐渐减少、土地成本迅速上升、资源环境压力不断加大等诸多约束因素下，粗放型经济发展方式已难以支撑中国经济的可持续发展。目前，中国正处于关键转型时期，经济下行压力较大，进入增长速度换挡期、结构调整阵痛期、前期刺激政策消化期、高速增长期掩盖的多风险显性化叠加的"新常态"发展阶段，面临"中等收入陷阱"的挑战。调整经济结构、转变经济发展方式已经刻不容缓，其中科技创新尤为关键。

当今世界，技术创新的门槛越来越高。改革开放以来，我国在经济社会发展和科技进步等方面都取得了较大成就，但中国的科技基础薄弱的特征依然存在。这使得我们在未来的技术创新过程中，既要在传统领域追赶世界先进，同时又要在新兴领域与发达国家共同竞争。与此同时，西方发达国家已经在国际分工中占据了先机和优势，它们牢牢控制了价值链的高端，从而能够获得更多地资本用于创新投入，进而不断巩固已有优势。这些都大大增加了我国实现全面升级和赶超的难度。而且我国长久以来实施的"市场换技术"

---

① 2016年全国科技工作会议在京召开［EB/OL］.（2016–01–11）［2019–02–28］. http://most.gov.cn/ztzl/qgk：gzhy/2016/2016ttxw/201601/t20160111–123671.htm.

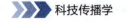

战略，造成过分依赖技术引进、对我国发明技术创新能力培育的"挤出"等负面影响还没有完全消除。中国企业技术创新仍然主要以跟踪模仿为主，自主创新能力较弱。

在如此复杂的国内外背景下，创新驱动是发展形势所迫，必须依靠创新驱动打造发展新引擎，培育新的经济增长点，持续提升我国经济发展的质量和效益，开辟我国发展的新空间，实现经济保持中高速增长和产业迈向中高端水平"双目标"。创新成为增强综合国力、保障和强化国家安全和控制力、改变世界竞争格局的决定性力量。

当前，我国创新驱动发展已具备发力加速的基础。经过多年努力，科技发展进入由量的增长向质的提升的跃升期，科研体系日益完备，人才队伍不断壮大，科学、技术、工程、产业的自主创新能力快速提升。经济转型升级、民生持续改善和国防现代化建设对创新提出了巨大需求。庞大的市场规模、完备的产业体系、多样化的消费需求与互联网时代创新效率的提升相结合，为创新提供了广阔空间。中国特色社会主义制度能够有效结合集中力量办大事和市场配置资源的优势，为实现创新驱动发展提供了根本保障。

同时也要看到，我国许多产业仍处于全球价值链的中低端，一些关键核心技术受制于人，发达国家在科学前沿和高技术领域仍然占据明显领先优势，我国支撑产业升级、引领未来发展的科学技术储备亟待加强。适应创新驱动的体制机制亟待建立健全，企业创新动力不足，创新体系整体效能不高，经济发展尚未真正转到依靠创新的轨道。科技人才队伍大而不强，领军人才和高技能人才缺乏，创新型企业家群体亟须发展壮大。激励创新的市场环境和社会氛围仍须进一步培育和优化。

四、战略目标

（1）到 2020 年进入创新型国家行列，基本建成中国特色国家创新体系，有力支撑全面建成小康社会目标的实现。

①创新型经济格局初步形成。若干重点产业进入全球价值链中高端，成长起一批具有国际竞争力的创新型企业和产业集群。科技进步贡献率提高到 60% 以上，知识密集型服务业增加值占国内生产总值的 20%。

②自主创新能力大幅提升。形成面向未来发展、迎接科技革命、促进产业变革的创新布局，突破制约经济社会发展和国家安全的一系列重大瓶颈问题，初步扭转关键核心技术长期受制于人的被动局面，在若干战略必争领域形成独特优势，为国家繁荣发展提供战略储备、拓展战略空间。研究与试验发展（R&D）经费支出占国内生产总值比重达到 2.5%。

③创新体系协同高效。科技与经济融合更加顺畅，创新主体充满活力，创新链条有机衔接，创新治理更加科学，创新效率大幅提高。

④创新环境更加优化。激励创新的政策法规更加健全，知识产权保护更加严格，形成崇尚创新创业、勇于创新创业、激励创新创业的价值导向和文化氛围。

（2）到2030年跻身创新型国家前列，发展驱动力实现根本转换，经济社会发展水平和国际竞争力大幅提升，为建成经济强国和共同富裕社会奠定坚实基础。

①主要产业进入全球价值链中高端。不断创造新技术和新产品、新模式和新业态、新需求和新市场，实现更可持续的发展、更高质量的就业、更高水平的收入、更高品质的生活。

②总体上扭转科技创新以跟踪为主的局面。在若干战略领域由并行走向领跑，形成引领全球学术发展的中国学派，产出对世界科技发展和人类文明进步有重要影响的原创成果。攻克制约国防科技的主要瓶颈问题。研究与试验发展（R&D）经费支出占国内生产总值比重达到 2.8%。

③国家创新体系更加完备。实现科技与经济深度融合、相互促进。

④创新文化氛围浓厚，法治保障有力，全社会形成创新活力竞相迸发、创新源泉不断涌流的生动局面。

（3）到2050年建成世界科技创新强国，成为世界主要科学中心和创新高地，为我国建成富强民主文明和谐的社会主义现代化国家、实现中华民族伟大复兴的中国梦提供强大支撑。

①科技和人才成为国力强盛最重要的战略资源，创新成为政策制定和制度安排的核心因素。

②劳动生产率、社会生产力提高主要依靠科技进步和全面创新，经济发

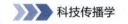

质量高、能源资源消耗低、产业核心竞争力强。国防科技达到世界领先水平。

③拥有一批世界一流的科研机构、研究型大学和创新型企业，涌现出一批重大原创性科学成果和国际顶尖水平的科学大师，成为全球高端人才创新创业的重要聚集地。

④创新的制度环境、市场环境和文化环境更加优化，尊重知识、崇尚创新、保护产权、包容多元成为全社会的共同理念和价值导向。

五、战略部署

实现创新驱动是一个系统性的变革，要按照"坚持双轮驱动、构建一个体系、推动六大转变"进行布局，构建新的发展动力系统。

"双轮驱动"就是科技创新和体制机制创新两个轮子相互协调、持续发力。抓创新首先要抓科技创新，补短板首先要补科技创新的短板。科学发现对技术进步有决定性的引领作用，技术进步有力推动发现科学规律。要明确支撑发展的方向和重点，加强科学探索和技术攻关，形成持续创新的系统能力。体制机制创新要调整一切不适应创新驱动发展的生产关系，统筹推进科技、经济和政府治理等三方面体制机制改革，最大限度地释放创新活力。

"一个体系"就是建设国家创新体系。要建设各类创新主体协同互动和创新要素顺畅流动、高效配置的生态系统，形成创新驱动发展的实践载体、制度安排和环境保障。明确企业、科研院所、高校、社会组织等各类创新主体功能定位，构建开放高效的创新网络，建设军民融合的国防科技协同创新平台；改进创新治理，进一步明确政府和市场分工，构建统筹配置创新资源的机制；完善激励创新的政策体系、保护创新的法律制度，构建鼓励创新的社会环境，激发全社会创新活力。

"六大转变"就是发展方式从以规模扩张为主导的粗放式增长向以质量效益为主导的可持续发展转变；发展要素从传统要素主导发展向创新要素主导发展转变；产业分工从价值链中低端向价值链中高端转变；创新能力从"跟踪、并行、领跑"并存、"跟踪"为主向"并行""领跑"为主转变；资源配置从以研发环节为主向产业链、创新链、资金链统筹配置转变；创新群体从以科技人员的小众为主向小众与大众创新创业互动转变。

第二节　科技传播使命

现代社会正在由工业社会转向信息社会，我们称之为信息化。信息化社会的基本特征是知识型经济、网络化社会、服务型政府和数字化生活。信息社会的基本要求就是以人为本、开放包容、全面协调和可持续发展。对信息社会特征的另一种刻画是，物质、能源和信息是其三大资源，摩尔定律、吉尔德定律和麦特卡夫定律为其三大定律，同时人们享有参与、知情和隐私三大权利，并由 IT、现代服务业和知识产业构成三大产业。

科技传播的使命在于传播科学精神和科学知识，服务科技创新。因此，我们需要切实把握和充分利用当前的新技术和新工具，不断创新科技传播模式，提高传播效果。

一、科学研究范式的变化

（一）科研环境的变化

这种变化表现在多个方面。跨部门、跨地域的协同成为现实，研究性质随着研究工具的改变、研究的职业化、多学科性和专门化而发生改变，这些变迁改变了研究工作的组织。在科研管理上，更加强调研究工作的可审计性；经费的来源方式则呈现出多样性，政府、企业和非营利性机构都可能提供研究支持；而研究支持者的要求也向注重经济性、创新性和竞争性转变。

（二）科学研究范式的变化

一千年以前，是以实验科学为主，当时主要是观察、描述自然现象，近百年前主要是理论科学，包括牛顿的法则、麦克斯韦的方程，最近几十年则主要利用功能强大的计算机去模拟复杂的现象。今天科学研究的范式转向 e-Science 或以数据为中心的科学。它把理论研究、实验研究和模拟仿真统一在一起，利用海量的数据来探索、挖掘，以此揭示自然和社会现象。

相应的，知识生产方式也发生变革。在研究方向上，不断开辟新的科学领域，学科交叉趋势增加，应用驱动和基于问题的研究增多，而好奇心驱动的研究活动减少。在研究条件方面，大数据、数据日益重要，数据密集型研究和定量研究增多，资源呈现高度分布式，知识的发现和提取难度增加，数据和信息逐步实现开放存取。在研究的流程上亦区别于传统的研究方式，"协同"成为研究工作中非常重要的环节，数据的管理、模型的应用、最佳实践的传播和应用都成为研究流程中新出现的重要部分。

开放式创新也是近年来得到关注的创新模式。这种方式把创新视为一个开放的、非线性的活动过程，可以跨越传统的组织边界，不再完全依靠自身的力量，强调企业对内外创新资源的有效整合。

（三）科学交流模式的结构和变化

在正式的学术交流过程中存在各类角色，像经费提供者、研究者、出版商和学会以及科技信息服务机构，它们的功能各不相同。在这种结构中，新的变化主要体现在这样几个方面：①非正式交流网络的民主化与正式交流的"去正规化"，人们通过博客、论坛等方式成为"自媒体"；②传统的科学交流模式逐渐被现代数字化的机构知识库、在线数据库、互联网冲击波（blogs、wikis），以及 e-Science 所撼动和取代。有形的图书馆使用减少，获取材料的范围扩大，信息资源及其使用迅速增长，特别是网上的信息资源爆炸式增长。

同时，学术交流系统也出现了危机。主要表现在书刊价格的飞涨，图书馆经费紧张，学术界失去了对正式交流系统的控制，商业性出版商支配着学术出版，传统的出版模式不适应现代科学技术的发展。

伴随着这些变化，学术交流的方式也出现了创新。出版模式变革为双轨制出版、纯电子出版、开放存取期刊和自存档等，学术交流呈现出数字化和网络化特征。关于学术交流和科技传播的发展趋势，有位学者做了概括，他认为研究论文和数据的开放存取将成为法律规定而不容异议，出版物将以电子实时链接和相关软件的形式存档，在某些专业领域，数据库可能会逐渐取代期刊；新型的同行评议制度和社会网络将会普遍采用；基于高性能计算机和网络的数字化基础设施将是国家和国际性机构知识库的关键设施数据的保存和长期访问将在科学研究生命周期中占主导地位；随着数字化学术信息资源的在线分析和可视化服务需求的增长，将催生一个新的服务产业。

（四）新的科学研究基础设施的出现

E-Science 将越来越多地通过互联网支持分布式全球协作的大规模科学。这种协作科学计划的典型特征是使每个作为用户的科学家能够访问数量巨大的数据集合，大规模的计算资源和高性能的可视化工具。目前，中国在网络学术交流方面有所发展，比如出现了学术交流网络平台、中国科技论文在线、期刊学术资源整合平台、科学交流博客和社会网络（如科学网）等。

二、科技传媒服务科创中心建设

如果将建科创中心分为 3 个层次，那么第一个层次位于"金字塔"底端，即：研发转换和运用；第二个层次位于"金字塔"中间，即全球科创资源的集散，目前对于这一层的关注和探讨相对弱了些，而这恰恰是体现资金、市场、技术、人才和管理等资源整合优势的众创空间可以发挥作用的领域；第三个层次位于"金字塔"塔尖，即源于技术又超越技术的思想市场的形成。

硅谷、纽约之所以能够引领全球，一个很重要的原因在于它们有思想市场。在西方，思想市场的形成一方面与各种开放论坛、思想、创意集会（如欧洲的 ESOF、美国的 AAAS 年会、Maker Faire 创客集会、火人节等）相关，另外，大众传播媒体也在其中扮演了很重要的角色。如美国的《连线》杂志，其创始人之一史都华·布兰德（Stewart Brand）是一个将嬉皮文化和硅谷极客文化汇集在一起的人，且他带来的影响深远。苹果公司的创始人乔布斯在斯坦福大学演讲时为人所铭记的"Stay hungry, Stay foolish"就出自 Brand 出版的《全球概览》。Stewart Brand 接受了第二次世界大战期间因为美国军事科研机构跨学科研究而诞生的控制论理论，相信世界的运行可以用计算机的运行来模拟和解释，并因此相信技术带来的巨大能量。他也参与了当时纽约、旧金山等地轰轰烈烈的波希米亚艺术以及嬉皮士文化运动，反抗当时压抑的主流文化。他甚至还参加过当时的公社运动，试图在现实世界中建立一个乌托邦。在史都华·布兰德的年代，波希米亚艺术、技术、嬉皮文化以及反叛的理想主义已然开始融合，并在后来的几十年间彼此影响，且逐渐蔓延到整个硅谷。直到今天仍塑造着一些企业或产业的风貌。其中《全球概览》和《连线》起到了重要的传播作用，尤其是对那些硅谷的极客们来说。《全球概览》是一本与工具有关的杂志，它教习某种思潮下的一切知识，为反感工业文明、远离都市、回归乡村、创建乌托邦的人提供生活指南，为愿了解外在世界的理想主义者提供通道，为嬉皮士提供一切有益的信息。用主编布兰德的话来说，那就是"为读者提供一种途径，连接他所在的地方与他想去的地方"。

《全球概览》的大小在小报和铜版纸杂志之间，分为 7 个版块，到 1971 年获得美国"国家图书奖"时，它已扩充至 448 页。《全球概览》里面包含各式各样的书籍、机械装置和户外用品，是产品、意见和视觉设计的混搭组合。家用的纺织套件、陶匠用的旋轮与关于塑料的科学报道撞在一起。竹笛和电子合成音乐相关书籍放在一块。与此同时，读者还会写信推荐新产品、回应其他投稿者的评论，或者描述出其他读者可能会感兴趣的体验。既不是书，也不是杂志，更不是传统的邮购销售，《全球概览》代表了美国出版业的一种新事物，那时没有人能说清它是什么。

第一期《全球概览》的销量不是很大，但足以让布兰德夫妇以及员工们愿意继续下去。在此过程中，1969 年 1 月，布兰德发行了第一期《增刊》作为《全球概览》的补充，每季度更新一次。除了产品资讯，《增刊》还刊登来自布兰德拜访过的公社的文章和信件。文章的作者包括迷幻摇滚乐队"快活的恶作剧者"的肯克西，嬉皮士公社的皮特拉比特和史蒂夫杜肯，空降城穹顶房屋的设计者史蒂夫贝尔，以及戴维埃文斯，他是恩格尔巴特的增智研究中心的成员。《增刊》还详细介绍如何制作一个太阳能热水器，还用 4 页篇幅介绍纽约市的免费活动和服务，还有生活和建筑实验的通告，包括一则"保罗·索来里沙漠乌托邦"阿科桑地的广告，还有一个成立"南加州自由主义游牧协会"的提议。《全球概览》是读者了解各种工具的渠道，而《增刊》给读者带来的，则是使用这些工具的公社世界以及与公社成员沟通的方式。在接下来的 3 年里，《全球概览》和《增刊》迅速发展，读者数量猛增。在出版方宣布 1971 年就会停刊之前，共推出了 6 期不同的《全球概览》半年刊，售出 2 500 万份，还有 9 份《增刊》季刊。到 1971 年，《全球概览》上面列出 1 072 件货品，增长了近

10 倍。3 年之内,《全球概览》在全美城乡的书店和家庭里到处可见。

　　它让许多人初次见识了新公社主义者的知识世界。40 多年后人们发现,从斯坦福到曼哈顿艺术圈,再到旧金山的迷幻波希米亚群体,布兰德在风格迥异的反主流文化、学术和技术群体之间搭建了桥梁。通过这份 1968 年创办的《全球概览》,他把这些群体纳入同一个文本空间。早期读者群来自公社社员和最初的投稿者。经过 3 年的发展,他们的读者群范围已更远更广。一项调查表明,4 个相互重叠的社会群体在《全球概览》中起到了重要作用:一是以大学、政府、工业为基础的科技群体;二是纽约和旧金山的艺术群体;三是旧金山湾区的迷幻剂群体;最后还有 20 世纪 60 年代在美国各地兴起的嬉皮士公社。当这些群体在《全球概览》中相遇时,当高科技和知识产物与东方宗教、神秘主义、返土归田运动的公社社会理论融合时,《全球概览》便成为最明显的展现出这种融合的出版物,同时,也成为地理意义上分散的新社区的起源和象征。这也许也能解释为什么从小热衷电子的乔布斯在年轻时也会着迷于神秘主义甚至跑到印度去,也能解释为什么 Google 的两个创始人从公司成立初始就带有极其浓重的理想主义色彩。当投稿者和读者翻阅《全球概览》、给《全球概览》写信时,他们跨越了各自群体的社会和知识藩篱,平等地对待彼此。他们一致认为,技术应该是小型的、应该支持个体意识的发展,因此应该是信息和个人的。读者写信参与的行为本身也证实了非实体社区是一个可实现的理想。

　　《全球概览》启发了读者对工具的理解,不仅仅是完成一项工作,更是进入一个过程。这个过程既可以完成任务,更可以把个体变成一个有能力、有创造力的人。在这个过程中,计算机和书籍等产品明显就可以给他们提供帮助。除了提供有关如何订购物质商品的信息,《全球概览》和《增刊》都告诉读者如何与彼此沟通。对布兰德来说,《全球概览》既是一个“全球系统”,又是一个给读者的“工具”,对读者来说也一样。他们可以写信,通过《全球概览》去告诉彼此使用某种产品的体验。通过《增刊》,他们能获知正在进行的反主流文化项目,并相互联系去参加。《全球概览》和《增刊》变成了一面面镜子,让他们窥视并看到一个新兴世界的影像,同时又变成了一扇扇能通往那个世界的门。

　　而《连线》杂志的前主编凯文·凯利至今仍陆续推出着《失控》《科技想

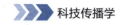

要什么》等反思技术文化的作品，探索着科学技术在当代新的发展方向。对技术的反思和批判并没有使凯文·凯利成为一个科学界的边缘人物，反而使他成为众多创客心目中"教父"级的人物。

目前看来，全国都还未形成在创新文化方面有影响力的媒体，即使是科技类的媒体，也较多侧重介绍新的研发成果、普及科学知识、宣传创业成功的企业或个人，而较少传播科学精神、科学思维和科学方法，更缺少打通科学与人文、艺术之间隔阂、激发"全思维"创新的媒体平台。行进在建设全球创新中心道路上的上海，迫切需要像《全球概览》和《连线》那样能够引领时代开拓创新精神、连接不同领域人群并为不同气质思想的活跃碰撞提供平台的刊物或专栏，形成源于技术又超越技术的思想市场。

三、科技传播方式创新服务科创中心建设

《上海市发布加快建设科创中心相关的 22 条意见》提出："没有好的创新生态环境，不可能孕育成长科技创新中心。要秉持开放理念，弘扬创新文化，培育大众创业、万众创新的沃土，集聚国内外创新企业、创新要素和人才，共同推进科技创新中心建设。"由此可见，培育有利于大众创业、万众创新的沃土成为这次上海科创中心建设的重要前提，这一任务的提出对整个上层建筑都提出了新的要求。

首先，面对新的使命、对象和目标，原有的科技传播方式也应做相应的创新。这次的万众创新本质上具有从公民个体的兴趣、爱好出发，并不以特定目标为追求的非功利性活动的属性，这除了要求政府从整体社会环境层面上为个体创造营造良好的软、硬件环境外，科技传播的使命也要做相应调整。要从关注高大上的科技成果，关注少数大牌转向重视公民、草根的以兴趣为导向的创新活动，从注重结果转为对草根们创新过程的关注；在大力推进上海科创中心建设的整个进程中，对科技传播能效的考核应该是，在加大全城创客文化氛围的营造，加深普通市民对于创客内涵的理解，甚至在整座城市变成一个大型的创造孵化器方面，科技传播起了多大的作用。

其次，科技传播的任务也要做相应调整。除了现有的我们熟悉的以内容采集、提供为主的传播方式，万众创新的时代要求开放更多公共空间，使社

会成员拥有更多低成本的社会交互平台；通过公共场所的信息传播，在有创新创业意愿的个人与相关风投或其他资源提供机构之间建立链接；支持鼓励有条件和意愿的创客群体或个人创办传播创客文化的媒体；定期举办与国际创客接轨的创客大会，为创客们提供展示舞台和"取经"之地，促进国际合作，推动优秀创意的放大。这些新的媒介传播需求对科技传播业者都意味着全新的任务和挑战。

最后，在科创中心建设时代，鼓励大学、研究所、实验室、艺术馆、咖啡馆、书店等社会力量加盟，共襄盛举助推万众创新的大变革，也为科技传媒人施展才华提供了更大舞台。对于创客空间而言，做创客之间牵线搭桥工作的"大咖"这一角色很重要，但目前在国内还未引起足够的重视。国际上，这样的人往往是已退休的行业内著名大咖或媒体记者，他们为创客空间投入资源和精力，做这件事，使他们自己的职业生涯也可以继续拓展。

第十二章
科技传播新趋势

今天的社会，已经不能用"日新月异"来形容了，科学技术的进步和社会的迅速发展，使得传播打破了时间和空间的局限，"秒新分异"似乎更加符合现在的传播格局。在这样的环境下，不同的媒介之间逐渐走向融合，传播的主体日趋多元，传播的模式也更加复杂更加系统。对于人类社会来说，科技是前进的驱动性力量，科技传播是科技知识社会化的助推器[①]。在媒介融合不断加深的背景下，科技传播的各方面也呈现出新的发展趋势。

第一节　科技传播参与主体的新特征

在传统的认知中，科技传播的参与主体是具有专业知识，从事相关工作的人。例如科学家、科技专业的学生、国家的相关部门等。英国威尔卡姆托管会认为，科技传播至少包括以下部门或群体间的传播：科学共同体内学术界与产业界的团体、科学共同体与媒体、科学共同体与公众、科学共同体与政府（或其他行政或权力机构）、科学共同体与政府（或其他能影响政策者）、产业与公

---

① 汤书昆，韦琳. 当代媒介融合新趋势与科技传播模式的演化［J］. 理论月刊，2009（12）：5.

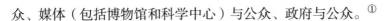

众、媒体（包括博物馆和科学中心）与公众、政府与公众。①

随着社会的进步和技术的发展，媒介形态的演变与媒介融合的深入，公民素质也在不断提高，人们能接触到越来越多的信息，对不同类型信息的需求也在不断增加，"家事国事天下事，事事关心"在当下已经不再是一个愿望，而是人人可以做到的事情。在这样的背景下，科技传播的参与主体也在发生着变化。

一、范围更广、主动性更强

随着社会的发展，科技传播也经过了从传统科学技术普及（公众接受科学）到公众理解科学再到公众参与科学三个逐步推进的阶段，并形成了与之相对应的三类科学传播的模型：中心广播模型、缺失模型和民主模型。

在中心广播模型中，传播者是核心，传播自上而下进行，忽视受众的能动性。缺失模型中虽然表达了希望受众理解科技的愿望，但是其本质还是中心广播模型，它们认为受众不具备专业性的知识，无法理解科技知识，也不需要他们有任何意见，传播是单方面进行的。这样的模型随着时代的发展都受到越来越多人的诟病。民主模型是一种双向的传播模式，它以对话为基础，肯定受众的能动性，将科技知识从"神坛"带入实际生活，为大多数人所接受。

媒介的发展，让科技传播更加迅速、更加便捷，传播范围更加广泛，以往不能接收到科技信息的公民中，可能隐藏着诸多对科技信息感兴趣的受众，而现在，他们可以随时随地获取科技信息、传播科技信息，这使得科技传播的参与主体更加广泛。

新媒体技术的发展让传统时代媒体垄断信息传播的局面被打破，公众不再只是信息的接收者，也成为信息的发布者和传播者。经济的发展、文化的繁荣使得公众的媒介素养有了质的飞越，技术的进步极大地激发了公众参与传播的热情，公众的主动性空前高涨，媒介事件层出不穷。

随着科技传播的深入，例如引力波、PM2.5、虚拟现实技术、人工智能等，都是由一个事件开始，大众对一个新的科技名词进行热烈讨论，从而为众人所

---

① 汤书昆，韦琳. 当代媒介融合新趋势与科技传播模式的演化［J］. 理论月刊，2009（12）：5.

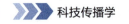

知。这样的传播过程能够帮助提高公众的科技素养，增强科技传播的效果。

二、匿名性、复杂多样化突出

互联网时代，科学技术的发展对于各个方面作用更加突出，科学技术是第一生产力，它推动着社会的进步。国家大力倡导科技进步，使得公众对科技的关注程度也越来越高。在这样的背景下，科技传播的参与主体向多样化方向发展，范围也在不断扩展。科技信息的传播者除了科学家和政府相关部门之外，包括大众传媒、新媒体、教育机构、企业、社会团体等，许多科学爱好者也加入科技传播的队伍。

传统的传播时代，媒介并不完善，受到纸张篇幅、播出时长等各方面的限制，媒体传播的信息必须经过严格的筛选。除去科技传播的专门性媒体，主流媒体每天传播的信息很多都是大政方针、国计民生，除非是非常重要的科技信息，否则不会被众人所熟知。而特地去关注科技传播专门性媒体的受众又并不多。这就导致了科技传播受众狭隘、传播者自娱自乐的尴尬局面。

互联网的出现，媒介迅速发展，科技传播进入了新的阶段。利用新媒体手段，科学家可以在网上发布最新科学的发现，及时与公众进行交流，在传播科学知识的同时也能够获得受众的反馈。这大大提高了科技传播的效果。

不仅如此，越来越多的科学爱好者同样借助互联网手段参与到科学传播的队伍中来。有别于科学家、政府部门这些"科班出身"的严肃，科学爱好者的科技传播更加贴近公众，更加多样，手段也更加丰富。2008年4月，毕业于复旦大学的神经生物学博士姬十三（原名嵇晓华）放弃了自己在上海的工作来到北京，和几位志同道合的科学技术普及作家一起，创立了科学松鼠会。就这样，一个致力于在大众文化层面传播科学的非营利机构诞生了。松鼠会汇聚了当代最优秀的一批华语青年科学传播者。他们要做科学的松鼠，帮大众拨开科学坚硬的果壳，烹制营养、美味、有趣的科学果仁，让更多人领略科学的奇妙。

当科学像音乐、电影一样流行起来，也就意味着参与传播的门槛越来越低。这也给科技传播带来了一些问题，互联网让人们发声，却也让数以万计的真实面孔得以隐藏，在一个个百变的账号背后，人们无法知晓对方到底是谁，是男是女，是什么身份。这就造成了科技传播参与主体的匿名性特点。

传统时代，科学是一件高高在上的事，它权威、专业、遥不可及。但是如今有了互联网，有了搜索引擎，人们想知道什么只要动动手指，不用再辛苦地查阅文献、翻遍书本。但是，提供这些问题答案的人究竟是谁，他们提供的答案是否正确，这不禁让人们陷入了新的思考。

与其他领域的传播一样，科技传播也需要"把关人"对信息进行筛选和过滤，这样才能让科技传播健康发展。

三、点状、分层的多元化现象出现

随着经济的发展和文化的繁荣，公民参与公共事务的热情空前高涨。媒介融合的深入，让公民社会的蓬勃发展成为可能。互联网时代，"人人都有麦克风"，人们可以随时随地地制造信息、分享信息。移动终端的繁荣，让公民无论线上线下都能进行有社会意义的交往，并可以将网络的虚拟世界和现实社会结合起来形成联动，增强公民的力量。

网络的开放性使得人们可以以个体为单位形成传播中心，只要你拥有网络，无论你在地球上的任何地方，都可以进行传播。这样的特点打破了以往传播者垄断信息的局面，让传播更加多元、更加广泛，数以万计的网民星罗棋布，点状分布在世界的各处，让传播有了更多的可能。

但是，由于不同国家、地区经济发展的差异，导致了社会发展的不均衡，从而形成了媒介融合的分区域和分层次的特点。

科技传播作为一种有一定门槛的传播，其本身的发展就受到经济发展和文明程度的制约。传统社会，人们温饱不足，很少有人对科学产生兴趣，相比之下，人们更关心如何赚钱、土地的收成等实际的问题。所以，科技的传播离不开经济的发展和物质的满足。当经济和社会文明发展到一定程度，人们有了学习的需要，这时候科技传播才能有进一步的发展。纵观今天的科技传播，随着媒介融合的发展，人们可以通过手机、电脑，依托互联网获取任何想要的科技信息，这为人们的生活带来了极大的便捷。但是，不可否认，在一些偏远的、基础设施尚且不完善的穷困地区，经济仍旧落后，媒介融合更是无从谈起，对于这样的地区而言，科技传播仍然要依靠于广播、电视这样的传统媒介进行。

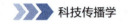

在这样的地区，受众仍然处于被动接收科技信息的阶段。面对这样的情况，科技传播需要因地制宜才能保证传播的效果。

媒介融合的发展使得受众由传统时代的"大众"逐渐演变为"小众"。传统时代，由于受众处于被动接收信息的地位，所以他们并没有特定的信息需求，媒体报道什么，受众就接受什么。由于人们获取的信息相同，所以往往同质化现象严重。但是，随着媒介的发展，人们获取信息的渠道日益丰富，导致了对信息需求的不同。这就是媒介融合带来的受众的分化和分层。由于受众对科技信息感兴趣的程度和接受程度因人而异，所以呈现的反馈也各有不同。有研究表明，传统媒介的拥趸者对于媒介有较高的信任度，将媒介发布的科技信息等同于权威人士的科研成果，易于接收，而惰于反馈；经常接触新兴媒介如网络和手机的受众，则认为使用媒介和媒介信息具有随意性和不确定性，经常将互动使用媒介与参与反馈融为一体。

因此，从参与主体的特征来看，科技传播要想达到更好的效果，获得更有用的反馈，就需要因人制宜、因时制宜、因地制宜，不断完善和调整。

四、差异性、个性化需求显著

在过去，传统媒体掌握着稀缺的信息资源，他们占据着主动的地位，设置议程，选择想要让公众知晓的信息进行发布。相反，公众则处在被动的局面，他们或许有想要了解的信息，但是由于缺乏渠道和手段，他们只能被动接受媒体传播的信息，不管这些信息对自己是否有用。随着社会的进步，科技的发展，互联网诞生了，并以人们难以想象的速度和形式快速发展。以往传统媒体垄断信息的局面被打破了，就像敞开了一扇大门，五花八门的信息就在眼前，人们唾手可得。

媒介融合的深入让媒介形式更加丰富，功能更加强大，这样人们拥有了可选择的空间。体育迷可以获取各个国家、各个项目的体育信息；娱乐迷可以追踪不同明星的动态；金融人士可以每天阅览经济新闻……"一千个人有一千个哈姆雷特"，一千个受众也有一千种对信息的需求，因为互联网的强大，人们已经不再依赖于媒体的传播，而是主动选择符合自己口味的信息进行获取，这就是所谓的"私人订制"信息。

同样的道理，科技传播走到今时今日，除去媒体主动的传播之外，也处在被受众选择的局面。由于参与主体差异性、个性化的需求显著，所以科技传播需要在精准定位的同时不断扩大目标受众。

传统认知中，科技传播属于专业领域的范畴，毕竟一般情况下主动去关注科技信息的人并不多。但是，随着社会的进步，人们的观念更新，对于科技知识的理解有了重新的认识。事实上，科学每天都在给人们带来新的体验和新的知识，而科学当中的一些的"新鲜玩意儿"，有一些在科学界引起了广泛的讨论，但是因为专业领域的限制，公众可能完全不了解；另外，一些通过热门事件引起大众讨论的科学知识，可能在科学界早已是司空见惯的事情。而正是后者勾勒出了公众对于科学的认识和了解。正因为如此，诸如"引力波、阿尔法狗、转基因、对撞机"这些本来非常陌生的名词才会走入大众的视野之中，并被人们热烈讨论。

这充分说明了媒介融合虽然让科技传播的参与主体呈现出个性化和差异化的需求，但是科技传播仍然能通过各种各样的方式满足这些需求，因为大众早已经不是单纯的接收者，而是集制造、传播、接收信息于一身的复杂集合，他们有足够的创造力和想象力将原本晦涩专业的科技知识转变为能够让人们喜爱并且关注的科技信息。果壳网就是很好的例子。作为一个开放、多元的泛科技兴趣社区，果壳网吸引了百万名有意思、爱知识、乐于分享的年轻人聚集在一起，用知识创造价值，为生活添加智趣。在果壳网，用户可以关注感兴趣的人，阅读他们的推荐，也将有意思的内容分享给关注的人；依据兴趣关注不同的小组，精准阅读喜欢的内容，并与网友交流；在"果壳问答"里提出困惑你的科技问题，或提供靠谱的答案。可以说，果壳网的诞生是互联网的社区性和科技传播的专业性很好的体现，它能够充分满足互联网时代交互即时性的特点，又能够为人们定制有针对性的"信息大餐"。

第二节 科技传播媒介技术发展新趋势

科技传播作为传播学的一个分支，其发展的历程必然处于整个传播学的大

背景之下。随着大众媒介的发展演进，科技传播的媒介也经历了相应的变迁。在当代社会，科技传播最主要的渠道就是大众媒体，特别是以手机、互联网为代表的、网络传播为特点的新媒体。传播媒介的发展决定着科学传播未来的发展方向，对科技传播产生着重要的影响。

一、科技传播媒介技术的发展历程

纵观人类的传播历史，媒介的发展历程大致可以分为 5 个阶段。这一演进过程，也是人类科学不断发展的过程。媒介的发展和科技的进步从一开始就是相辅相成的关系。科技的进步推动着媒介的发展，媒介传播手段的进步又使得科技得到了更好地传播。

（一）语言的产生

在语言没有产生以前，人们之间的交流通过肢体动作等进行。大约在 10 万年以前，语言产生了，这使得人们的交流更加深入，人们可以通过语言表达自己的想法、分享生活中的经验，这极大地丰富了传播的内容，加速了人类社会的发展。但是，语言本身存在着局限性，语音语调的不同、无法保存等使得语言在传播的时间和空间上受到了很多阻碍。正因为如此，随着社会的发展，文字出现了。

（二）文字的出现

文字能够跨越空间、穿越时间，更重要的是它能够被保存，这使得人类的传播内容可以得到传承和延续，人类文明由此书写，历史得以记录，传播开始真正有了实质的承载形式。

（三）印刷术的发明

印刷术的发明是具有划时代意义的事件，它不但让传播的范围有了质的飞跃，极大地提高了传播的便捷程度，而且为报纸的出现奠定了坚实的基础。

（四）报纸广播电视的诞生

报纸是人类传播活动中非常重要的产物。它不受时间范围和地域范围的限制，读报时间和读报地点可以由读者自由掌握和控制。20 世纪 20 年代左右，广播问世了。仅仅依靠声音传播，可以非专注收听，又可以随时移动，让广播成为很多人的忠实伴侣。而电视的诞生，使得远距离传输和观看图像成为现实。电视集声、光、电于一身，汇编、演、导于一身，聚眼、耳、脑于一瞬，带给了受众全新的感受。报纸、广播、电视的诞生，使得传播的内容更加丰富、传播的范围更加广阔，人类生活变得更加精彩。这是全人类的胜利，也是科技的胜利。

（五）新媒体的发展

互联网的出现让传播发生了革命性地改变，因为它具有的交互性、快捷性、隐蔽性和多媒体性等众多特点，为传播的渠道和媒介的发展带来了新的机遇和广阔的前景。新媒体给世界文明和社会发展带来的深刻变革是全方位的，不仅改变着新闻传播和传媒产业的格局，也改变着网络世界的经济与发展；不仅影响着普通民众的生活方式和思维方式，同时也影响着世界各国的政治、经济、思想以及文化等诸多领域。新媒体正在以不可抵挡的势头渗透到地球的各个角落，改变着世界的面貌，推动着人类社会的进步[1]。

二、科技传播媒介技术发展的新趋势

以互联网为平台的新媒体现在已经发展成为人们日常生活中不可或缺的一部分。互联网化成为当前社会的重要特征。互联网融入公众的生活，对社会的诸多方面产生了深刻的影响，互联网社会也成为新的社会存在方式。在互联网环境下，媒介自身也正在发生着变革，这些变化将对科技传播的各方面产生重要的影响。

（一）新媒体

关于新媒体的概念，随着时代的发展其定义也在不断完善和更新，这一概

---

① 陈鹏. 新媒体环境下的科学传播新格局研究——兼析中国科学报的发展策略 [D]. 合肥：中国科学技术大学，2012.

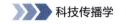

念极具"弹性"，在不同的时代有着不同的对应。新的传播媒介和传播形式层出不穷，信息技术的快速发展往往会在几天内便制造出一个新的媒介产品，这些产品统统可以被归为"新媒体"，所以"新媒体"仅仅是一个相对的概念。

虽然在概念上难以准确且全面地定义，但是新媒体的确有着自身的特性。与传统媒体相比，新媒体形式丰富、互动性强、渠道广泛、覆盖率高、精准到达、性价比高、推广方便……这些得天独厚的优势让新媒体成为传播的宠儿。

随着新媒体的全面崛起，传统媒体陷入了前所未有的寒冬，"报纸消亡论"愈演愈烈，传统媒体的出路在哪里？正当人们为传统媒体的未来感到担忧时，越来越多的传统媒体开始了自救的转型之路。

伴随着新媒介与传统媒介从"冲突对抗"到"共存共荣"，"媒介融合"这四个字开始进入了大众的视野，并日渐为人们所熟知。

（二）科技传播媒介技术发展的新趋势——媒介融合

1. 媒介融合的概念

媒介融合是指各种媒介呈现出多功能一体化的趋势。其终极目标将是打破传播媒介的形态差异，走向媒介形态的大融合①。进入 21 世纪，媒介融合以不可阻挡之势遍及全球。在这样的大环境下，科技传播要实现其传播目的，就离不开媒介的渠道和介质作用，而随着媒介技术的变革和媒介形态的演变，媒介在科技传播中的功能爆发性地增强，媒介融合在科技传播机制中的动力作用更明显。

2. 科技传播媒介的融合之道

互联网传播生态的大背景之下，科技传播从内容的生产到存储到传播都发生了深刻地改变，随着受众媒介素养的提高，传统的科技传播已经无法适应当代社会，全新的科技传播需要融入互联网思维，需要采取媒介融合之道，这样才能推进科技传播的发展。

（1）多种技术的融合。

媒介之所以能够发展到今时今日，其重要因素之一便是科技的进步。无论

---

① 孙玉双，孔庆帅. 中国媒介融合的现状、表现形式与未来［J］. 科技与出版，2011（4）：71.

是大数据、云计算还是风靡当下的虚拟现实、增强现实，都是科学技术的发展带来的福利。

但是，也正因为媒介的种类日趋多样，人们的选择越来越多，造成了"只爱看自己喜欢的内容"的情况，受众可以自己为自己设置议程，不再依赖于传统媒体。在这样的情况下，受众的注意力变成为了稀缺的资源，如何吸引受众，提供受众所需要的科技信息成为当前科技传播面临的问题。

依托于大数据技术，科技信息的传播者便可以为受众量身定做信息盛宴。根据用户的浏览习惯抓取信息，分析用户的爱好和需求，针对不同的受众进行科技信息的筛选和传输，将一些晦涩难懂的科技知识转化为简单生动的标题呈现到受众面前，如果受众感兴趣，则可以点进去获取更丰富的信息。这样的精准投放，既提高了科技传播的效果，又极大地减少了时间成本。

除了大数据，云计算也是一项在科技传播领域应用广泛的技术。云计算的核心是按需、动态、弹性为用户提供相关资源和应用服务，强调无障碍的跨平台、跨终端服务。目前科技传播云资源服务类的应用主要还是按需、动态为用户提供科技信息内容资源服务，用户可以随时随地访问和享用云环境中提供的各类科技传播资源和内容[①]。

随着科学技术的蓬勃发展，越来越多的传播新技术日渐涌现，科技传播要积极、充分地利用新的传播技术，从而更好地提升效果。

（2）传统媒介与新媒介的融合。

在一个完整的传播过程中，传播渠道（也称媒介）是必不可少的组成部分，它是信息的搬运者，也是将传播过程中的各种因素相互连接起来的纽带。

对于科技传播来说，媒介同样是非常重要的传播平台。随着科技的发展和传播手段的丰富与成熟，媒介融合日益加深，通过融合的方式，传统媒介和新媒介之间的联系更加紧密。传统的媒介有报纸、期刊、广播、电视，在社会发展的过程中，它们已经不能完全满足人们对信息的需求，在这样的情况下，互联网的发展为信息的传播打开了新世界的大门。

---

① 陶贤都. 分化与融合：互联网环境下科技传播的变革与创新策略［J］. 科技传播，2014（10）：118.

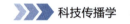

报纸与互联网的融合。对报纸来说，互联网的实时传播增强了新闻的时效性，报纸可以捕捉受众关心的热点话题。网络上海量的信息可以给报纸的记者提供很多新闻采写的素材和线索。对网络来说，碎片化的信息在很多时候无法展现事件的全部，这时候报纸便可以进行深度地挖掘和报道，为受众厘清事件的始末，以更加专业的视角分析问题，引发大众思考。

广播与互联网的融合。传播意义上的广播只是单纯的广播节目，但随着科学技术的发展，越来越多的广播 APP 应运而生，例如荔枝 FM、蜻蜓 FM、喜马拉雅 FM 等，在这些平台上，只要注册就可以摇身一变成为主播，广播的内容从新闻到故事到歌曲到教育各不相同，听众还可以订阅点播，互动留言。

电视与互联网的融合。内容层面上，电视与网络融合的最基本形式则是让网络提供新闻源和话题，丰富电视内容和加强深度。技术层面上，电视与互联网的组合诞生了互联网电视。互联网电视不仅电视信号更清晰，频道选择也更为多样，更重要的是，它使视频点播成为可能。用户自由地选择电视节目，储存需要的电视内容，有效地提高了节目的参与性、互动性和针对性。

互联网时代的到来，直接带来了公众与科技传播之间新的互动模式。在这样的媒体生态之下，科技传播应该要积极顺应传统媒介和新媒介融合的趋势，创造更利于为受众所接受的内容，丰富科技传播的手段，提高传播的效果。

（3）多种传播形式的融合。

互联网环境下，科技传播面临的是一个开放、共享的场域，科技传播不能故步自封，要融合其他的传播形式，共同推进科技传播发展。互联网时代的科技传播不仅仅只是科技信息的发布场所，也要为科技话题提供协商、交流的空间，科技传播更加多元与立体。要实现此目标，需要在科技传播融合多元的传播形式[①]。

媒介融合的环境下，文字、声音、图片虽然仍然是科技传播的主要方式，但是任何一种单一的形式都已经无法满足受众的多元化需求。信息传播从文字时代变成读图时代，到现在的数据时代和短视频时代，这充分说明了传统的科

---

① 陶贤都. 分化与融合：互联网环境下科技传播的变革与创新策略 [J]. 科技传播，2014（10）：118.

技传播方式已经不再适用于当前的传播环境。

　　当前的科技传播，需要综合运用多种传播形式，无论是哪种方式，都需要努力实现科技信息的可视化、动态化，以此满足受众的阅读体验。在众多的科技传播者之中，果壳网是不得不说的一个。果壳网是主要面向科技青年的社交网站，并提供负责任、有智趣的泛科技主题内容。它是国内领先的科技传媒机构。果壳网能够将晦涩难懂的科技内容用生动形象的形式进行表达，有时还能巧妙结合当下的热点话题，让科技信息显得趣味十足。在这里，科技不是冰冷的知识，而是对身边的生活进行有意思的科技解读和创造。通过多种传播形式的融合，时而图文、时而视频、时而漫画，使科技传播亲民，让公众对科技传播产生兴趣。

　　果壳网的成功表明，科技传播可以与社交、休闲娱乐、教育等融合。只有让科技传播更加贴近大众的生活，在点滴中为他们提供专业有趣的科技知识，才能使科技知识更容易为公众接受，从而真正激发公众对科技知识的兴趣。

三、媒介技术发展对科技传播的影响

　　当前，科技传播的媒介技术发展进入了融合时代，媒介融合已然成为未来传播领域的必然趋势。在这样的大背景下，科技传播的手段和方式日趋多样。报纸、广播、电视这样传统的媒体将逐步与手机、计算机等新媒体结合，科技传播的信息内容将通过声音、图像、视频等形式或单一或组合地展现在大众面前。媒介融合给科技传播带来了深刻的影响，让科技传播在逐步发展之中呈现出全新的特点，也为科技传播注入了新的活力。

（一）渠道融合使得科技传播的形式更加多样

　　媒介融合的特性之一就是它的多样性。所谓多样性就是指通过网络这个大平台，传统媒体和新媒体相互辅助，产生了多种综合性的服务功能，有别于以往单一的文字、声音或图像，媒介融合使得多种呈现方式得以组合，由此产生了多位一体的综合呈现形式。这不仅仅让科技工作者在生产内容的时候有了更多的选择，有利于他们之间的沟通和对信息的处理，也有利于受众通过不同的形式获取科技信息，使得原本略显专业的科技信息内容能够更加生动、多样地

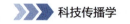

传播，提高了科技传播的综合效果。时至今日，科技的发展让信息的呈现方式更加立体直观，虚拟现实、增强现实技术的诞生，让人们在读一本纸质书的时候，可以通过技术手段看到书中的形象跃然纸上，这让人更加期待科技传播的未来。

（二）媒介融合使得科技传播的内容更加丰富

人类社会发展至今，每天都在创造着新的内容和信息。传播即使每分每秒都在进行，但是由于受到各方面条件的限制，有些内容和信息还是无法被人们获取。传统媒体占主导的时期，受众总是处在媒体议程设置的环境下被动接收信息，他们没有选择的权利，也没有可获取的其他途径。但是，随着社会的发展、媒介的发展，受众逐渐摆脱了被动接受的地位，能够开始自主地选择想要知道的内容。人们之所以能够在浩如烟海的信息资源里找到自己想要的内容，是因为多媒体在信息存储、引用和传输上，有着无与伦比的优越性。受众可以通过各种搜索引擎从纷繁复杂的科技信息中进行搜索，并且可以借助于网络技术进行二次传播，速度快，占用空间小，便于引用，给科技传播注入了新的活力。

（三）媒介融合使得科技传播的效率更加显著

媒介融合发展至今，信息传播即时性的特点已经非常显著。最具代表性的便是微博热搜榜，这份榜单每十分钟更新一次，可以说是传播效率和速度的体现。科技信息的传播者利用多媒体的手段可以实现科技信息的实时传播，并且可以在很短的时间内收到传播内容的相关反馈。这样的传播过程大大缩短了时间，提高了传播的效率，加强了科技信息传播者和受众之间的互动，以便传播者能够及时了解传播的动态，也能够从中分析得出受众对不同科技内容的关注程度、理解程度等重要信息。值得一提的是，媒介融合下的科技传播不仅仅满足了科技传播者的工作效率，同时也提高了受众获取信息的效率，受众可以随时随地地搜索、选择科技信息，这与科技工作者的传播形成了完整的传播过程，使传播效果最大化。

第三节 传播者、媒介、受众三维互动的传播新模式

一、科技传播模式的演进

对于科技传播的模式的探讨，是从 20 世纪 60 年代开始的，如 Meadow 在 *Communication in Science* 一书中指出：人们试图通过建立信息传播的模型，用行为科学理论来研究信息传播的过程，研究的重点是学者为什么和怎样进行学术研究，他们是如何互相交流的，在什么时候、什么情况下、以什么方式发表研究成果和其他信息，出版发行机构和图书馆在学术信息传播过程中怎样发挥作用等 [1]。

科技传播作为传播学领域的一个分支，在此后的一段时间里，关于其传播模式的研究也被纳入了传播模式的大框架之中。传播者、渠道、受众，这几个在传播模式中必不可少的因素也同样适用于科技传播的模式。但与其他领域传播不同的是，科技传播因为自身的专业性限制，其传播的结构和模式对传播效果的影响就显得尤为重要。在科技传播发展的过程中，也确实经历了几个不同阶段的传播模式。

最早的中心广播模型以传播者为中心，是一种自上而下的单向灌输，完全否认受众对于科学知识的理解与接受能力。再到后来的缺失模型，虽然呼吁受众理解科学，但本质上还是采取否认的态度。这两种科技传播模式在社会的不断发展中被越来越多的人所质疑。随着公众文化素质的增强，媒介素养的提高，科学知识的地位不断上升。人们逐渐认识到科技是促进社会发展的助推器，科学技术的应用可以更好地造福于人类生活，人们享受着科技所带来的便利；另外，随着大众对科技的尊重与认可，越来越多的人加入科技传播的队伍中来，帮助、推动了科技传播的发展。而民主模型的提出，正是遵循了公众从

---

① 汤书昆，韦琳. 当代媒介融合新趋势与科技传播模式的演化［J］. 理论月刊，2009（12）：7.

接受科学到理解科学再到参与科学的转变。由此，科技传播从过去的自上而下演变成了传播者通过媒介与受众之间进行的一场对话，双方处于平等的地位，受众同样可以利用媒介将自己的想法反馈给传播者。互动的产生与加强使得科技传播向更加灵活开放的方向发展。

二、传播者、媒介、受众三维互动的科技传播新模式

科技传播虽然因为专业性的特点而具有了自身的一些特殊性，但是归根结底其传播模式的发展仍然是与传播学模式的发展相一致。从拉斯韦尔的 5W 的线性模式到奥斯古德——施拉姆的双向传播模式，再到赖利夫妇的系统传播过程模式。

科技传播发展到今时今日，早已有别于简单的线性模式，也不再是简单的非线性模式，随着媒介融合的发展，科技传播的模式变得个更加复杂，也更加具有循环、互动的特点。

（一）传播者

科技传播系统被认为是一个动态反馈系统，行为主体自身和之间都有反馈关系，主要包括科学共同体、政府、媒体、公众和非政府组织 5 大主体（如图 12-1 所示，图中忽略了非政府组织），该模型强调多主体、整体平面网状和结构关系[①]。

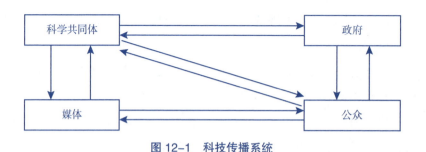

图 12-1　科技传播系统

---

① 汤书昆，韦琳. 当代媒介融合新趋势与科技传播模式的演化［J］. 理论月刊，2009（12）：8.

在科学发展的过程中，科学体制化的不断推进使得科学家群体逐步发展壮大，形成一个相对独立、特殊的社会组织——科学共同体。1942 年，《科学的自治》发表，在书中，首次提出"科学共同体"的概念。它指全社会从事科学研究活动人员组成的社会群体，其成员遵守共同信念、共同价值和共同规范，并区别于其他的社会群体和组织[①]。科学共同体处于科技传播的核心地位，因为它既是科技信息的生产者，也是科技信息的传播者。并且，由于科技共同体内汇集了众多科技工作者，他们之间也可以进行传播，所以科技共同体本身就可以完成一次次完整的科技传播。政府作为科技传播的主体主要是在宏观上起到指导调控的作用，随着社会的发展，科技的重要性日益凸显，为了加强大众的科学文化素质，政府加强了科技馆、博物馆等公共场所的建设，同时贯彻落实"科教兴国"的政策，培养了一批又一批科技人才。媒体在传播模式之中作为渠道因素出现，但随着媒介融合的发展，越来越多的媒介已经成为传播的主体，例如果壳网、科学松鼠会等。因为信息获取更加便捷和开放，越来越多的公众也加入科技传播的队伍中来，成为传播的主体。

传统的科技传播中往往注重科技信息内容本身，传播的主体常常被人们单一地理解为科学家。但是，科学知识本身在不断地更新和被发现，仅仅依靠科学家的传播是无法真正让科技传播走进千家万户的。随着互联网技术的出现和发展，媒介融合的深入，更加丰富了科技传播的主体，使得科技传播变得更加多元。媒体作为传播的主体一开始并不被人所注意，直到新的媒体的种类和形式的不断出现，科技信息以人们意想不到的方式进入了大众的视野。它可以是发布在微博里的一段视频，可以是一本拥有 VR 技术的书籍……媒介的发展使科技信息的内容不断翻新，也使得传播的效果更加显著。

在科技传播的新模式之中，互相嵌套、多元主体的特征让科技传播拥有了更多的可能性，主体内部即是一个循环系统，主体之间相互联系、互相作用，各种排列组合为科技传播注入了新的活力。

---

① 孙文彬. 科学传播——新模式不确定性时代的科学反思和公众参与 [D]. 合肥：中国科学技术大学，2013.

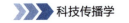

（二）媒介

科技进步是社会发展的驱动力量，媒介的发展同样得益于科技的进步。媒介融合之所以能够产生并产生深远影响，最重要的前提便是科学技术使得媒介形态和媒介功能发生了质的突破和飞跃，由此催生出网络媒体、移动媒体等，并且网络社区影响日趋强大，从博客到微博到现在的网络直播，互联网的聚合能力不容小觑。

早在 1967 年，媒介学派的代表人加拿大传播学家麦克卢汉就在《理解媒介——论人的延伸》一书中首次提出"地球村"的概念，认为广播等电子媒介使信息加速，人与人之间的时空距离骤然缩短，整个世界缩小为一个"村落"①。这个方法在当时可能还有些"天方夜谭"的味道，但是在今时今日，或许连麦克卢汉自己也没有想到，媒介正在深刻地改变着人类的生活，以至于"内容为王"的地位都受到了"技术为王"的挑战。

从传统的媒介到新媒介，不同媒介在科技传播中扮演着不同的角色，体现了不同的特点。它们之间从冲突对立走向融合发展，丰富了科技传播的表现形式，为科技传播创造了更多的可能性。报纸、杂志、书籍的文字化传播和广播的听觉传播，都是相对单一的表现方式，电视、电影已经开始了多位一体的表达，集视听于一身。而现在，人们已经不单单满足于这样的传播形式，图文、微视频这样的形式则更加符合现代化快节奏的需求。另外，人们也更加追求逼真和身临其境，3D 技术、VR 技术、AR 技术，让科技传播再添动力，科技传播的内容与媒介手段得以融合，人们可以更加直观地理解科技传播，以此取得更好的传播效果。

现如今，媒体融合的技术障碍已经被攻破，不同媒介方式的界线越来越模糊，印刷的、音频的、视频的、互动性数字媒体之间，有线和无线之间，信息采集、生产、传播、存储、显示之间，已经具备联盟的技术基础。在媒介融合的影响下，科技传播具有了新的特点，互动性、实时性、延展性等，多种表达方式让公众理解科学能够更加容易、更加便捷。不同科技信息的展现通过动画、视频等各种各样的方式，更加生动、逼真地展现在受众面前，这是技术进

---

① 马歇尔·麦克卢汉. 理解媒介——论人的延伸［M］. 何道宽，译. 北京：商务印书馆，2000.

步带给科技传播的福利。这些技术的普及，让科技信息的受众得到拓展，让更多人能够接触到科技信息，参与到科技传播当中，感受到科技信息的魅力。

（三）受众

在传统的科技传播中，传播的主体在一定程度上也是传播的受众。正如上文所说科学共同体的内传播一样，在民智未开的年代，科技传播很难普及，一方面关注科技的人并不多，另一方面政府也并没有意识到科技对每个人的重要性。但是，随着社会的发展，技术更加深刻地改变着人们的生活，人们逐渐意识到科技离生活并不遥远，人们渴望了解科技信息，学习科技信息，并且表达自己的观点。

随着媒介融合的深入，受众在传播活动中的地位逐渐提高，由以往被动接收信息演变为参与到传播的整个过程。这一变化，打破了传统传播时代媒体一家独大的局面，媒体议程设置的作用被削弱，互联网的开放性和即时性让受众可以随时随地获取想要的信息。不但如此，受众还可以制造信息、分享信息、对信息进行反馈，这样的高度参与，让传播过程更加开放，更加多元。受众不再只有一重身份，它还可以兼任传播者和媒介，更加主动地参与传播。

受众使用媒介的频度越来越多、深度越来越广，除获取信息之外，媒介的发展让受众有了更多的选择。互联网的社会属性让网民之间的黏性越来越强，网络社区日益增多。无论是科学松鼠会还是果壳网，都是以社区为中心，聚集了一批科技爱好者，他们以更加新颖的方式传播科技信息，以吸引更多的人加入到这个队伍中来。这是一种由受众变成传播者的过程，也是受众主动选择的结果。知乎问题的形式更加体现了受众的主动性，有问才有答，越来越多的受众更加主动地了解科技信息，使科技传播更加活跃，生机勃勃。

科技传播发展到今时今日，传播者、媒介、受众三者之间的界限越来越模糊：有时候传播主体就是受众，比如，科学共同体的内传播和公众之间的自媒体传播；有时候传播主体就是渠道，如媒介。传播者、媒介、受众三者之间的相互交融让单一的传播模式逐渐淘汰，媒介融合的今天，科技传播呼唤多元的、交叉的、互动的传播模式。因此，传播者—媒介—受众三维互动的科技传

播模式诞生了。

科技传播的新模式是一种循环的传播模式。传播者不再像过去一样是科技传播的中心，在新的模式之中，更强调合理利用媒介资源的平等对话，无论是科技知识的生产者、媒介还是受众，都处于同等地位，这是一种"去中心化"的传播模式，可以充分发挥不同媒介形态的优势和特点对科技信息进行有针对性的传播。所谓有针对性，指的是越来越多的受众不再满足于过去"大锅饭"似的传播内容，而是需要个性化、定制化的科技信息，这就要求传播者可以根据不同媒介的特征，运用不同的传播方式对不同的受众进行传播。

科技信息因为其自身的专业性，不光对受众知识层面的要求比其他领域的传播要高，另外，也对传播者媒介使用的能力提出了更高层面的要求，使用什么样的媒介，通过什么样的形式才能将复杂难懂的内容传播给受众，并且使受众能够理解，这是传播者需要思考的问题。在这样的情况下，构建传播者—媒介—受众三维互动模型显得十分重要。传播者—媒介—受众三维互动模型能够更好地满足受众对科技信息的需求，将科技传播的效果提升至新的高度。

参考文献

［1］ 任福君，翟杰全. 科技传播与普及概论［M］. 北京：中国科学技术出版社，2012.

［2］ 吴国盛. 科学的历程［M］. 北京：北京大学出版社，2002.

［3］ 孙宝寅. 科技传播导论［M］. 北京：清华大学出版社，1997.

［4］ 宋林飞，周世康. 公关传播学［M］. 南京：南京大学出版社，1989.

［5］ 魏超. 大众传播通论［M］. 北京：中国轻工业出版社，2007.

［6］ 黄时进. 科学传播导论［M］. 南京：华东理工大学出版社，2010.

［7］ 杨舰，刘兵. 科学技术的社会运行［M］. 北京：清华大学出版社，2010.

［8］ 翟杰全. 让科技跨越时空：科技传播与科技传播学［M］. 北京：北京理工大学出版社，2002.

［9］ 李大光. 科学传播简史［M］. 北京：中国科学技术出版社，2016.

［10］ 斯塔夫里阿诺斯. 全球通史：从史前史到21世纪［M］. 吴象婴，梁赤民，等，译. 北京：北京大学出版社，2006.

［11］ 大卫·克里斯蒂安. 极简人类史：从宇宙大爆炸到21世纪［M］. 王睿，译. 北京：中信出版社，2016.

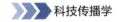

［12］ 英国皇家学会. 公众理解科学［M］. 唐英，译. 北京：北京理工大学出版社，2004.

［13］ 戴维·奈特. 公众理解科学：科学思想传播史［M］. 尹霖，张会亮，张锋，等，译. 北京：北中国科学技术出版，2016.

［14］ 郭庆光. 传播学概论［M］. 北京：人民大学出版社，2011.

［15］ 邵培仁. 传播学导论［M］. 杭州：浙江大学出版社，1997.

［16］ 宫承波. 媒介融合概论［M］. 北京：中国广播电视出版社，2011.

［17］ 麦奎尔，温德尔. 大众传播模式论［M］. 祝建华，武伟，译，上海：上海译文出版社，1987.

［18］ 布赖恩·温内. 公众理解科学［M］. 盛晓明，等，译. 科学技术论手册. 北京：北京理工大学出版社，2004.

［19］ 金森修，中岛秀人. 科学论的现在［M］. 东京：劲草书房，2002.

［20］ 乌尔里希·贝克. 风险社会［M］. 何博闻，译. 北京：译林出版社，2004.

［21］ 刘华杰. 科学传播读本［M］. 上海：上海交通大学出版社，2007.

［22］ 林坚. 从书海到网络：科技传播的演进［M］. 南昌：江西高校出版社，2002.

［23］ 杨文志，吴国彬. 现代科普导论［M］. 北京：科学普及出版社，2004.

［24］ 刘建明，胡钰等. 科技新闻传播理论［M］. 北京：北京科学出版社出版，2001.

［25］ 科学技术部政策法规与体制改革司. 中国科普理论研究报告文集：第二版［M］. 北京：科学普及出版社，2008.

［26］ 中华人民共和国科学技术部政策法规与体制改革司. 中国科学技术普及发展报告1978—2002年［M］. 北京：科学技术文献出版社，2002.

［27］ 郑念. 科技传播机制研究［M］. 北京：中国科学技术出版社，2005.

［28］ 李平等. 上海全球科技创新中心建设——经验、启示与路径［M］. 北京：社会科学文献出版社，2015.

［29］ 中华人民共和国科技部政策法规司．国家科普能力建设研究论文集［M］．北京：文汇出版社，2013．

［30］ 郑念，任嵘嵘．中国科普人才发展报告（2015）［M］．北京：社会科学文献出版社，2016．

［31］ 刘凤朝．中国科技力量布局分析与优化［M］．北京：科学出版社，2009．

［32］ 任福君．中国科普基础社会发展报告（2012—2013）［M］．北京：社会科学文献出版社，2013．

［33］ 翟杰全．科技传播与知识经济［J］．科学技术与辩证法，2000（4）．51-55．

［34］ 田松．科学传播：一个新兴的学术领域［J］．新闻与传播研究，2007（2）：81-90．

［35］ 刘凤芝，解建国．关于人类科技发展史的简要回顾与思考［J］．运城学院学报，2008，26（5）：106-109．

［36］ 翟杰全．科技传播政策：框架与目标［J］．北京理工大学学报（社会科学版），2009，11（2）：10-12．

［37］ 尹霖，胡俊平，赵立新，等．欧洲科学传播概况及发展趋势［J］．科协论坛，2014（12）：22-23．

［38］ 党伟龙，刘萱．论欧美"科学咖啡馆"的实践及其启示［J］．科普研究，2013，8（1）：39-44．

［39］ 张香平，刘萱，梁琦．国家创新体系中科学传播与普及的政策设置及路径选择——英国研究理事会的科学传播政策与实践的案例研究［J］．科普研究，2012，7（1）：5-10．

［40］ 万兴旺，赵乐，侯璟琼，等．英国科技社团在科学传播和科学教育中的作用及启示［J］．学会，2009（4）：12-18．

［41］ 林坚．科技传播的结构和模式探析［J］．科学技术与辩证法，2001，18（4）：49-53．

［42］ 刘兵，李正伟．布赖恩·温的公众理解科学理论研究：内省模型［J］．科学学研究，2003，21（6）：581-585．

［43］ 曹昱. 公众理解科学理论发展研究——对约翰·杜兰特的"民主模型"的反思［J］. 科学技术与辩证法，2004，21（5）：85–89.

［44］ 曹昱，贺武征. 论"民主模型"的理论超越性［J］. 唯实，2008（1）：20–23.

［45］ 刘兵，江洋. 日本公众理解科学实践的一个案例：关于"转基因农作物"的"共识会议"［J］. 科普研究，2016（1）：41–46.

［46］ 侯强，刘兵. 科学传播的媒体转向［J］. 科学与社会，2003（4）：45–49.

［47］ 任定成.《全民科学素质行动计划纲要》解读［J］. 科普研究，2006（1）：19–23.

［48］ 翟杰全. 科技传播事业建设与发展机制研究［J］. 科学学研究，2002（2）：167–171.

［49］ 翟杰全. 宏观科技传播研究：体制、政策与能力建设［J］. 北京理工大学学报（社会科学版），2004，6（3）：22–25.

［50］ 张树. 科普图书出版现状与出路——分析2015年开卷科普图书排行榜［J］. 编辑学刊，2016（3）：79–83.

［51］ 李海宁. 科普图书出版的现状分析［J］. 编辑之友，2010（10）：24–25.

［52］ 杜普龙，任旭，郝生跃. 我国科普图书出版现状及对策［J］. 出版广角，2014（23）：118–120.

［53］ 白林. 出版业转型背景下的科普图书出版策略［J］. 科技与出版，2011（9）：22–24.

［54］ 冯小素，潘正权. 科技传播的整体解决方案［J］. 科学学研究，2005（1）：22–28.

［55］ 周菁. 论影响科技传播效果的障碍因素［J］. 新闻前哨，2003（2）：7–8.

［56］ 王恒. 科学技术博物馆发展简史［J］. 中国博物馆，1990（2）：48–54.

［57］ 周汝忠. 科技期刊发展的四个历史时期［J］. 编辑学报，1992（2）：75–81.

［58］ 翟杰全. 当代科技传播的任务分层［J］. 北京理工大学学报（社会科学版），2013，15（2）：139-145.

［59］ 屈鑫. 科技传播市场化运作与知识产权保护［J］. 科技传播，2014（20）：217-218.

［60］ 罗红. 科学传播的叙述转向及其哲学思考［D］. 南京：南开大学，2014.

［61］ 廖思琦. 网络科普传播模式研究——以果壳网为例［D］. 武汉：华中师范大学，2015.

［62］ 赵亚辉. 风险社会下的中国科技传播研究［D］. 武汉：武汉大学，2013.

［63］ 杨娟. 中英美澳科学传播政策内容及实施的国际比较研究［D］. 重庆：西南大学，2014.

［64］ 李继承. 论当代中国科技传播结构的变迁与前景的变革［D］. 北京：中共中央党校，2006.

［65］ 陈鹏. 新媒体环境下的科学传播新格局研究［D］. 合肥：中国科学技术大学，2012.

［66］ 李继承. 论当代中国科技传播结构的变迁与前景的变革［D］. 北京：中共中央党校，2006.

［67］ 陈鹏. 新媒体环境下的科学传播新格局研究［D］. 合肥：中国科学技术大学，2012.

［68］ 向鹏. 突发公共事件科技信息的采集与传播［D］. 长沙：湖南大学，2008.

［69］ 任福君. 对农村科普工作的思考及建议［N］. 大众科技报，2007-05-10（A02）.

［70］ 任福君，张义忠. 科普人才的内涵亟须界定［N］. 学习时报，2011-07-25.

［71］ 习近平. 让工程科技造福人类、创造未来［N］. 中国青年报，2014-06-04（3）.

［72］ 杨维汉. 发动科技创新的强大引擎［N］. 科技日报，2016-06-20(1).

［73］刘莉. 什么？中国人的科学素质落后欧美 20 年！科普圈不淡定了［N］. 科技日报，2016-07-15（1）.

［74］赵展慧. 今天我们怎样做科普［N］. 人民日报，2014-09-19（20）.

［75］The Royal Society. The Public Understanding of Science［J］. physics Education. 1985，20（4）：156-158.

［76］MASSIMIANO Bucchi. Science and the Media-Alternative Routes in Scientific Communication［M］. London：Routledge，1998：1-2.

［77］WYNNE B. Misunderstood misunderstanding：social identities and public uptake of science［J］. Public Understand Science，1992（1）：283-304.

［78］LEWENSTEIN B. From fax to facts：communication in the cold fusion saga［J］. Social study of science，1995（25）：403-436.

［79］WEINGART P. Science and the media［J］. Research Policy，1998（27）：869-879.